国家级职业教育教师教学创新团队建设成果

中国特色高水平高职专业群（国际贸易实务）建设成果

新编21世纪高等职业教育精品教材·跨境电商系列

跨境电商营销（第二版）

主　编　**方叶　王婧**

副主编　**夏佩韦**

中国人民大学出版社

·北京·

图书在版编目（CIP）数据

跨境电商营销 / 方叶，王婧主编．-- 2 版．-- 北京：中国人民大学出版社，2025. 8. --（新编 21 世纪高等职业教育精品教材）. -- ISBN 978-7-300-34152-1

Ⅰ. F713. 365. 2

中国国家版本馆 CIP 数据核字第 2025ME5884 号

国家级职业教育教师教学创新团队建设成果

中国特色高水平高职专业群（国际贸易实务）建设成果

新编 21 世纪高等职业教育精品教材·跨境电商系列

跨境电商营销（第二版）

主　编　方　叶　王　婧

副主编　夏佩韦

Kuajing Dianshang Yingxiao

出版发行	中国人民大学出版社		
社　　址	北京中关村大街 31 号	**邮政编码**	100080
电　　话	010－62511242（总编室）		010－62511770（质管部）
	010－82501766（邮购部）		010－62514148（门市部）
	010－62511173（发行公司）		010－62515275（盗版举报）
网　　址	http://www.crup.com.cn		
经　　销	新华书店		
印　　刷	北京市鑫霸印务有限公司	**版　　次**	2021 年 6 月第 1 版
开　　本	787 mm×1092 mm　1/16		2025 年 8 月第 2 版
印　　张	14.25	**印　　次**	2025 年 8 月第 1 次印刷
字　　数	317 000	**定　　价**	45.00 元

前言 FOREWORD

党的二十大报告指出："推动货物贸易优化升级，创新服务贸易发展机制，发展数字贸易，加快建设贸易强国。"作为一种新业态和新模式，跨境电子商务已成为我国外贸发展的新动能、转型升级的新渠道和高质量发展的新抓手。面对日益激烈的竞争环境和层出不穷的新型营销技术，企业对跨境电商营销人才的需求与日俱增。

本教材自 2021 年 6 月第一版出版发行以来，承蒙广大读者、同行的支持和厚爱，经历数次重印，在全国高等职业院校和应用型本科院校跨境电子商务、国际经济与贸易、国际商务、电子商务等专业课程中得到广泛运用。在深感欣慰之余，我们深知，教材中仍存在不少问题，更有许多有待提高和完善之处。而在过去的几年中，跨境电商行业经历了迅速的发展和变化，对跨境电商营销人才的综合素质与能力要求也不断提高，第一版教材中的部分内容已经不适应行业的最新发展动态。为此，在出版社和广大读者的支持下，我们对第一版教材进行了修订。

本教材以一家传统外贸公司转型为跨境电商公司并开展跨境电商营销活动为主线，以"师父带徒弟"的方式构建学习情境，引导学生参与每项学习活动，一步步开展跨境电商营销认知、跨境电商市场机会分析、跨境电商商品文案与广告、跨境电商促销活动、搜索引擎优化、视频营销、社交媒体、跨境电商企业品牌出海的学习任务。每个学习任务分为若干项学习活动，并设置了同步练习。

本教材配备类型丰富、形式新颖、紧贴实践的数字化教学资源，有利于增强学习的灵活性，拓展实践的深度。本教材部分实战案例由杭州领聚创海信息咨询有限公司提供，公司总经理李姿、运营总监吕倩等参与了学习任务八的编写工作。本教材可以作为高等职业院校、应用型本科院校跨境电子商务、国际经济与贸易、国际商务、电子商务等专业课程的参考教材，也可供跨境电商相关企业培训使用。

由于编者水平和经验有限，书中不足之处在所难免，恳请广大读者批评指正。

编　者

2025 年 6 月

目录 CONTENTS

学习任务一

跨境电商营销认知

思维导图

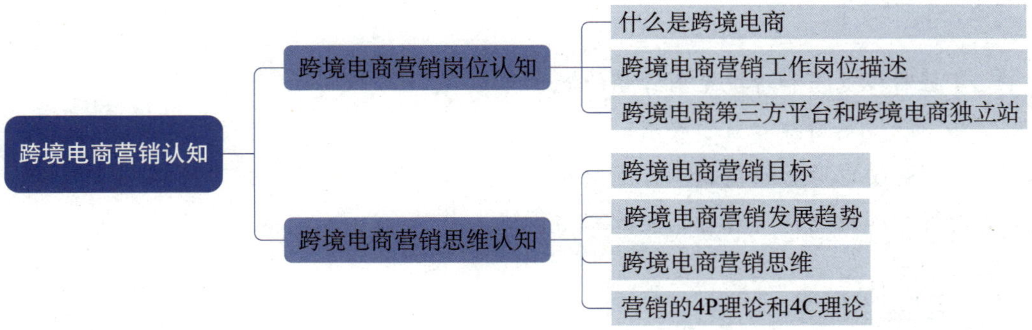

工作情境描述

Majoy进出口有限公司是一家传统外贸公司，主营女式服装，公司成立了子公司——Majoy电子商务有限公司，计划在亚马逊、eBay、全球速卖通等平台开设店铺，并建立自己的独立站。公司招收了一批新员工，有的有丰富的跨境电商操作经验，有的是刚毕业的大学生，公司希望把他们培养成运营专员和营销专员骨干。小艾是应届毕业生，对跨境电商有一定的认知，公司让他跟着营销部门的小李，重点学习跨境电商营销工作。

为了让小艾充分了解自己的工作，师父小李向小艾提了一些问题：

—你知道什么是跨境电商吗？有什么监管要求？

—你知道什么是跨境电商营销吗？跨境电商营销岗位要做什么？

—你知道跨境电商平台营销和独立站营销有什么区别吗？其各有什么特征？

—跨境电商营销的目标是什么？

—与传统营销相比，跨境电商营销有哪些模式？

—跨境电商营销应该从哪些方面入手？为什么？

工作流程与活动

学习活动一：跨境电商营销岗位认知

学习活动二：跨境电商营销思维认知

学习活动一 跨境电商营销岗位认知

【学习目标】

1. 掌握跨境电商和跨境电商营销的概念。
2. 熟悉跨境电商核心监管要求。
3. 掌握跨境电商营销岗位工作范围和职责。
4. 能区分跨境电商平台营销和独立站营销。

【学习过程】

为了能回答师父关于跨境电商营销岗位的问题，小艾通过查询资料、向师父请教、与同事交流等方式进行学习，并在师父的指导下整理了笔记。

一、什么是跨境电商

（一）概念

跨境电子商务，简称跨境电商，是指分属不同关境的交易主体，通过电子商务平台达成交易、进行支付结算，并通过跨境物流送达商品、完成交易的一种国际商业活动。

(二) 主体和监管要求

跨境电商的主体包括：跨境电商平台、跨境电商企业（店铺）、跨境电商服务商（如支付企业、物流企业、仓储企业、海外营销企业等）和消费者。海关总署对跨境电商这一新型贸易形式的监管主要采用“清单核放、汇总申报”的模式，解决了跨境电商订单数量少、批次多的问题。其核心要求是“三单比对”，即电商平台、支付企业、物流企业通过和海关系统联网，实现订单信息、支付信息和物流信息的交互，如图 1-1 所示。

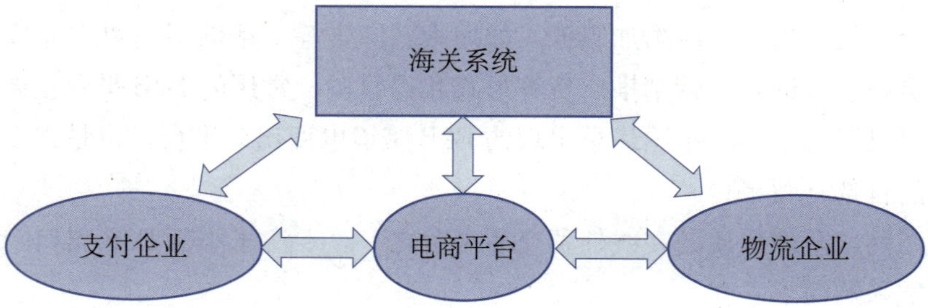

图 1-1　订单信息、支付信息和物流信息的交互

二、跨境电商营销工作岗位描述

(一) 跨境电商营销是什么

跨境电商营销是为了促进跨境电商交易达成，发现或发掘消费者的需求，让消费者了解某商品进而购买该商品的活动、过程和体系，是以最少的营销预算找到合适的消费者并进行有效沟通的过程。跨境电商营销可以看作“互联网＋国际市场营销”。跨境电商营销活动是为了满足国外消费者的需求，必须注意商品的市场适销性。

在 Majjoy 电子商务有限公司，运营部门负责独立站运营、在亚马逊等跨境电商平台的站内运营和基本的站内营销，营销部门需要配合运营部门开展公司商品销售分析和优化、营销活动策划、品牌宣传、站外引流和广告、社交媒体账号的运营等工作。

(二) 跨境电商营销工作类型

按照跨境电商类型的不同，跨境电商营销工作可以分为以下几类：

（1）依据商品流向不同，跨境电商营销可以分为跨境电商出口营销和跨境电商进口营销。本教材主要研究跨境电商出口营销。

（2）依据交易对象不同，跨境电商营销可以分为跨境电商 B2B（Business-to-Business）营销、跨境电商 B2C（Business-to-Customer）营销、跨境电商 C2C（Customer-to-Customer）营销等。本教材主要研究跨境电商 B2C 营销。

（3）依据销售经营模式不同，跨境电商营销可以分为第三方跨境电商平台营销和跨境电商独立站营销。本教材对两种销售经营模式均有所涉及。

三、跨境电商第三方平台和跨境电商独立站

（一）跨境电商第三方平台

跨境电商第三方平台主要分为 B2B 平台、B2C 平台和 C2C 平台。

1. B2B 平台

B2B 平台帮助生产商、供应商、采购商和合作伙伴传递商品或服务信息，实现批量交易。这类平台一般会通过一些附加服务，如搜索、广告等，帮助买卖双方完成交易。平台通过收取会员费、认证费、营销推广费等形式获得收益。常用的 B2B 平台主要有：

（1）阿里巴巴国际站：中国最早出现的 B2B 跨境电商出口平台，也是很多外贸企业拓展海外市场的首选外贸平台。

（2）敦煌网：全球优质的在线外贸交易平台之一，专注于小额 B2B 出口，为中小企业对接全球批发采购需求。

（3）环球资源：香港的展会公司，旗下拥有多本行业杂志及环球资源网，通过展会、数字化贸易服务及行业杂志等多种渠道，连接全球诚信买家与已核实供应商，为买家提供定制化的采购方案及值得信赖的市场资讯。

（4）中国制造网：汇集中国企业的产品，面向全球采购商，专注于出口推广。

（5）iOffer：专注于美国市场，基于谈判的交易系统，买家可以在线提问、与卖家协商，最终成交后可以在线付款。

（6）ECVV（伊西威威）：全球范围内第一家按效果付费的 B2B 电子商务网站，以欧美用户为主。

（7）MFG：制造业 B2B 在线交易市场，适合机械和机电产品。

（8）TradeKey：全球知名的 B2B 网站，全球运营中心位于巴基斯坦，以美国市场为主。

（9）TradeWheel：专注于美妆和运动健康行业，大部分买家来自欧美和中东地区。

（10）EC21：总部位于韩国，致力于开发全球买家市场，是一个海外综合贸易平台。

2. B2C 平台

B2C 平台作为独立运营的第三方，一般不参与支付、物流等交易环节。B2C 平台以收取佣金为主，以收取会员费、广告费为辅，特点是门槛低、周期短、支付方式灵活、利润较高。常用的 B2C 平台主要有：

（1）全球速卖通：阿里巴巴旗下面向全球市场打造的集订单、支付、物流于一体的外贸在线交易平台，被称为“国际版淘宝”，是全球名列前茅的在线购物网站。

（2）亚马逊：美国最大的电子商务公司，也是最早经营电子商务的公司之一，已成为

全球商品品种最多的网上零售商之一。

(3) Wish：北美地区最大的移动跨境购物平台，95%的订单量来自移动端，中国商家占比高达90%。

(4) SHEIN：中文名为希音，中国跨境电商B2C快时尚巨头，连续8年营收增长超过100%。

(5) Temu：拼多多旗下的跨境电商平台，意为“Team up，price down”，于2022年9月1日正式在海外上线，首站面向北美市场，随后在全球范围内迅速扩张。

(6) TikTok：抖音海外版，TikTok Shop首站面向英国，后逐步扩张至东南亚、美国等市场，2024年新增澳大利亚、法国、意大利、德国、西班牙、加拿大、日韩等站点。

(7) 其他区域性平台：日本的乐天，东南亚的Lazada和Shopee，非洲的Jumia，中东的Noon，南美的Mercado等。

3. C2C平台

C2C平台向所有个人开放注册，向卖家收取商品的展示费和交易服务费。C2C平台提供支付保障，一般不参与洽谈和物流等交易环节，其特点是商品种类繁多、门槛低、利润较高。常用的C2C平台主要有：

(1) eBay：全球最大的在线拍卖和零售平台之一，拥有庞大的全球用户基础。在eBay的全球交易中，约20%属于跨境贸易，交易使用PayPal进行支付。

(2) Etsy：一个在线销售手工艺品的社交性跨境电商网站，凝聚了一批富有影响力和号召力的手工艺品设计师。每个人都可以在Etsy开店并销售自己的手工艺品，其模式类似于eBay和淘宝。

(3) Shopify：一个允许个人和企业创建在线商店的电子商务平台，提供各种可定制的模板和工具，用于构建和管理在线商店，以其用户友好的界面和可扩展性而闻名。

（二）跨境电商独立站

独立站就是具有独立域名的网站，有时候被称为“自建站”或“品牌官网”等。国内最早的独立站出现在2004年左右，起初是借助谷歌SEO的流量红利在线销售游戏金币，之后逐渐拓展到其他的品类，慢慢形成一些固定的商品销售和运营模式。不同于国内大部分用户习惯于通过跨境电商第三方平台进行采购，国外有超过一半的用户习惯于通过跨境电商独立站进行采购。因此，我国跨境电商企业海外推广载体正在从以第三方平台为核心，向第三方平台+独立站“两条腿走路”的趋势发展。跨境电商独立站和跨境电商第三方平台的主要区别在于是否对卖家开放平台，如果各类卖家都可以独立在平台销售，这个网站就可以被称为跨境电商第三方平台网站。

未来，跨境电商行业也会持续出现更多的创新模式，为消费者提供高品质的商品和良好的购物体验。例如：把国内成熟的私域模式，通过WhatsApp、Facebook、Instagram

等社交媒体平台嫁接到跨境电商领域，形成“社交电商”或“社区电商”模式；利用 AI 技术提供虚拟人形象设计、个性化定制服务等。

（三）第三方平台和独立站的比较

1. 第三方平台开店运营的优劣势

在第三方平台开店运营的优势主要有：

（1）第三方平台拥有一定的认可度，自带流量。第三方平台往往有大量现成的流量，卖家入驻平台后可直接享有流量，而且都是购物意向非常高的流量，无须自主引流。

（2）第三方平台服务完善。平台为吸引更多卖家入驻，不但提供的配套服务比较完善，而且会根据卖家的需求不断调整自身的服务。同时，标准化的流程更有利于新手入门。

（3）第三方平台管理有序。在第三方平台售卖商品需要遵守平台制定的规则。平台也会对部分不遵守规则的卖家进行封店处理，以营造良好的竞争环境。

在第三方平台开店运营的劣势主要有：

（1）开店审核手续复杂。例如：在亚马逊开店需要提供的资料比较烦琐。

（2）稍有不慎，容易被封号。规则多且持续变化，不清楚运营规则的卖家容易触碰“高压线”，导致被封号。

（3）需要收取一定的服务费用。平台服务并不是无偿的，是要收费的，如佣金、广告推广费；如果使用平台的仓储物流，也需要支付一定的费用。

（4）无法获得买家具体信息，不便于二次销售。所有的买家都是通过平台进入的，卖家无法导出数据，不利于保存买家信息进行二次销售。

2. 独立站运营的优劣势

独立站运营的优势主要有：

（1）控制权自由。独立站是卖家独自建立的网站，卖家拥有绝对的控制权，可减少对开店平台的依赖，无须受平台约束，自由把握售卖权。

（2）可以独享客源，避免平台的恶意低价竞争，提高客户黏性和忠诚度。卖家卖出的商品可赚取所有的利润，无须向平台缴纳佣金、推广费用等，实现 100%盈利。

（3）买家信息收集及维护更方便。买家信息可以直接被卖家收集。对于产品开发型公司来说，还可以通过和用户的沟通，不断获取产品的直接反馈，持续优化产品，有助于后期提升用户体验。

（4）可以绑定独立域名，更容易做搜索引擎推广，推广的方式也更多。独立站有助于建设自有品牌，容易推广企业品牌信息，彰显品牌个性，更方便品牌宣传。

（5）更容易提升企业形象，灵活展示企业信息，全面展示企业实力。

（6）功能更强大，扩展性更好，可设定自己的规则，带给客户更好的购买体验，能让商业灵感、创意更快得到实施，带来更大商机。

独立站运营的劣势主要有：

(1) 需要有好的技术团队和运营团队支撑。虽说随着类似 Shopify 这样的第三方 SaaS 建站工具的普及，创建自己的独立站不再像以前那样需要做技术前端、后端开发，但网站的用户体验、购物流程的设置、网站的商品详情页等还是需要组建专业技术团队来建设、维护，所需的成本和后续费用比较高。

(2) 没有免费的自然流量。流量获取是独立站的一个瓶颈。独立站需要通过用户运营来实现前期引流回来的用户留存、转化和价值挖掘最大化，海外推广难度比较大。

(3) 资金投入多。建立一个网站需要花费的资金比入驻第三方平台的资金要多得多，花费的精力也更多。此外，新客户信任的建立也需要一个比较长的周期。

(4) 支付方式相较第三方平台会少一些。

学习活动二　跨境电商营销思维认知

【学习目标】

1. 能对跨境电商营销目标有整体认知。
2. 能区分跨境电商营销和传统营销的不同，掌握跨境电商营销思维。
3. 掌握跨境电商营销研究的基本框架，熟悉营销基本理论。

【学习过程】

为了能回答师父关于跨境电商营销特点的一系列问题，小艾通过查询资料、向师父请教、与同事交流等方式进行学习，并在师父的指导下整理了笔记。

一、跨境电商营销目标

消费升级驱动下的跨境电商产业的供应链优化升级始终围绕着两个终极目标展开，即降本和增效。跨境电商营销也是围绕这两个目标展开的，营销的两个抓手，一是通过流量的精细化运营，提高营销效率来降低成本；二是通过塑造品牌来创造溢价和增值。总体来说，跨境电商营销的目标是通过有效的市场拓展、销售增长、品牌提升和用户体验改善等手段，实现企业在国际市场的长期发展和持续增长。菲利普·科特勒（Philip Kotler）曾经说："营销就是比竞争对手更加有利润地满足顾客的需求。"因此，跨境电商营销就是在技术驱动下围绕"人"这个核心实现成本效率和企业价值最大化。

二、跨境电商营销发展趋势

（一）依托多元渠道发展

跨境电商营销渠道的多元化体现在两个方面：一是营销市场更趋向于多元，其中，欧美购物者趋向于从欠发达地区采购，呈现渠道流量下沉的态势。二是营销渠道更趋向于多线，除了第三方平台和独立站外，短视频网站、新兴媒体、社区电商、线下渠道等多种平台成为越来越多跨境电商商家的选择。

（二）依托社交大数据发展

网络媒体正在从单纯的内容提供方进化成开放生态的主导者。大数据时代的社会化营销重点是理解消费者背后的海量数据，挖掘用户需求，并最终提供个性化的跨平台的营销解决方案。在大数据营销时代，人际关系是本质，是核心要素。随着实名制社交和电子商务的普遍化，用户之间产生了人际关系链。大数据营销就是通过这种人际关系链实现交易数据和交互数据的融合，再通过社交数据挖掘，对不同消费群体进行分析。在这一基础上，对品牌方而言，粉丝数量就不仅是一个数字，粉丝对提高销售业绩、塑造成功的品牌等都发挥着关键性的作用。

（三）依托智能化应用技术发展

无论是 Facebook 的动态产品广告（DPA）和动态广告批量应用（DABA），还是谷歌的通用应用广告系列（UAC），媒体营销平台都越来越趋向于集智能化、复杂化为一体。操作方法可能看起来越来越简单，但是背后的操作逻辑则越来越专业和复杂。

同时，与跨境电商营销相关的技术整合应用不断升级，服务商创造出新的工具、新的应用，帮助跨境电商企业深入开展营销活动。例如：在服务客户过程中，为了解决痛点，飞书互动开发了 Facebook 智能投放系统——飞书逸途（Facetool），其特点是中文界面、支持人民币充值、一键创意、智能优化，大大降低了 Facebook 的广告投放门槛。

人工智能（AI）技术也被越来越广泛地运用于跨境电商营销中，如利用 AI 技术打造的数字人主播可以代替真人主播进行跨境电商直播销售，ChatGPT 等 AI 文本工具可以帮助卖家撰写和优化文案、回答买家问题，Midjourney 等 AI 绘图工具能帮助卖家制作产品图片和视频等。

三、跨境电商营销思维

（一）全局思维

1. 全市场洞察

全市场洞察主要是指洞察区域市场和品类趋势。Facebook、谷歌以及亚马逊平台都有很多工具可以帮助商家做预测和选择，通过大数据分析营销费用投放方向和品类，确定各个市场的广告投放效果，更好地做全市场洞察，指导营销费用投放管理。

2. 全渠道覆盖

随着跨境电商行业竞争愈发激烈和用户的品牌意识日益增强，大量卖家认识到独立站对于沉淀独立用户、追踪和挖掘数据、构建独立营销闭环，以及建立渠道品牌、规避电商平台规则调整所带来的风险等都是很有必要的，于是开始建设独立站。从长远来看，卖家需要合理规划第三方平台、独立站、新媒体渠道、App 和线下等各方渠道。

3. 全媒体整合

全媒体整合即合理地规划和分配付费流量和自然流量，除了头部流量平台外，也要关注新兴媒体和区域媒体。从早些年的谷歌，到 Facebook、Instagram，再到现在的 TikTok 等，每一个新兴媒体的兴起都会带来流量红利。因此，先知先觉发掘趋势媒体、整合区域新兴媒体非常重要。

4. 全链路优化

将消费者引流到网站之后，网站上所形成的购买转化、广告账号体系的搭建、目标人群的定位、优化手段的选择、测试素材的制作和选取、不同平台本地化内容的发布等，都会影响转化率和最终的投资回报率。

（二）品牌思维

品牌是消费升级的必然要求。从消费者的角度看，现在年轻一代消费者的个性化需求已不仅仅是物美价廉，还寄托了个人情感表达和价值观认同，这样的消费需求唯有品牌才能承载。从产品运营的角度看，品牌是精细化运营的必然产物，电商的精细化运营意味着更多的投入，倒逼企业必须做品牌。从竞争的角度看，品牌化成为激烈竞争的必然出路。因此，品牌思维对跨境电商营销十分重要。

（三）创新思维

企业要适应快速发展的市场，要在激烈的竞争中站稳脚跟，就要有创新思维。在海量的跨境电商营销中，只有那些充满创意的策划才会赢，因为创新具有重新构造的能量、言说的能力以及分享的力量。

（四）热点思维

营销就是要让更多的人看到、听到、被吸引到，而最热门的事情总是最吸引人的，将其运用到销售上就可以成为“引爆点”，让企业的产品和服务“搭乘”最新的社会热点“列车”，制造话题来引起大众的好奇心，从而成功进行营销。目前，制造“引爆点”有 IP

化趋势，可以创造独立 IP 形成热点，如蜜雪冰城的“雪王”营销；也可以“蹭 IP”形成热点，如和大 IP 绑定，借助高热度、高人气来做跨界营销。

（五）用户思维

要做好跨境电商营销，就要对用户以诚相待，真正做到以用户为中心。营销企业替用户把关，解决用户难题，和用户分享、互动和沟通，都是用户思维。营销企业可以借助用户体验和用户反馈、分享及互动，获知用户的真正所需，从而准确地抓住用户的“痛点”和“爽点”，然后快速且持续地改进产品，超出用户的预期，刺激消费，增加企业的收益。

（六）大数据思维

跨境电商营销应以大数据为先，通过数据，实实在在地解决营销中的各种问题，而不仅仅靠经验判断。具体来说，大数据在跨境电商营销中可以提供的支持包括以下几点。

1. 用户行为与特征分析

积累足够多的用户数据，分析用户的喜好与购买习惯，做到“比用户更了解用户自己”，这是大数据营销的前提与出发点。

2. 精准营销信息推送

这是指通过用户特征数据支撑及详细准确的分析，实现真正的精准营销。现在的实时竞价（RTB）广告等应用展示出比以往更好的精准性，靠的就是大数据的支撑。

3. 引导产品及营销活动投用户所好

这是指通过数据分析，在产品生产之前了解潜在用户的主要特征，以及他们对产品的期待，从产品设计、推广等多方面投其所好。通过数据分析，企业能洞察新市场，并在把握经济走向上获得极大的支持。

4. 竞争对手监测

企业可以通过大数据监测分析得知竞争对手在做什么、有什么布局，从而了解竞争对手目前的状况并预测其未来的动作。

5. 品牌传播及危机监测

企业可以进行品牌传播趋势分析、内容特征分析、互动用户分析、正负情绪分析、口碑品类分析、产品属性分析等，也可以通过监测掌握竞争对手的传播态势，并参考行业标杆进行用户策划。

品牌危机爆发后，企业主要的工作之一是预测危机传播趋势，识别重要参与人员，快速应对。利用大数据技术，企业可以采集负面定义内容，及时启动危机跟踪和预警机制，按照人群社会属性分析事件过程中的观点，识别关键人物和传播路径，抓住源头和关键节点，从而快速有效地处理危机。

6. 重点用户筛选

企业通过用户主要访问的网站及其在社交媒体上发布的各类内容、与他人互动的内容等，可以发现哪些是最有价值的用户，从而筛选重点的目标用户。通过大数据技术掌握了重点用户使用产品的状况后，企业可及时改善用户体验。

7. 客户分级管理支持

利用大数据技术，企业可以分析活跃粉丝的互动内容，设定消费者画像的各种规则，关联潜在用户与会员数据，关联潜在用户与客服数据，筛选目标群体做精准营销，进而可以使传统客户关系管理与社会化数据相结合，丰富用户不同维度的标签，并动态更新消费者生命周期数据，保持信息新鲜有效。

8. 市场预测与决策分析支持

关于数据对市场预测及决策分析的支持，早在数据分析与数据挖掘盛行的年代就被提出过，如沃尔玛著名的“啤酒与尿布”案例就是那时的杰作。大数据时代，数据的大规模与多类型对数据分析与数据挖掘提出了新要求。更全面、更快速、更及时的大数据，必然会为市场预测及决策分析的进一步发展提供更好的支撑。

四、营销的 4P 理论和 4C 理论

研究跨境电商营销可以从传统营销的理论框架入手，参考经典的营销理论。

（一）4P 营销理论

1967 年，菲利普·科特勒在其畅销书《营销管理：分析、计划、执行与控制》中，对尼尔·博登（Neil Borden）提出的“市场营销组合”（Marketing Mix）进一步深化，提出了 4P 营销理论，确认了以 4P 为核心的营销组合方法。4P 具体包括：产品（Product），注重功能的开发，要求产品有独特的卖点，把产品的功能诉求放在第一位；价格（Price），根据不同的市场定位，制定不同的价格策略，产品的定价依据是企业的品牌战略，注重品牌的含金量；渠道（Place），企业并不直接面对消费者，而是注重经销商的培育和销售网络的建立，企业与消费者的联系是通过分销商来进行的；推广（Promotion），包括广告、公共关系、人员推销和销售促进等一系列的营销行为。4P 营销理论是最基础的营销理论。

（二）4C 营销理论

1990 年，罗伯特·劳特朋（Robert Lauterborn）在其《4P 退休 4C 登场》一文中提出了与 4P 营销理论相对应的 4C 营销理论。他认为，传统 4P 营销理论中的产品（Product）

要换成顾客价值（Customer Value），价格（Price）要换成顾客成本（Customer Cost），渠道（Place）要换成顾客便利（Customer Convenience），推广（Promotion）要换成顾客沟通（Customer Communication）。4C营销理论以消费者需求为导向，重新设定了市场营销组合的四个基本要素，瞄准了消费者的需求和期望。就跨境电商而言，使用4C营销理论作为理论框架更为合适。

同步练习

一、单选题

1. 截至2025年3月，我国共有（　　）个跨境电子商务综合试验区。

A. 165　　B. 46　　C. 100　　D. 50

2. 以下属于第三方跨境电商B2C平台的是（　　）

A. ECVV　　B. 全球速卖通　　C. 环球资源网　　D. 中国制造网

3. 海关总署对跨境电商的核心要求是“三单比对”，即（　　）通过和海关系统联网，实现订单信息、支付信息和物流信息的交互。

A. 电商平台、支付企业、跨境电商企业　　B. 电商平台、支付企业、物流企业

C. 消费者、支付企业、物流企业　　D. 消费者、支付企业、跨境电商企业

4. Dropshipping也称为（　　）。

A. 门到门物流　　B. 移动电商　　C. 单页电商　　D. 一件代发模式

5. 4C营销理论的要素包括（　　）。

A. 产品、价格、渠道、推广

B. 产品、价格、顾客便利、顾客沟通

C. 顾客价值、顾客成本、顾客便利、顾客沟通

D. 渠道、推广、顾客价值、顾客成本

二、多选题

1. 跨境电商的主体包括（　　）。

A. 跨境电商平台　　B. 跨境电商企业（店铺）

C. 支付企业　　D. 物流企业

2. 跨境电商营销的新趋势主要体现在（　　）。

A. 依托多元渠道发展　　B. 依托线下门店的配合

C. 依托社交大数据发展　　D. 依托智能化应用技术发展

3. 跨境电商营销的全局思维体现在（　　）。

A. 全市场洞察　　B. 全渠道覆盖

C. 全媒体整合　　D. 全链路优化

4. 以下属于运用“热点思维”的是（　　）。

A. 引导产品及营销活动投用户所好　　B. 制造“引爆点”

C. 把产品和大 IP 绑定　　　　D. 筛选重点客户

5. 大数据思维的应用场景包括（　　）。

A. 精准营销信息推送　　　　B. 竞争对手监测

C. 品牌传播及危机监测　　　　D. 客户分级管理支持

三、判断题

1. 跨境电商是指分属不同关境的交易主体通过电子商务平台完成交易的国际商业活动。（　　）

2. 海关对跨境电商的监管要求中，“三单比对”指的是订单信息、物流信息和海关申报信息的交互。（　　）

3. 独立站运营无需技术团队支持，仅需使用 Shopify 等工具即可完全解决所有问题。（　　）

4. 4C 营销理论中的“顾客沟通”（Customer Communication）对应 4P 营销理论中的“推广”（Promotion）。（　　）

5. Temu 是阿里巴巴集团旗下的跨境电商平台，首站面向北美市场。（　　）

四、简答题

1. 亚马逊、Wish 等跨境电商第三方 B2C 平台与其他类型的平台相比有哪些特征？

2. 在跨境电商第三方平台开店运营有哪些劣势？

3. 开设独立站运营跨境电商的优势有哪些？

4. 跨境电商营销渠道的多元化体现在哪些方面？

5. 如何理解跨境电商的用户思维？

五、综合实训

请以 4～5 人的实训小组为单位，成立一家虚拟跨境电商公司。本学期的实训任务都将以该小组为单位进行。

1. 确定公司的名称、主营类目、品牌名称、主要目标市场，简要阐述选择主营类目和目标市场的理由。

2. 你们将选择在第三方平台开店运营还是自建独立站运营？请说明理由。

学习任务二

跨境电商市场机会分析

思维导图

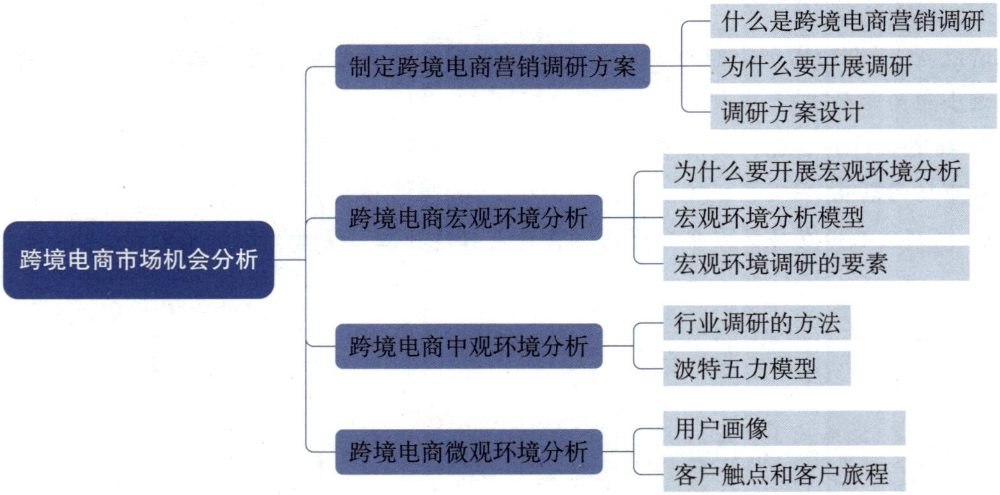

工作情境描述

Mayjoy 电子商务有限公司在亚马逊美国站新店铺开立前进行调研，希望了解如何快速提升店铺销售业绩。师父小李带着徒弟小艾一起完成调研工作。为了更好地培养小艾，小李给他提供了一些规范、系统的调研操作流程，并且告诉他："虽然目前公司规模还不大，用不着那么系统、全面的调研，但是我们公司依托母公司，有实力做大，所以掌握规范、系统的方法和思路是十分必要的。"小李先向小艾提了一些问题：

—你知道我们为什么要进行跨境电商营销调研吗？

—怎样才能做出完善的调研方案？

—用什么方式或在哪里可以收集到你想要的数据？

—你知道怎么制作和发放网络调研问卷吗？

—我们为什么要了解跨境电商宏观、中观、微观环境？

—我们应该从哪些角度分析跨境电商宏观、中观、微观环境？

—你知道怎么绘制用户画像吗？

—你知道什么是客户触点以及怎么做客户旅程地图吗？

工作流程与活动

学习活动一：制定跨境电商营销调研方案

学习活动二：跨境电商宏观环境分析

学习活动三：跨境电商中观环境分析

学习活动四：跨境电商微观环境分析

学习活动一　制定跨境电商营销调研方案

【学习目标】

1. 掌握跨境电商营销调研的概念和意义。
2. 掌握调研的步骤，能制定系统的调研方案。
3. 熟悉一手数据收集和二手数据搜收（案头调研）的方法和路径。
4. 能设计简单的网络调研问卷并使用工具进行问卷发放。

【学习过程】

为了能回答师父关于跨境电商营销调研方案和数据收集的一系列问题，小艾通过查询资料、向师父请教、与同事交流等方式进行学习，并在师父的指导下整理了笔记。

一、什么是跨境电商营销调研

跨境电商营销调研是对跨境电商营销环境进行调查设计、收集资料和初步分析的活动。营销人员需要利用各种调研方法和调研工具系统地收集有关人员或企业（市场）的数据，然后对其进行分析，以更好地了解该人群的需求，解决商务活动中的问题。跨境电商营销调研可以帮助企业制定市场战略、产品定位和营销策略，以更好地把握机遇和迎接挑战。

二、为什么要开展调研

市场调研对客户为何要购买产品给予了定性和定量的回答。有时候，直觉可能会让我们有初步判断，但数据告诉我们的也许会有所不同。我们必须综合所有信息，做出正确的决策。

有的跨境电商小企业认为市场调研离自己很远、很空泛，或者觉得市场调研是大企业才需要做的事。但事实上，开拓任何事业的第一步都是调研。在店铺日常运营中查看平台数据、制作报表并进行分析就是调研的一种类型。常见的需要调研的情形还包括：打算开始做跨境电商业务或想进入新的市场；打算在店铺上架新产品；希望增加销售额和利润；想给客户提供产品配套服务；想调整价格；等等。

三、调研方案设计

跨境电商营销调研方案设计即制订市场调研计划，并根据调研的目的和要求，对调研的各个方面和各个阶段进行通盘考虑和安排。一般来说，跨境电商营销市场调研方案的格式如下所示。

调研方案的格式

1. 前言

简明扼要地说明调研的背景与原因。

2. 调研目的与意义

（1）阐明为何开展此调研。

（2）列出调研项目并提出相应的假设。

（3）指明调研结果的用途，如企业决策价值、经济效益、社会效益、理论价值等。

3. 调研内容

明确界定调研的对象与范围。

4. 调研实施说明

说明调研涉及的内容，包括：

（1）调研方法。

（2）调研的对象和人数。

（3）调研区域。

（4）调研访问方式、访问实施的操作过程、监督管理办法。

（5）调研数据处理办法等。

5. 提交调研报告的方式

6. 调研进度安排

7. 调研经费

8. 附录

下文梳理了调研方案设计的完整步骤，我们在开展小型调研时可以根据需要选取其中部分内容。

第一步，确定调研的目的和任务。

（1）明确调研目的，包括为什么要进行调研，通过调研要了解哪些信息，具体要解决什么问题，即为什么要调研、调研结果有什么用处。在确定调研目的时，应当使调研目的具体化，使调研的问题定量化，以便于对调研结果的审核和评估。

（2）明确调研任务，即在调研目的既定的条件下，调研应获取哪些信息才能满足本次调研的要求。

第二步，确定调研对象和调研单位。

调研对象是指一定时空范围内所要调研的总体，它是由客观存在的具有某一共同性质的许多个体单位组成的。

调研单位是调研总体中的每个个体单位，是调研项目的承担者或信息源。

调研前必须清晰地界定调研对象和调研单位的含义和范围。

例如：在对美国跨境电商社交平台营销情况进行调研时，调研对象是美国所有主要的社交平台，调研单位就是准备调研的每个社交平台。

第三步，确定数据收集的内容和形式。

根据调研目的、所需的调研数据类型以及设定的一些假设等，确定以下工作：

（1）需要收集哪些数据来实现上述目的和假设。这是指确定数据收集的内容，如在调研爆款产品时，内容可以包括产品特性、产品定位、产品主要购买者、广告投入情况、产品适用场景、品牌形象、产品生命周期等。

（2）这些内容数据可以从哪些渠道获取。这是指根据调研内容列出市场调研所需收集资料的细目。

一手数据即原始数据，是指根据调研目的，直接从目标对象那里收集到的信息。传统的调研需要通过问卷、访谈、观察等方法收集原始数据，这些数据与调研目的非常匹配，且很精准，但是所需的成本会很高。同时，由于样本数据过小或覆盖面不够广泛，一手数据可能存在偏差，从而影响数据的代表性和准确性。

二手数据是指已经存在的数据，即从实地调查以外有关方面得到的各种数据、图文、音像资料等。二手数据不一定是同一个机构为同样目的而收集的。它的优点在于能够节省很多时间和成本，缺点是不一定完全适合目前调研的问题，精准性也可能存在问题。

我们需要思考哪些数据资料可以利用已有的二手数据，二手数据是否有代表性，能否通过合理合法的渠道获得；哪些数据资料需要通过问卷调查方式获得；哪些数据资料需要通过实地考察或访谈等方式获得等。

二手数据的来源包括：

1）开放的公共资源：政府机构网站、公共图书馆和大学图书馆、国际性大银行发行的期刊、商情调研机构定期公布的市场报告和专题研究论文、相关企业的年度报告、国际组织网站等。其中，与国际市场信息相关的国际组织网站主要有：

● 联合国（United Nations），网址为 https://www. un. org，出版有关国际的和国别的贸易、工业和其他经济方面的统计资料。

● 国际货币基金组织（International Monetary Fund），网址为 https://www. imf. org，出版有关各国和国际市场的外汇管理、贸易关系、贸易壁垒、各国对外贸易和财政经济发展情况等资料。

● 世界银行（World Bank），网址为 https://www. worldbank. org。

● 世界贸易组织（World Trade Organization），网址为 https://www. wto. org。

2）合作机构收集的数据：通过协议可以获得的由合作伙伴收集和管理的数据；与合作伙伴共同收集并共享的数据信息等。例如：多方联合发起的用户调研；系统接口产生的交换数据；与合作伙伴交换的数据信息；与监管机构交换的数据信息等。这类数据往往是在经营或服务过程中与客户发生直接或间接接触，或者通过联盟协议共享信息而得来的。

3）商业机构相关数据：政府部门登记的房产信息、企业登记信息、第三方征信公司收集的信用信息、社会化技术公司收集的数据、相关行业积累的数据信息等。这类数据一般需要通过查询、租用、交换或购买等方式获取。

第四步，确定调研时间和调研期限。

（1）调研时间，即调研资料的所属时间（期初、期末或其他时点）。

（2）调研期限，即整个调研工作所占用的时间。

第五步，确定调研方式和方法。

（1）调研方式。传统的调研方式有市场普查、重点市场调研、典型市场调研、抽样市场调研、非概率抽样调研等。

（2）调研方法。调研方法通常有观察法、专题讨论法、访问法、实验法等。

1）观察法。虽然跨境电商销售是在线上进行的，但是了解客户的方式仍然应当回归到客户生活的环境中。只有了解客户的状况和需求，才能提供真正让客户满意的产品和服务。当前，有越来越多的卖家已经充分认识到对本土市场进行实地考察的重要性。观察法分为实地观察法和实验室观察法，前者是指调研人员通过现场观察调研对象的行动来收集资料，后者是指调研人员通过单向镜观察实验室内调研对象的行为来收集资料。不论采取哪种类型的观察法，想要获得客观的、有参考价值的信息，调研人员都不能参与调研对象的行为，而要始终从第三方的视角来观察他们的行为和习惯。

2）专题讨论法。专题讨论法也叫焦点小组（Focus Group）法，是一种定性研究方法，主要用于收集某特定群体对产品、服务、概念、广告或其他主题的意见和反馈。该方法将一小组具有相似特征的参与者（通常为 6～12 人）聚集在一起，让他们进行有组织的讨论，进而了解他们的观点、感受和态度。专题讨论往往是大规模问卷调研前的一个试探性步骤。除了在线下开展专题讨论，调研人员也可以借助互联网工具在线上进行专题讨论来收集用户的想法。

3）访问法。访问法常采用的形式是问卷调研，问卷调研的目的是了解人们的认识、看法、喜好和满意程度等，以便在总体上衡量这些数值。传统的问卷调研有邮寄、电话、面访三种接触主体的方法，目前更多采用互联网在线发放问卷的方法。虽然借助系统也可以实现在网站的页面上进行调研，但是弹出窗口可能分散网站访问者的注意力。很多公司会把调研问题嵌入订单确认页面，这种操作不会分散人们下订单时的注意力。在设置网络问卷时，要注意内容尽量精简，问题数量一般以 10 个以内为宜，能让用户在很短的时间内完成回答，以免让其产生厌烦情绪，影响采集数据的质量。这样的快速调研可涉及多个方面，例如：

- 购买/服务满意度——“您如何评价近期的购买经历?”
- 一般表态——“您会不会将我们推荐给朋友?”
- 产品使用——“您什么时候/在哪里使用过我们公司的产品?”
- 与竞争对手的比较——“您为什么购买我们的产品，而不是××公司的产品?”
- 信息偏好——“您希望在每月的广告订阅中看到什么内容?”
- 对新产品、新营销活动、新网页界面的反馈——“如果我们向您提供××，您会喜欢吗?”
- 相关的生活方式问题——“您会在汽车/家中/办公室使用本产品吗?”
- 放弃产品或服务的理由——“您为什么退订?”

调研问卷的结构

调研问卷一般包括开头、正文和背景资料三部分。

1. 开头

调研问卷开头部分一般包括：

（1）问卷标题（点明调研的主题与内容）。

（2）问卷编码（便于归档与统计，简单的调研可省略）。

（3）问卷说明词（说明调研的目的及调研结果的用途，一般需要向调研对象介绍调研组织，请求其积极配合，消除其顾虑，向其表示感谢等）。

（4）问卷填写说明（为规范调研对象对问卷的回答，在自填式问卷中要有详细的填写说明）。

2. 正文

正文部分是调研问卷的主体部分。调研人员应依据调研主题设计调研内容，设计问题前要先考虑清楚这个问题与其他问题的关系，以及通过这个问题想要获得什么结论，再设计问题的选项和提问的方式。调研的问题一般可分为三类：

（1）事实、行为类问题，用于了解市场中已发生或正在发生的客观现象、人们的行为和结果。

（2）观点、态度、动机类问题，用于了解调研对象的主观认识、消费偏好等。

（3）未来的可能性类问题，用于了解调研对象未来的态度，而不是对行为的准确预测。

3. 背景资料

背景资料通常放在调研问卷的最后，是问卷的基础数据，包括调研对象的主要特征等，便于对调研资料开展后期分析。

使用专门的调研软件发放问卷也是常见的方式。低成本的调研系统有 SurveyMonkey、Google Forms 等，可以用来制作调研报告并将其嵌入确认页面中。另外，还有通用表单构建器，如 Wufoo，可以用来更灵活地设计表单。除此之外，Zoho Survey、Alchemer、QuestionPro 等专业产品的系统功能更强大、更专业，但同时会增加更多成本。

4）实验法。实验法是一种科学的调研方法。该方法选择有可比性的 A 组和 B 组，分别赋予其不同的营销实验方案，控制外部变量，并检查所观察到的差异是否具有统计上的显著性。其理论依据是：在剔除外部因素或对其加以控制的情况下，观察到的结果与实验方案中的变量具有一定的相关性。实验法分为现场实验法和实验室实验法。

第六步，分析信息并形成报告。

在报告中需要明确进行数据分析的手段，以及通过这些数据分析手段可以获得哪些结论；明确进行数据分析的原则、内容、方法、要求；明确报告的撰写人员分工、成果的发布等安排；明确最终成果以何种方式体现。

第七步，确定组织计划和进度安排。

在组织计划中，要确定调研的组织领导、调研机构的设置、调研人员的选择与培训、各项调研工作的分工等。企业委托外部机构进行市场调研时，还应对双方的责任人、联系人、联系方式做出规定。

在进度安排中，需要罗列重要节点，在充分考虑工作量的基础上进行时间节点的安排，并尽量明确每个节点的负责人。可以采用甘特图进行进度安排，其中，横轴表示时间，纵轴表示要安排的活动，线条表示在整个进度中计划的和实际的活动完成情况。

以抽样调研为例，一个市场调研的进度一般可分为以下几个阶段：

（1）总体方案的论证、设计。

（2）抽样方案的设计，包括调研实施的范围、时间、人员分工等具体细节的规定。

（3）问卷的设计、测试、修改、定稿。

（4）网络问卷工具和方式的选择及发布，问卷印刷、调研人员的挑选和培训。

（5）调研的组织实施，并根据反馈进行调整。

（6）调研数据的整理，包括计算机录入、汇总与制表。

（7）统计分析研究。

（8）调研报告的撰写、修订、定稿。

（9）调研成果的鉴定、论证、发布。

（10）调研工作的总结。

市场调研报告大纲

市场调研报告一般包括导言、报告主体和附件三部分。

1. 导言

（1）标题页。

（2）前言，具体包括报告的根据、研究目的与范围、研究方法、致谢辞等。

2. 报告主体

（1）详细的调研目的。

（2）详细的研究方法。

（3）调研结果的描述与解释。

（4）调研结果与结论的摘要。

（5）权威性建议。

3. 附件

（1）样本的分配。

（2）图表。

第八步，编制市场调研经费预算。

预算编制需要考虑不同的调研形式，如为纯外包，则由第三方提供，并由内部审核；如由内部自行组织调研，则需要考虑相关人员的各项费用以及调研周期等。预算一般包括以下内容：

（1）总体方案策划费或设计费。

（2）抽样方案（或实验方案）设计费。

（3）调研问卷设计费和测试费。

（4）调研问卷软件服务费或印刷费。

（5）调研实施费，包括选拔和培训调研人员的费用、试调研的费用、交通费、调研人员劳务费、督导人员劳务费、礼品费、复查费等。

（6）数据录入费，包括编码、录入、查错等费用。

（7）数据统计分析费，包括上机、统计、制表、作图、购买必需品等费用。

（8）调研报告撰写费。

（9）资料费、复印费、通信联络费。

（10）专家咨询费。

（11）公关、协作人员的劳务费等。

（12）管理费或税金。

（13）鉴定费、新闻发布会及出版物印刷费等。

学习活动二 跨境电商宏观环境分析

【学习目标】

1. 掌握宏观环境分析的含义和重要性。

2. 能使用宏观环境分析模型开展分析。

3. 掌握政治因素、经济因素、社会文化因素、技术因素、生态因素和法律因素分析要点。

【学习过程】

为了能回答师父关于跨境电商宏观环境分析的相关问题，小艾通过查询资料、向师父请教、与同事交流等方式进行学习，并在师父的指导下整理了笔记。

一、为什么要开展宏观环境分析

开展宏观环境分析是为了确认和评价政治、经济、社会文化、技术、生态和法律等宏观因素对企业战略目标和战略选择的影响。跨境电商企业通过平台进入国外市场、直接接触国外客户时，不仅需要了解客户，而且需要从更高的层次出发，看清市场及行业的总体发展趋势，判断市场的投资价值，关注宏观政治、经济政策及法律和技术等的变迁对市场的影响力度与方向及对企业成本的影响。例如：政治因素导致的关税上涨，或经济因素导致的汇率波动等情况，都会影响跨境电商企业的利润，企业如果能对政治和经济等宏观因素进行动态调研和观察并具备一定的敏感性，就能提前做好价格策略、销售策略、运输策略、海外仓布局策略等的调整，避免遭受损失。

二、宏观环境分析模型

（一）PEST 分析模型

PEST 分析模型是一种宏观环境分析模型。宏观环境又称一般环境，是指影响行业和企业的一切宏观因素。不同行业和企业应根据自身特点和经营需要对宏观环境进行分析，虽然分析的具体内容会有差异，但一般都包括政治（Political）因素、经济（Economic）因素、社会（Social）因素和技术（Technological）因素这四大类因素。因此，该模型被称为 PEST 分析模型。

（二）PESTEL 分析模型

PESTEL 分析模型是一种分析宏观环境的有效工具，不仅能够分析外部环境，而且能够识别对企业有冲击作用的力量。它是调查企业外部影响因素的方法，其中每一个字母都代表一个因素，即政治（Political）因素、经济（Economic）因素、社会（Social）因素、技术（Technological）因素、环境（Environmental）因素和法律（Legal）因素。

三、宏观环境调研的要素

（一）政治环境调研

政治环境调研可以从以下方面开展。

1. 分析政府及其政策趋势

具体包括：分析政府类型；评估政府在经济中所起的作用；评估政府的廉洁与行政效率等。

2. 分析政治稳定性

一般而言，政权的更迭往往带来政府政策的变化，从而改变企业营销的政治环境。因此，政治环境调研需要综合分析政权更迭频率、暴力事件出现率、文化分裂程度、宗教冲突等信息。

3. 分析政治干预政策

具体包括：分析税收政策，税收政策即通过征收不同的税来限制或鼓励外国产品进口的政策，分为限制性税收政策和鼓励性税收政策两大类；分析进口管制政策，包括限制进口数量的各项措施和限制外国产品在本国市场上销售的措施；分析外汇管制政策，即是否对外汇的供需及利用加以限制。

4. 分析政治风险

具体包括：总体政局风险，即总体政局不稳定继而干扰企业经营决策和获利水平而产生的风险；所有权/控制权风险，即目标市场国政府注销或限制外商企业行为而产生的风险；经营风险，即目标市场国政府对外国企业实行控制性惩罚而产生的风险，主要表现在对生产、销售、财务等经营职能方面的限制；转移风险，即目标市场国政府限制外国企业经营所得和资本的汇出而产生的风险；货币贬值风险等。

5. 分析国家间关系

国与国之间关系的好坏，也会影响企业国际市场营销的成败。具体可以看目标市场国是否参加地方性或国际性组织及是否遵守双边和多边条约。一般而言，一个国家加入的国际性组织越多，则其受法律规章的束缚也越大，与其他国家的关系也越密切。

6. 分析民族主义特征

民族主义认为，一国的经济发展要更多地依靠本国的经济力量，要特别维护本国民族产业的发展。强烈的民族主义对全球市场营销的影响持久且关键。

（二）经济环境调研

构成市场的三要素是购买者、购买欲望和购买力，其中就涉及收入和人口问题。经济环境调研可以从以下方面开展：

1. 分析收入

（1）分析国民收入。国民收入是经济统计中衡量经济发展的一个综合性指标。分析国民收入的一个有效方法就是比较各国的国内生产总值（GDP）或国民生产总值（GNP）。在评估经济环境和市场潜力时，不仅应对国内生产总值和人均国内生产总值进行对比分析，还应注意收入、利息、储蓄等的变化，这些对生产价格敏感产品的企业影响较大。另外，要考虑通货膨胀等因素。

（2）分析个人收入。个人收入即从收入中减去个人所得税以及各种社会保险费等的余额。一般而言，个人收入包括工资、红利、租金等收入以及从其他来源获得的收入。个人收入决定了消费者个人和家庭的购买力。个人收入包括：个人可支配收入，即个人收入扣除税款和非税性负担后所得余额；个人可任意支配收入，即个人可支配收入减去用于维持个人与家庭生存不可缺少的费用（如房租、水电、食物、燃料、衣着等项开支）后剩余的部分，这部分收入是消费需求变化中最活跃的因素，也是分析时要考虑的主要对象。

2. 分析人口

（1）人口规模及增长速度。一般而言，市场规模会受到人口总量的制约，市场规模与人口数量往往成正比。

（2）人口结构。具体包括：性别结构、年龄结构、家庭结构、民族结构、城乡结构、教育水平、人口密度、人口流动性。

（三）社会文化环境调研

各个国家的社会文化既有差异性也有共性，在分析社会文化环境时，应当找出各种差异性与共性，在跨境电商营销过程中针对需求的差异性制定营销策略和方案。社会文化环境调研可以从以下方面开展。

1. 分析目标市场语言文字

应明确目标市场不同的地区和人群习惯使用哪些语言，有哪些主要的方言。商品进入目标市场时，商品品牌的确定、说明书的翻译、广告信息的传递等都应采用合适的语言，避免因翻译造成的歧义。

2. 分析价值观与态度

价值观与态度主要包括：对待物质财富和享受的态度；对待男性和女性的态度；对待家庭和子女的态度；对待工作和成就的态度；对待变革及创新的态度；对待时间的态度；对待风险的态度；等等。这些都会影响人们的消费行为和方式。

3. 分析教育水平

不同教育水平的人对商品的需求不同，对商品的包装、附加功能和服务的要求也有差异。另外，实施营销调研的方式以及产品经销方式也会受到教育状况的影响。调研人员可以对目标市场各类教育水平人数比例、文盲率、教育投资占国民收入的比例等进行比较分析。

4. 分析主要宗教信仰

宗教信仰直接影响人们的生活态度、价值观、风俗习惯和消费行为。一般而言，宗教节日会引起商品需求的变化；宗教要求与禁忌会影响人们的消费行为。

5. 分析风俗习惯

一般而言，风俗是指世代相袭、固化而成的一种风尚；习惯是指由于重复或练习而巩固下来的并变成需要的行为方式。不同的消费习俗决定了不同的商品需求，应当具体分析目标市场消费者的禁忌、习俗、避讳、信仰等特点，以及在饮食、服饰、居住、婚丧、信仰、节日、人际关系等方面表现出的心理特征、道德伦理、行为方式和生活习惯。

6. 分析与产品相关的美学标准

美学是一种文化的审美观念和审美能力，通常表现为对艺术、音乐、戏剧、舞蹈、颜色及形状等的鉴赏力。应特别注意分析消费者对商品的好坏、美丑、善恶的评价。人们挑选、购买商品的过程就是一次审美活动，实质上反映了一个时代、一个社会人们共同的审美观念和审美趋势。

（四）技术环境调研

跨境电商营销中的技术因素主要是指互联网技术。技术环境调研的内容包括技术实力、技术竞争力、技术创新能力、研究与开发经费、互联网运用程度、人才技能水平和培养途径等。调研人员应特别关注电商普及率、在线购物渗透率、在线购物网民数量等与跨境电商行业息息相关的数据。

（五）生态环境调研

污染问题已引起各国政府高度重视。各国纷纷出台环保法律和法规，并强制要求企业购买设备和采取措施解决环境问题。同时，各类环保主义运动和环保组织层出不穷，以各种方式开展环保活动。一方面，制造污染的企业在社会舆论的压力和政府的干预下，不得不采取措施控制污染；另一方面，环保设备生产企业获得了市场和营销机会。调研人员应着重分析当地政府和消费者对环境保护的关注程度，以及相关环保组织和环保标准。一般而言，可以通过宣传产品使用了可再生资源、强调对环境污染小等来迎合消费者的环保观念。企业的产品如果通过了ISO 14000认证，就可以在全球市场免除与环境相关问题的检查，并树立企业的环保品牌。

（六）法律环境调研

法律环境调研可以从以下方面开展：

（1）该国有哪些关于互联网的法律和法规？

（2）互联网上投放广告的规则是什么？是否有不能在互联网上做广告的产品或服务？

（3）企业通过互联网向消费者提供金融服务产品的广告或销售是否受到管制？如果是，由谁以及如何进行管制？

（4）在线视频内容的管理方式与电视内容相同吗？是否有单独的规定？

（5）该国管理部门对知识产权的管理有哪些要求？该国管理部门是否有权进行与知识产权侵权有关的突袭检查？

（6）该国法律如何定义“个人数据”？

（7）涉及个人数据处理的各方（如网站所有者）是否必须向监管机构注册才能处理个人数据？

（8）企业是否征求客户同意或有其他理由来处理个人数据？

（9）涉及个人数据处理的一方（如网站提供商）可以将个人数据出售给第三方吗？

（10）该国是否有针对电子商务数据泄露的通知或其他网络安全法律？

（11）该国有哪些电子邮件和其他远程营销方面的法规和指南？

（12）该国公民在处理个人数据方面拥有哪些权利？这些权利是仅限于本国公民还是可扩展到外国公民？

（13）开展跨境电商的公司如果在当地注册，应在何时、何地缴纳增值税或其他税？互联网销售如何征税？

学习活动三 跨境电商中观环境分析

【学习目标】

1. 能使用谷歌相关工具开展行业调研。
2. 掌握波特五力模型各项要素，并能依据模型分析竞争格局。
3. 能分析竞争者的类型和竞争策略。

【学习过程】

为了能回答师父关于跨境电商中观环境分析的相关问题，小艾通过查询资料、向师父请教、与同事交流等方式进行学习，并在师父的指导下整理了笔记。

一、行业调研的方法

行业调研可以从两个层次展开：

从全球市场角度看，需要了解产品在哪里热度最高、销售量最大，主要的市场在哪里等。我们可以通过谷歌全球商机通、谷歌趋势（Google Trends）等工具直接找到相关信息。

从区域市场角度看，需要了解产品主要的销售市场、畅销区域、目标市场产品结构、市场饱和度、行业是否有垄断性等。我们可以通过数据网站、调研报告、新闻报道等途径了解。

此外，我们可以通过行业市场研究报告来了解市场规模、增长率和趋势。除了国内行业相关网站和公众号之外，以下是一些可靠的行业信息来源：

（1）尼尔森（Nielsen）：一家领先的全球信息和数据公司，提供有关人们观看、收听和购买的市场研究、观点和数据。

（2）皮尤研究中心（Pew Research Center）：一家独立性民调机构，向公众介绍影响美国和世界的问题、态度和趋势。

（3）MarketResearch. com：一家有关产品、市场、公司、行业和国家/地区的市场研究报告和行业分析的领先提供商。

（4）各国人口普查局：有关人员、企业和经济的高质量数据来源之一。

（5）eMarketer：主要聚焦于数字营销和电商领域的数据分析，可以为我们带来最新的行业趋势和消费者洞察。

（6）Statista：一个在线统计数据门户网站，提供来自各主要市场、国家和民意调查的数据，涵盖超过 8 万个主题，数据主要来自商业组织和政府机构。

另外，谷歌也是查找行业文章非常重要的工具。例如，搜索电子商务服装趋势，输入“ecommerce apparel trends”，并在页面右上角选择“工具”（Tools），然后将搜索时间范围更改为“过去一年”（Past year），出现如图 2-1 所示结果。

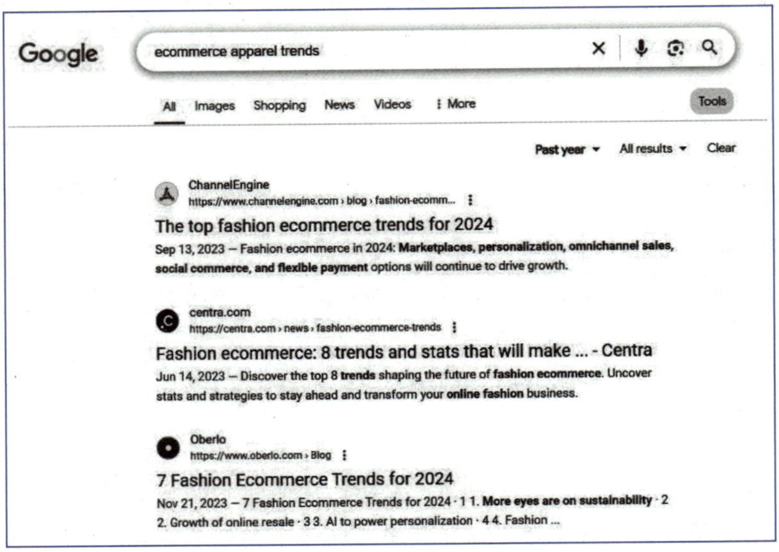

图 2-1 电子商务服装趋势搜索结果

在图 2-1 中，我们可以看到不少有用的行业信息。如果企业计划为女性推出新的服装系列，并想了解趋势，那么上面的搜索范围就太大了，其内容很可能与女装的实际情况不符，因此要增加特定的搜索词，尝试优化搜索，找到的数据越具体越好，如可以再增加关键词“women”，出现如图 2-2 所示结果。

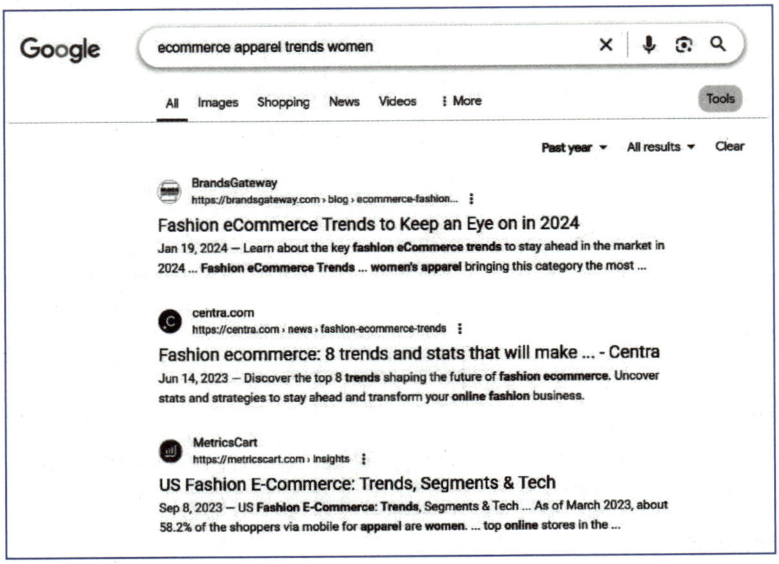

图 2-2 电子商务女装趋势搜索结果

另外，从社交网络的讨论组中了解大家的想法也是获得行业趋势的一种方式。假如希望了解女性运动产品方面的需求和趋势，可以通过搜索“women's athletic facebook groups”进入社群并筛选信息，获得产品改良的启发，如图 2-3 所示。

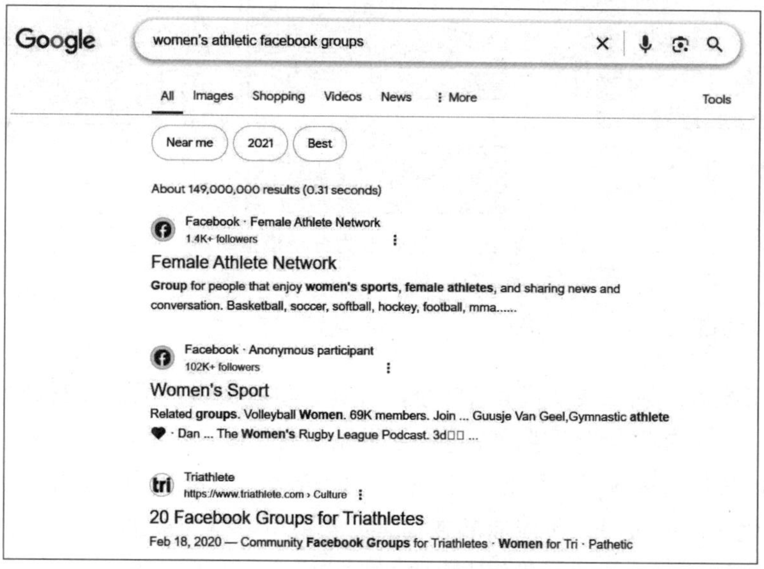

图 2-3　女性运动社群搜索结果

二、波特五力模型

(一) 波特五力模型简介

在中观环境调研中，我们可以参考的理论框架是波特五力模型（Porter's Five Forces Model）。该模型是哈佛大学教授迈克尔·波特（Michael Porter）于 20 世纪 80 年代初提出的用于竞争战略分析的模型。这五力是指供应商的议价能力、购买者的议价能力、新进入者的威胁、替代品的威胁、行业内现有竞争者之间的竞争。我们既可以通过这个模型分析目标对象的竞争压力情况，也可以借鉴这个模型的指标，科学系统地了解行业整体情况。

我们会发现，供应商的议价能力、新进入者的威胁、替代品的威胁、行业内现有竞争者之间的竞争都属于行业调研范畴，而购买者的议价能力则属于消费者调研范畴。对消费者的调研对宏观、中观、微观层面都有涉及：宏观层面的调研侧重消费者的结构性和趋势性数据，如人口总量、各年龄层数量和发展趋势等；中观层面的调研侧重消费者的群体数量和意向；微观层面的调研侧重消费者个体行为模式和偏好。

波特五力分析模型如图 2-4 所示。

(二) 波特五力模型分析

参考波特五力模型的五个指标，我们在进行中观环境调研时，可以从以下方面入手。

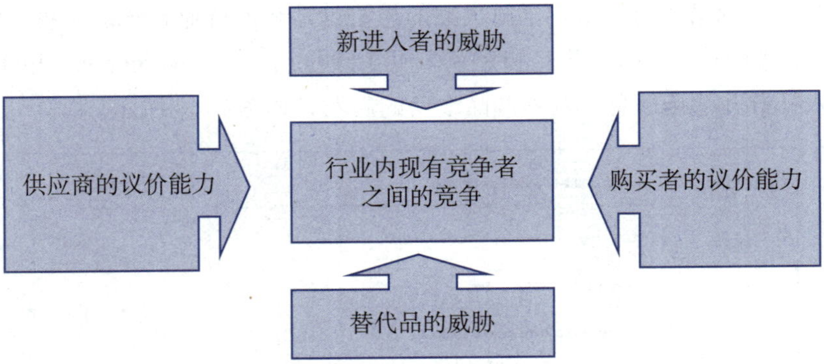

图 2-4 波特五力分析模型

1. 分析供应商

对跨境电商卖家来说，供应商是指向企业及其竞争者提供产品或原材料的企业和个人，以销售产品为主，对有些企业来说，还包括提供原材料、设备、能源、劳务、资金等。供应商所提供资源的价格和供应量直接影响企业产品的价格、销量和利润。对供应商调研的主要内容包括：供应商的数量，供应商品牌知名度和地位，供应商的产品特色、产能和销售范围、供货稳定性、价格趋势，供应商产业链，供应商对供应链整合的参与意愿等。

2. 分析新进入者

新进入本行业的企业可能与现有企业发生原材料与市场份额的竞争，最终导致行业中现有企业盈利水平降低，严重的话还有可能危及这些企业的生存。对新进入者调研的主要内容包括行业进入壁垒、现有企业对新进入者的反应模式等。

3. 分析替代品

两个处于不同行业中的企业，可能由于所生产的产品互为替代品，从而产生竞争行为。替代品价格越低、质量越好、用户转换成本越低，其所能产生的竞争压力就越大。对替代品调研的主要内容包括销售增长率、替代品企业生产能力与盈利扩张情况等。

4. 分析行业内现有竞争者

（1）识别竞争者。企业首先要了解竞争者概况，包括谁是最大的竞争者，竞争者的数量有多少，竞争者主要有哪些优劣势等；然后从不同层次确定主要的竞争者。一般而言，存在 4 种层次的竞争者：

1）品牌竞争者。当其他企业以相似的价格向相同的消费者提供类似的产品与服务时，企业将其视为竞争者。

2）行业竞争者。企业可以把制造同样或同类产品的企业都广义地视作竞争者。

3）形式竞争者。企业可以更广泛地把所有制造并提供相同服务或产品的企业都视作竞争者。

4）通常竞争者。企业可以更广泛地把所有争取同一消费者的企业都视作竞争者。

（2）确定竞争者。竞争者分析应当遵循从广泛到具体的路径，逐步厘清竞争关系，最重要的是确定影响企业生死存亡的竞争者。具体而言，企业可以根据各个平台后台自动生成的数据报表，以及可提供平台历史销量的付费工具，了解竞争者的销量数据、加入购物车的数据、加收藏的数据等，以最终确定竞争者。

（3）分析竞争者的目标及策略。竞争者通常的目标有：市场份额增长、流量领先、技术领先和服务领先等。企业要了解竞争者对其目前所处的“位置”是否满意，如目前的利润水平、市场份额、技术或服务创新程度等，以及竞争者对不同产品进行市场细分的目标。

（4）分析竞争者的优势与劣势。企业要充分考虑和评估每个竞争者的优势与劣势，可收集竞争者过去几年的关键资料，如销量、市场份额、利润率、现金流量、品牌认知度、技术专利等。其中，必须重点关注 3 个变量：

1）市场份额。这是用于衡量竞争者在有关市场上所拥有的销售份额情况的指标。

2）心理份额。这是在回答“请举出这个行业中你首先想到的一家公司”这一问题时，提名竞争者的顾客在全部顾客中所占的百分比。

3）情感份额。这是在回答“请举出你喜欢购买其产品的公司”这一问题时，提名竞争者的顾客在全部顾客中所占的百分比。

（5）评估竞争者的反应模式。每个竞争者都会根据自己的经营理念，在对手做出降价、加强促销或推出新产品等举动时做出反应，而企业需要根据竞争者的反应模式随时调整策略。

（6）选择竞争策略。在分析了竞争情况以后，企业应制定相应的竞争策略。寻找竞争者能力较弱且企业自身可以提升的方面，并采取有效行为，企业可以获得更多的回报。

5. 分析购买者

购买者就是顾客，即目标市场。企业要重点关注消费群体数量、总体意向和趋势，并匹配他们的购买力。

学习活动四　跨境电商微观环境分析

【学习目标】

1. 掌握用户画像的概念和作用。

2. 掌握构建用户画像的基本流程。
3. 掌握客户触点的含义和特征。
4. 能制作简单的客户旅程地图。

【学习过程】

为了能回答师父关于跨境电商微观环境分析的相关问题，小艾通过查询资料、向师父请教、与同事交流等方式进行学习，并在师父的指导下整理了笔记。

一、用户画像

（一）什么是用户画像

用户画像又称客户画像或用户角色，是一种勾画目标用户、联系用户诉求与产品设计方向的有效工具。一幅用户画像通常代表产品的一个典型购买者，所描述的内容代表该用户的需求。用户画像的内容一般包括：用户背景信息、用户行为模式、用户动机、用户技能以及用户使用产品的场景。我们需要用浅显和贴近生活的语言将用户的属性、行为与期待联结起来。

（二）构建用户画像

用户画像可以通过多种方式来构建，主要取决于项目预算、项目类型以及设计人员能采集到的数据类型。构建用户画像的一般流程如下：

第一步，收集用户信息。

构建用户画像是为了还原用户信息，因此数据来源于所有与用户相关的数据。从属性来看，数据可以分为静态信息数据和动态信息数据两大类（如图 2－5 所示）。在从网络获取数据的基础上，对目标用户进行足够数量的访谈和观察也是至关重要的。

（1）静态信息数据是指用户相对稳定的信息，主要包括人口属性、商业属性等方面的数据。这类信息如果有真实来源，则无须过多进行建模预测，仅做数据清洗工作即可。

（2）动态信息数据是指用户不断变化的行为信息。当用户行为集中到互联网时，通过购物平台、社交媒体、广告页面等用户的接触点，用户行为的展现就会比线下更为聚焦，数据的可获得性也大大提高。

第二步，基于数据建立标签体系。

在获取了用户数据后，我们可以通过列表整理行为变量，并按一定的逻辑层级分析用户，找到相似的行为模式的类型，给每个类型赋名，将同类型的用户对标到合适的变量区间中。简单地说，就是把用户分到什么类型里面去。这就需要我们设计相关类型、明确类型彼此之间有什么联系，也就是设计用户画像标签体系。

（1）标签体系的类型。标签体系的类型通常有两种：一种是结构化标签体系，这类标签可以直接从人口属性、商业属性等基本信息中得到，有明确的层级关系，如性别、年

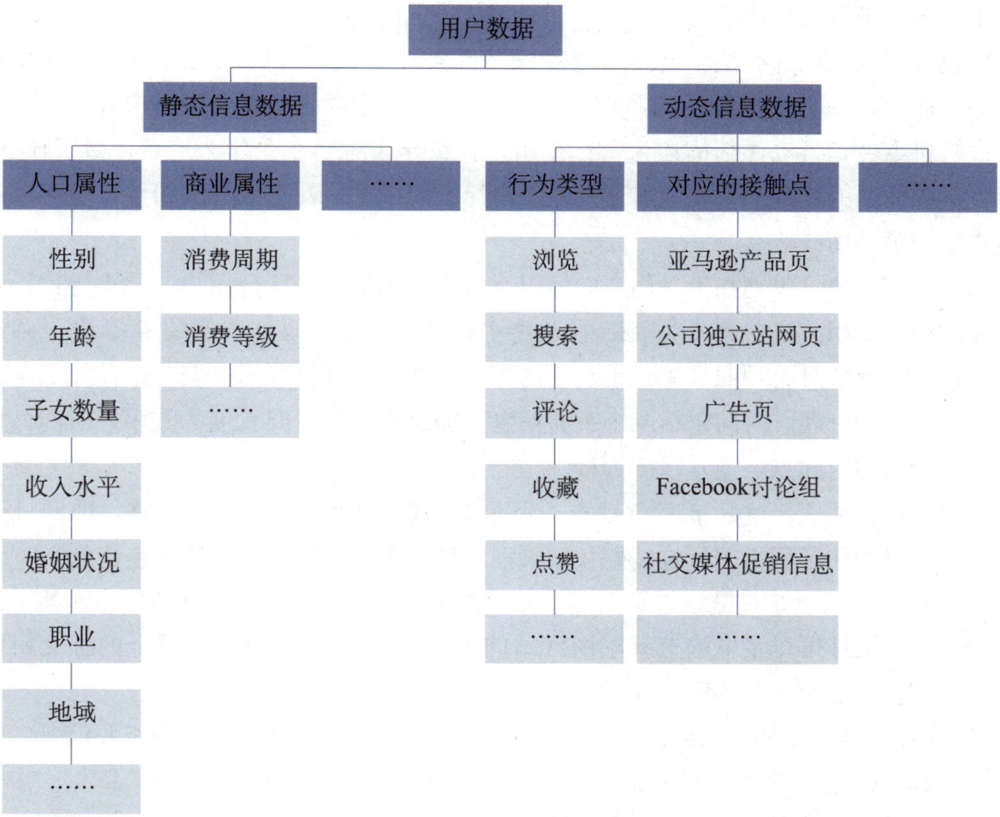

图 2-5 用户数据类型

龄、消费周期等；另一种是非结构化标签体系，各个标签反映各自的用户兴趣，彼此之间并无层级关系。

（2）建立标签体系的要求。标签体系的建设原则有三：一是要便于使用；二是要区分明显；三是要能反映用户决策的逻辑与依据。标签体系的建立包含以下几个方面的内容：

1）标签体系的顶层设计。

2）标签体系的多维度系统建设。

3）标签开发规范。

（3）标签体系的数据架构。标签体系需要根据业务逻辑进行架构。从数据流向和加工看，用户画像包含上下级递进关系。例如：计算用户流失系数要通过建模，基础数据是用户早期的历史行为，而用户早期的历史行为，如 10 天内的消费金额、消费次数、登录次数等，本身也是标签，它们是通过原始的明细数据获得的。一般而言，最底层是“原始数据”，如用户信息、地理信息、产品信息、财务信息等；第二层是“事实标签”，如购买类型、活跃次数、购买间隔、购买类型、退换占比、购买金额等；第三层是“模型标签”，如流失预测、购买预测、兴趣偏好、行为偏好、风险预测、忠诚预测等；第四层是“策略标签”，如待挽回用户群、待发展用户群、待维护用户群等。上层数据建立在下层数据的建模分析之上，下文将具体说明。

第三步，进行数据建模。

建模方法根据业务类型、企业战略需求等因素而变化，这里以建立用户偏好模型为例。一般而言，一个事件模型包括时间、地点、人物三个要素。每一次用户行为的本质就是一次随机事件，可以详细描述为：什么用户，在什么时间，在什么地点，做了什么事。在建立标签体系的基础上，我们需要设置每个标签的权重。权重既代表指数，也可以理解为需求度、可信度或概率。

（1）什么用户。关键在于对用户的标识。用户标识是为了区分用户、单点定位。互联网主要的用户标识方法包括 Cookie、在购物平台/网站/社交媒体注册的 ID、电子邮箱地址、手机号、社保号、护照号等。视企业的用户黏性，可以获取的标识信息有所差异。

（2）在什么时间。时间包括两个重要信息，即时间戳和时间长度。其中，时间戳用于标识用户行为的时间点，通常精度为秒。

（3）在什么地点。这是指客户触点。每个客户触点潜在包含两层信息，即网址和内容。网址本身表征了用户的标签偏好权重，而网址对应的内容则体现了标签信息。

1）网址：每个 URL 链接（页面/屏幕），即定位了一个互联网页面地址或者某个产品的特定页面。网址可以是电脑上某电商网站的页面 URL，也可以是手机上的社交媒体功能页面或某款产品应用的特定画面。

2）内容：每个 URL 链接（页面/屏幕）中的内容。其可以是单品的相关信息，包括类别、品牌、描述、属性、网站信息等，如出现在每个互联网触点的公司产品。

互联网上触点的不同体现了权重差异。例如：对于 A 品牌产品，直接登录公司独立站购买的客户、在亚马逊搜索 A 品牌进入产品页的客户，以及看到产品打折广告后点击进入的客户，对于 A 品牌的喜好程度和黏性不同，他们愿意为该品牌产品支付的价值也不同。因此，不同网址对应的权重也不同，企业需要根据各自的业务需求设置权重。

（4）做了什么事。这是指用户行为类型。用户对于电商有如下典型行为：浏览、添加至购物车、搜索、评论、购买、点赞、收藏等。不同的行为类型，对于触点的内容产生的标签信息具有不同的权重。例如：购买行为的权重就应当比浏览行为的权重高。

综上所述，内容决定了标签，行为类型、网址决定了权重；同时，用户标签的权重可能随时间的增加而衰减。因此，我们将时间定义为衰减因子，则用户画像的数据模型可以概括为下面的公式：

标签权重＝衰减因子×行为权重×网址权重

表 2-1 列举了各种权重，仅作为建模思路的参考，事实上权重本身也需要靠建模产生。

表 2-1 权重指数举例

权重类型	信息和对应权重举例			
网址权重	独立站：1	亚马逊店铺：0.9	广告页：0.7	……
行为权重	购买：1	添加至购物车：0.9	浏览：0.7	……
衰减因子	当天行为：1	昨天行为：0.95	昨天至一周内行为：0.9	……

例如：用户 Daisy 昨天在公司亚马逊店铺浏览 A 品牌女式夹克信息。

标签：女式夹克，A 品牌。

时间：因为是昨天的行为，假设衰减因子为 0.95。

行为类型：浏览行为，权重为 0.7。

地点：亚马逊店铺，权重为 0.9。

因此，Daisy 的标签权重=0.95×0.7×0.9=0.598 5。

用户偏好标签是：Daisy，女式夹克，A 品牌，0.598 5。

第四步，找到交互场景并构建用户画像。

用户画像本身是没有价值的，只有被运用在某些场景之中，其价值才会显现出来。场景通常是描述用户通过与产品的何种交互来实现产品具体目标的一段文字。我们通过将用户画像（用户信息）和场景（用户与产品发生的交互行为）进行合并，能快速收集用户的核心需求信息，并策划营销解决方案。场景通常从目标用户的视角，来描述可能发生的用户与产品之间的交互行为。

用户画像文档通常需要包括用户姓名、用户照片（尽量避免使用真实姓名和照片）、个人信息（如性别、年龄、地区、家庭背景）、目标和需求、痛点、行为、标志性特质等信息，如图 2-6 所示。

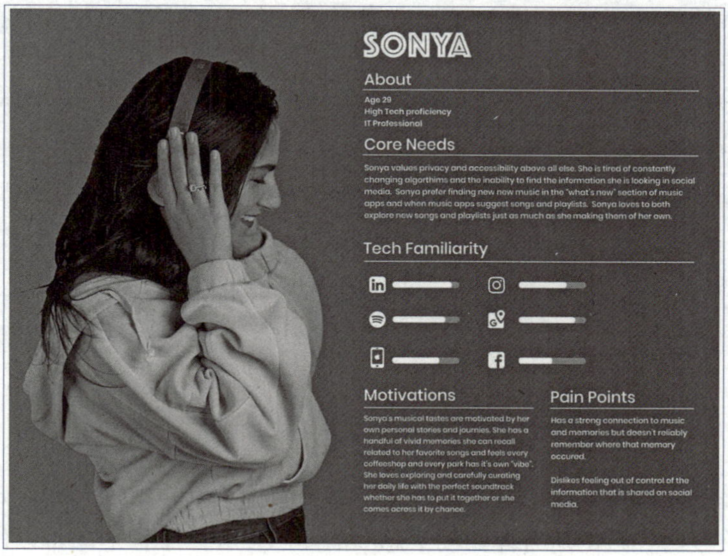

图 2-6 用户画像示例

二、客户触点和客户旅程

（一）什么是触点

营销中的“触点”也称为“接触点”，是指能使客户与一个公司（品牌）产生互动的任何方式，包括面对面互动以及通过网页、应用或其他方式交流。简单来说，触点就是客户“触碰”到品牌信息的媒介。为了使消费者在主动搜索信息时能触达企业的产品，企业需要先了解消费者会去什么样的地方碰到产品信息，再考虑怎么控制所有的触点，让消费者碰到的产品信息都是企业精心设计的、能促进消费者购买的产品信息。

（二）客户触点分析方法

1. 辨识触点

营销人员要对客户可能有的触点进行辨识。提升客户体验的第一步是找到所有的触点。营销人员需要通过数据收集和访谈，按照购买前、购买中、购买后的时间线，列出客户会在什么时间、什么地点碰到品牌信息。一些问题可以帮助营销人员梳理思路，例如：客户在工作或生活中，如果碰到产品使用的困境，会去哪里寻找答案？如果客户听说有一款工具或服务可以帮助他解决这些问题，他会去哪里寻找更多信息？如果客户决定买这款产品，他会去哪里寻找信息做最终购买决策？在购买后，客户会去哪里查询产品使用说明、发表产品评价？营销人员可以通过这个步骤，尽量穷举客户触达品牌信息时会碰到的所有可能媒介，如表 2-2 所示。

表 2-2　触点列表

购买前	购买中	购买后
产品评论	跨境电商第三方平台	交易通知
广告	跨境电商独立站	关怀邮件
社交媒体	线下门店	销售支持
口碑	促销展示和链接	帮助中心
用户故事	呼叫中心	账单
公关活动	支付设备	后续跟进服务
……	……	……

2. 制作客户旅程地图

（1）客户旅程地图的定义。客户旅程地图（Customer Journey Map）是指描绘客户与某公司或品牌交互时经过的所有体验场景总和的图示。客户旅程地图可以使方案制定者站在客户的立场来“观看”他们是如何体验从第一次听说此产品到最终购买，乃至购买后的整个旅程的，它用于理解和解决客户需求和痛点。

（2）客户旅程地图的内容。客户旅程地图的内容主要包括以下三部分。

第一部分描述行动、思维和情绪。其中，行动代表了客户在整个旅程的特定阶段所做的事情；思维包括客户对产品或服务的所有关注；情绪则是指客户从一个阶段移至另一个阶段时的主要情绪。

例如：购买游戏产品的客户 A 的所有行动包括查看游戏等级、查看游戏画面、查看价格、阅读说明、播放预告片等。他的思维可能包括：“嗯，价格似乎很合理！”“哇！很酷的人物造型！”“啊！这让我想起了我最爱的游戏！”“预告片很有趣，我希望游戏也一样。”同时，在不同的阶段，他的情绪会随着行为和思维的变化而有所不同，如犹豫不决、快乐、惊讶等。

第二部分是触点地图。触点地图的表现形式就是一连串前后都有联系的触点，一般分为几个阶段，如“品牌认知”“筛选考量”“产生好感”“购买行动”“品牌忠诚”等，每个阶段会对应好几个触点。例如：客户 A 对游戏的认知阶段可能包括移动应用程序、Xbox 上的游戏商店、游戏评论网站、广告等触点。潜在消费者需要经历数个阶段才能成为客户。触点地图的制作步骤如下。

第一步，分析各类典型客户的购买旅程，将一系列客户目标和操作转化为时间线骨架，结合自己品牌的所有触点形成旅程框架。

第二步，将这几个阶段拆分成多个行为动作，如可以将“品牌认知”拆分为“他人推介”“看到广告”“看到宣传文章”等动作。将阶段与动作写在横列。

第三步，列出营销触点，放在纵列。

第四步，从用户画像入手，用客户的行为来充实这个框架，从而形成客户路径。用圆点（或小三角、小五角星）代表某一客户，标出该客户所有的触点相关行为，并用线连起来。

第五步，把几类主要客户行为路径绘制出来进行对比分析。分析哪些触点的表现促进了客户成交，哪些触点出现了问题。用不同的颜色填充这些空格。

触点地图简要示例如图 2－7 所示。

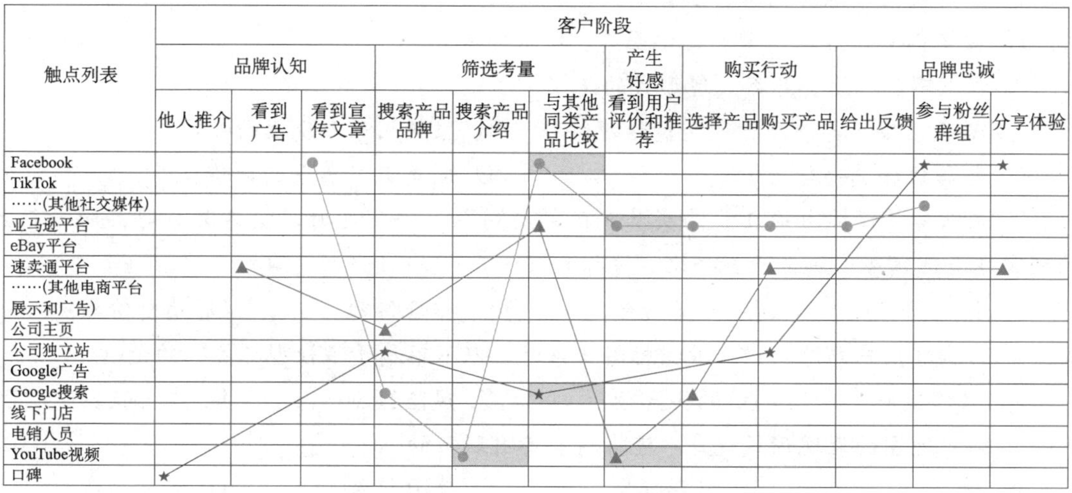

图 2－7　触点地图简要示例

第三部分描述机遇。营销人员可以通过对客户使用产品或服务的各个阶段的分析得出营销机会点。这一部分的重点是分析旅程中每一个触点的体验效果，描述发现的痛点。这意味着营销人员需要进一步分析与整合客户体验过程中的各种营销机会点，制定每个触点的优化策略，从而设计出更贴近客户的营销方案，提升客户体验。

（3）客户旅程地图的制作工具。使用可视化工具可以传达设计过程的信息，合成客户旅程地图。制作客户旅程地图的工具有很多，它们可提供客户旅程地图绘制的模板、指南，对客户旅程地图进行编辑和可视化操作，部分工具还有采集数据、实现触点与实际数据连接的功能，例如：

Smaply：专注于客户旅程地图绘制，提供丰富的模板、情感曲线，具有多角色管理以及多人协同功能，适用于企业级用户体验分析。

UXPressia：一款以客户旅程地图为核心的工具，具有直观的拖拽操作和多种图表通道（包括故事板、情感曲线等），方便非专业人士上手。

Miro：一款综合性在线协作白板工具，提供多种模板和灵活的绘图功能，适合跨职能团队共同讨论与设计。

Figma：一款 UI 设计工具，具有强大的社区支持和共享模板功能，可以利用现有的客户旅程地图模板快速生成并迭代修改，适合设计团队和产品经理使用。

同步练习

一、单选题

1. PEST 分析模型的具体内容包括（ ）。

A. 政治因素、经济因素、社会因素、技术因素

B. 政治因素、经济因素、社会因素、环保因素

C. 政治因素、经济因素、法律因素、环保因素

D. 政治因素、经济因素、文化因素、技术因素

2. 以下不属于消费习俗表现形式的是（ ）。

A. 婚丧、节日等表现出的道德伦理特征　B. 服饰用品表现出的心理特征

C. 与居住相关的行为方式　D. 对美丑、善恶的评价

3. 在回答“请举出你喜欢购买其产品的公司”这一问题时，提名某公司品牌或产品的顾客在全部顾客中所占的百分比，被称为（ ）。

A. 情感份额　B. 市场份额　C. 心理份额　D. 消费份额

4. 为构建用户画像而建立数据标签体系时，以下不属于“模型标签”的是（ ）。

A. 兴趣偏好　B. 购买金额　C. 风险预测　D. 流失预测

5. 触点地图的表现形式就是一连串前后都有联系的（ ）。

A. 触点　B. 消费行为　C. 客户记录　D. 客户画像

二、多选题

1. 调研问卷的问题主要包括（ ）。

A. 事实、行为类问题　B. 观点、态度、动机类问题

C. 未来的可能性类问题　D. 主观认识、消费偏好类问题

2. 收集资料的具体方法通常包括（　　）。

A. 观察法　　B. 专题讨论法　　C. 访问法　　D. 实验法

3. 调研方案中的经费预算包括（　　）。

A. 调研问卷软件服务费　　B. 调研问卷测试费

C. 专家咨询费　　D. 数据统计分析费

4. 企业在经营管理过程中可以从（　　）中直接获得和客户相关的数据信息。

A. 客户注册网站时提交的信息　　B. 客户登录、浏览网站的点击行为记录

C. 客户在线购物的商品交易支付记录　　D. 电子邮件打开率与点击率

5. 用户画像内容一般包含（　　）。

A. 用户背景信息　　B. 用户行为模式

C. 用户使用产品的场景　　D. 用户动机

三、判断题

1. PESTEL分析模型是一种分析宏观环境的有效工具，能够识别对企业有冲击作用的力量。（　　）

2. 我们在分析一国政治干预政策时应主要分析税收政策、进口管制政策、外汇管制政策。（　　）

3. 国民收入是经济统计中衡量经济发展的一个综合性指标，我们不可以通过比较各国的国民生产总值来分析国民收入。（　　）

4. 静态信息数据是指用户消费过程中出现的数据，比如商业属性等。（　　）

5. 标签体系需要根据业务逻辑进行架构，上层数据建立在下层数据的建模分析之上。（　　）

四、简答题

1. 调研提纲或调研表应包含哪些内容？

2. 什么是“自我参考标准”（Self Reference Criterion，SRC）？

3. 什么是用户画像？

4. 触点与宣传渠道的区别主要有哪些？

5. 如何找到客户可能有的产品触点？

五、综合实训

请以小组为单位，完成以下实训：

1. 使用PESTEL模型，对公司的目标市场国家进行宏观市场环境调研，并形成调研报告。

2. 使用谷歌趋势以及其他调研工具，对公司所处的行业开展调研，并形成行业调研报告。

3. 运用波特五力模型对公司所处的行业进行分析。

学习任务三

跨境电商商品文案与广告

思维导图

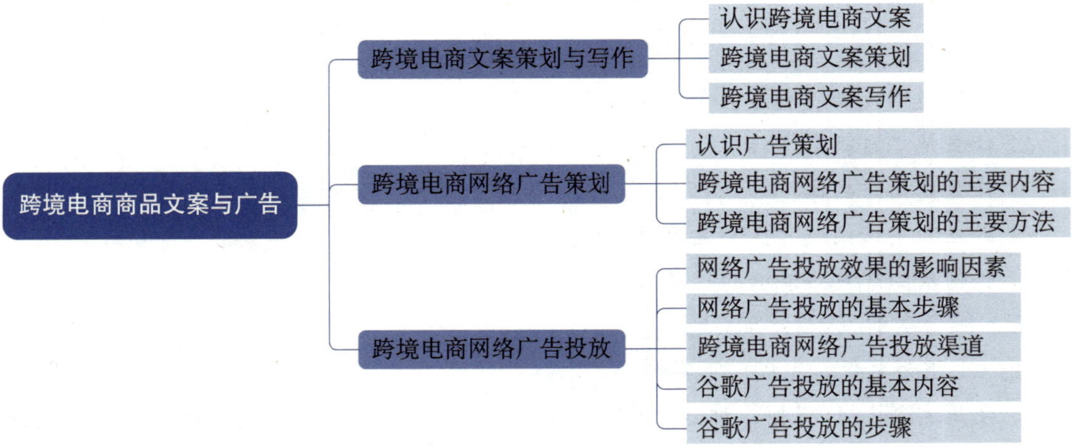

工作情境描述

Mayjoy 电子商务有限公司在亚马逊美国站的店铺开设之后，需要对店铺中主要销售的 Mayjoy 品牌服饰进行宣传，因此需要撰写一系列商品文案，并通过谷歌广告以及 Facebook 等社交媒体平台进行投放。商品文案与广告写作是跨境电商营销的重要组成部分。

师父小李要求徒弟小艾认真学习怎么做好跨境电商文案和网络广告策划，从广告的特点入手，学习跨境电商商品文案的写作要点，熟悉跨境电商网络广告策划，并能从事基本的广告投放工作。小李向小艾提出了一些问题：

—你知道跨境电商商品文案要写什么内容吗？

—你知道跨境电商商品文案要如何策划吗？

—你知道如何策划一个网络广告吗？

—你知道怎么做才能让网络广告有好的效果吗？

—应该怎么投放网络广告？到哪里投放？

—怎么投放和管理谷歌广告？

工作流程与活动

学习活动一：跨境电商文案策划与写作

学习活动二：跨境电商网络广告策划

学习活动三：跨境电商网络广告投放

学习活动一 跨境电商文案策划与写作

【学习目标】

1. 熟悉跨境电商文案的定义和作用。
2. 能说出跨境电商文案策划的主要内容。
3. 掌握跨境电商文案写作的主要技巧，能完成基本的跨境电商文案写作。

【学习过程】

为了能回答师父关于跨境电商文案策划与写作的一系列问题，小艾通过查询资料、向师父请教、与同事交流等方式进行学习，并在师父的指导下整理了笔记。

一、认识跨境电商文案

（一）什么是文案

文案，原指用来放书的桌子，后来指在桌子上写字的人，现多指企业的事务性文字。

不同于设计师用图画或其他手段来表现创意，文案是用文字来表现企业制定的创意策略的。

我们现在所说的文案起源于广告行业，是“广告文案”的简称，由“copy writer”翻译而来。文案有广义和狭义之分，广义的文案包括标题、正文、口号的撰写和对广告形象的选择搭配；狭义的文案包括标题、正文、口号的撰写。

由此可见，文案是为了宣传商品、企业、主张或想法，在报纸、杂志、海报等平面媒体或电子媒体的图像广告、电视广告、网页横幅等中使用的文稿或以此为业的人。

文案通过描述产品的卖点，把控消费者心理，激发消费者的购买欲望，达成销售目标，因此也常被称为“纸上销售术”。

（二）跨境电商文案的作用

在跨境电商销售过程中，买家无法亲眼看到或亲自摸到商品，只能通过产品描述和产品图片来决定是否要购买该产品。因此，文案在买家的购买决策过程中起到了极为关键的作用。文案写作的好坏，直接关系到消费者的购买意向。

除此之外，优秀的电商文案还能提升消费者对品牌的认知，塑造良好的品牌形象，从而提升消费者的品牌忠诚度。

和传统文案不同，电商文案基于网络平台，因此消费者只要具备上网的条件就能看见。可以说，电商文案很容易就能做到无处不在。通过网站、论坛、电子邮件、社交媒体等进行文案的宣传与推广，可以有效整合多平台资源，最大限度地扩大文案的作用范围。由于电商文案具有特殊性质，因此商家能够及时获得公众的意见和回复，增加彼此之间的互动，并形成讨论与话题。

跨境电商文案还可以增加外部链接与点击量，即可以在文案中添加外部链接，以此为电商网站或店铺带来更多的外部流量并提升电商网站或店铺的排名。

二、跨境电商文案策划

跨境电商文案策划不仅是设计一句广告语或口号这么简单，而是需要从店铺定位、目标消费者需求、商品卖点、品牌故事等多方面进行整体考量。跨境电商文案策划的步骤和主要内容如下：

第一步，策划店铺或品牌定位。

跨境电商文案策划应首先着眼于店铺或品牌定位，在明确了店铺或品牌定位之后，再围绕该定位来制定具体的文案策划内容。

定位（positioning）这一概念由艾·里斯（Al Ries）与杰克·特劳特（Jack Trout）提出，被誉为有史以来对营销影响最大的观念。在《定位》这本书中，他们是这样定义“定位”的：“所谓定位，是在对本产品和竞争产品进行深入分析，对消费者的需要进行准确判断的基础上，确定产品与众不同的优势及与此相联系的在消费者心中的独特地位，并将它们传达给目标消费者的动态过程。”定位的动态过程如图 3－1 所示。

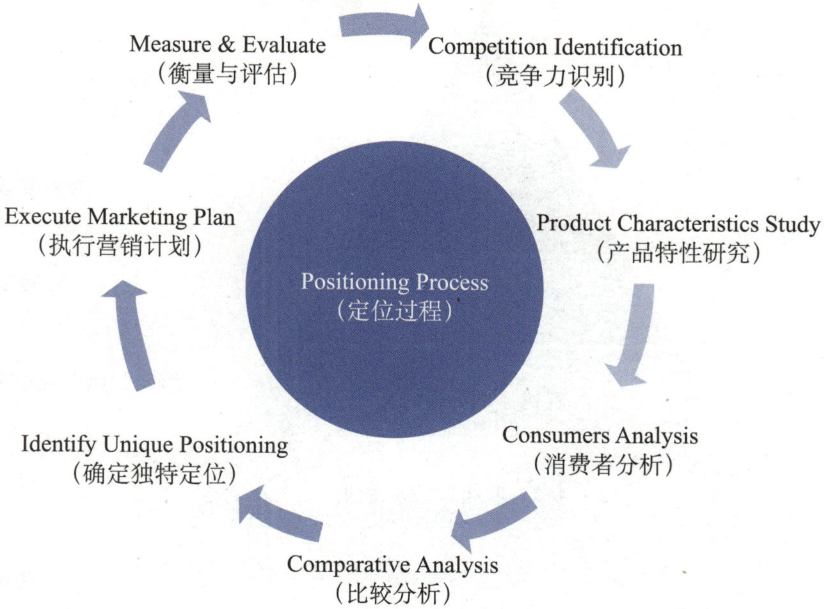

图 3-1　定位的动态过程

跨境电商文案策划应服务于店铺或品牌定位，通过文案将定位传达给目标消费者，并塑造店铺或品牌在消费者心中的形象，从而提升消费者对品牌的忠诚度，增强客户黏性。

第二步，分析消费者需求。

文案作为文字作品的一种，是写给读者看的，而跨境电商文案的读者就是企业的目标消费者，因此了解目标消费者的需求是写出好文案的关键。

消费者需求是指消费者具有支付能力的实际需求，即消费者对该产品或服务有实际的需求，并且愿意及有能力支付相应数量的货币，两者缺一不可。消费者需求理论中很重要的一个理论是马斯洛需求层次理论（Maslow's Hierarchy of Needs）。该理论将人的需求分为五个层次：生理需求、安全需求、爱与归属（社交）需求、尊重需求和自我实现需求。该理论模型具体如图 3-2 所示。

这五种需求从低到高像阶梯一样按层次逐级递升，但次序不是完全固定的，而是可以变化的。一般而言，某一层次的需求获得满足了，追求更高一层次的需求就成为驱使行为的动力。例如：如果一个人同时缺少食物、安全、爱和尊重，通常其对食物的需求是最强烈的，对其他的需求会显得不那么重要，此时人的意识会调用所有能量用来获取食物。

对于现在的网购消费者而言，其最基本的生理和安全需求往往已经得到了较好的满足。因此，企业应该尽可能地多挖掘消费者更高层次的需求，并提出相应的满足方案。

第三步，分析产品和竞品。

要写好文案，我们就必须对自家的产品非常了解。这要求我们熟悉产品的基本属性、功能、使用方法等，而不同的产品类型要求我们掌握的产品信息也不尽相同。例如：对于

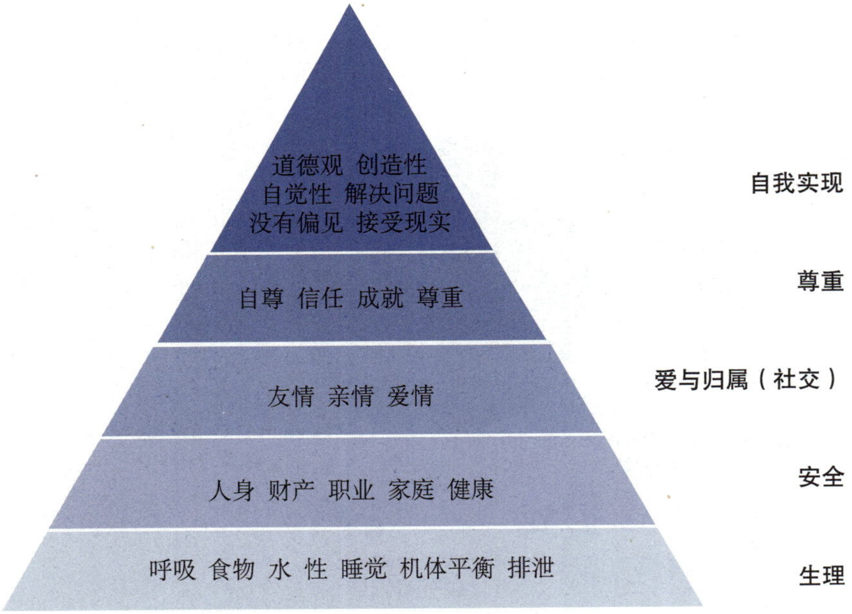

图 3-2 马斯洛需求层次理论模型

服装类产品，我们需要了解产品的款式、面料、做工、洗涤和护养方法、尺码等；而对于电器类产品，我们则需要了解产品的使用方法、可能出现的故障及解决方法等。

经过之前的消费者需求分析，基于对自身产品的了解，我们应该充分挖掘产品的卖点，以及产品如何解决消费者的痛点，以此为基础来设计文案框架。产品卖点往往不止一点，但要将最吸引人、最独特的卖点即我们通常所说的独特销售卖点（Unique Selling Point，USP）放在最突出的位置，并反复突出和强化。

在电商平台，消费者一定会选择某一家店铺的某一个产品，如果不是你，就一定是你的竞争对手。因此，除了关注自身产品，我们还应该充分关注竞争对手的产品。

同一电商平台的同类型店铺和产品数量往往数不胜数，因此需要借助后台相关数据筛选出精准的竞争对手和产品，这样既能节省时间和精力，又能帮助我们获得真正有价值的信息。企业可以从价格区间、款式、销量等方面出发，筛选出与店铺和产品相匹配的竞争对手进行具体分析。

竞品分析应包括竞品的产品属性和特点、产品图片、详情页等方面，经过比较，进一步挖掘自身产品的优势和卖点。

第四步，讲好品牌故事。

目前的跨境电商卖家普遍面临产品同质化严重、陷入价格竞争的泥潭、流量精准度不高、转化率低、客户回头率低、忠诚度不高等问题。而对于中小卖家来说，想抵挡住大平台的低价竞争，就要为产品筑起一面“护城墙”，而这面“护城墙”就是品牌故事。

要打造一个好的品牌故事，首先要有一个简洁、明了、便于记忆的品牌名称。从视觉上来说，就需要为品牌选取一个能够表明主题和相关性的标志（logo），让消费者一看就知道这是一个销售什么产品的品牌，在消费者心中留下深刻的第一印象。

一句好的口号（slogan）对一个好品牌来说也是必不可少的，它能够以简短而浓缩的文字，表达品牌主张或产品的特性及优点。例如：耐克的“Just do it”（如图 3－3 所示）从 1988 年流传至今，短短三个单词就表达出耐克品牌想要传达的“放手一搏、无所畏惧”的态度。

图 3－3　耐克经典口号

讲好一个品牌故事的核心往往就在于挖掘经营者或创始人的故事，让他们的创业故事和精神鼓舞并激励消费者。

三、跨境电商文案写作

（一）跨境电商文案写作的主要内容

跨境电商文案主要可以分为四种类型：展示类、品牌类、推广类和软文类。

1. 展示类跨境电商文案

展示类跨境电商文案是指介绍产品信息、特点、属性、使用方法等的文字和图片内容，如各大电商平台的产品详情页面。在进行展示类跨境电商文案写作的时候，不但要注意主题明确、内容翔实，而且要充分考虑消费者的注意力，内容不宜过长。同时，文字部分应该尽量简洁，做到图文配合。图 3－4 为维他密斯（Vitamix）破壁机文案。

图 3－4　维他密斯破壁机文案

2. 品牌类跨境电商文案

现在，越来越多的商家开始注重讲故事，希望通过品牌背后的故事打动消费者，让消费者产生共鸣，这就是品牌类跨境电商文案。在叙述品牌背后的故事时，应注意故事传达的理念和精神与品牌形象相契合。图 3－5 为中国跨境电商出海品牌 Amazfit 的品牌故事。

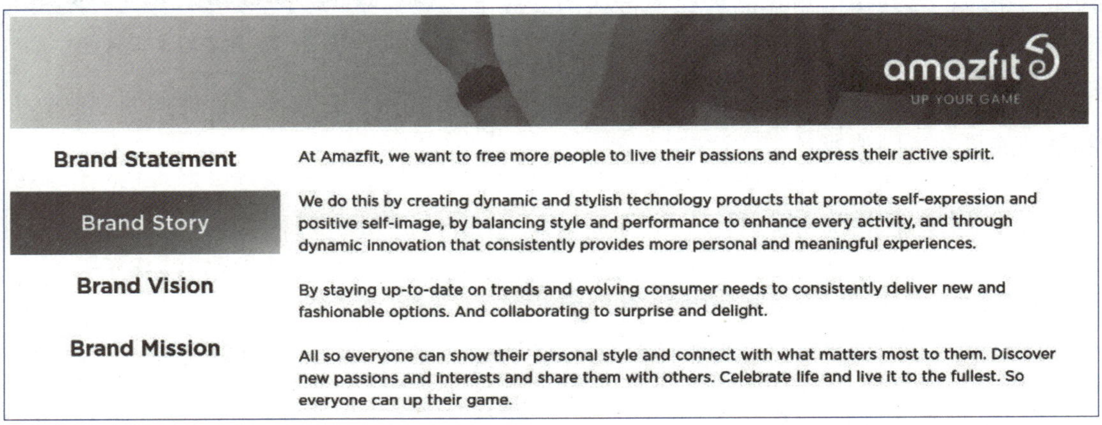

图 3－5　中国跨境电商出海品牌 Amazfit 的品牌故事

3. 推广类跨境电商文案

推广类跨境电商文案旨在促进某款产品的销售，或宣传推广品牌的某次营销活动。目前常见的推广类跨境电商文案包括在社交媒体平台发布的推广信息、与品牌粉丝的互动等。图 3－6 为星巴克的推广文案。

图 3－6　星巴克的推广文案

4. 软文类跨境电商文案

软文是区别于硬广（硬性广告）的一个概念，是指企业通过策划在报纸、杂志或网络等宣传载体上刊登的可以提升企业品牌形象和知名度，或可以促进企业销售的一些宣传性、阐释性文章，包括特定的新闻报道、深度文章、付费短文广告等。不同于硬性广告，软文的精妙之处就在于“软”字。等到发现这是一篇软文的时候，消费者往往已经掉入了精心设计的软文广告“陷阱”。图 3－7 为美容杂志软文广告文案。

图 3－7　美容杂志软文广告文案

(二) 跨境电商文案写作的主要方法

怎样才能写出好的跨境电商文案呢？虽然针对不同的产品类型和品牌定位，文案写作的侧重点不尽相同，但是仍然有一些较为通行的写作方法是营销推广人员可以参考的。

1. 九宫格思考法

拿一张白纸，用笔将之画成九宫格。在中间那一个格中填上商品名，接下来在其他八个格中填上有助于销售的此商品的众多可能的优点。这是运用发散性思维来产生创意的一种简单的练习法。

2. 型录要点延伸法

把该商品型录上的商品特点照抄下来，然后在每个要点后面加以延伸。照抄型录商品卖点会使文字没有人情味，说服力不够，而加以延伸和升华之后能够让文字更加生动和打动人心。

3. 三段式写作法

这是模仿新闻学中的“倒金字塔式”写作法。首先，在第一段精要地浓缩全文的销售话术，开门见山，因为大多数人都没耐心看全文。其次，在第二段依照型录要点延伸法，逐一说明该商品的诸多特色。最后一段是“钩子”，也就是营销术语中的行为召唤（call to action），主要任务是召唤消费者行动起来，点击链接、转发内容或者购买产品等，所以一般要在这一段强化商品的独特销售卖点（USP）、价格优势或赠品。

（三）跨境电商文案写作的主要技巧

1. 用图片为文字增色

再动人的文字都不如有说服力的图片，长篇大论不如图文并茂的解说。商品文案不是写作，而应把它理解成“单页的电子型录”。在每张图片下方可以加上一小排文字说明。新闻学研究已经证明，图片及其内容解说的阅读率是文字的许多倍。

2. 注重 SEO 友好性

不会写商品文案的人，文案是写给自己看的；会写商品文案的人，文案是写给目标对象看的；而最会写商品文案的人，文案是同时写给目标对象与搜索引擎机器人看的。因此，在文案中出现的商品名称要完整（如包含品牌的中文和英文名称、正确的型号等），方便谷歌、百度等搜索引擎后台读取。

3. 说出有利的事实

这个商品曾得过什么奖？这个商品拥有哪些专利技术？这个商品源自哪个知名品牌？这个商品是目前哪个细分市场的销售冠军？这个商品是哪个网站网友口碑最佳的商品？哪个当红名人代言过这个商品？不管你的文案功底如何，如果你的商品有这些优势，记得强调这些事实。

4. 谨慎对待每一篇文案

写一篇商品文案等同于建设一个销售页面数据库，等同于录制一段推销该商品的影片。很多文案可以帮商家卖货一年甚至更长的时间，可以卖出几千件甚至上万件商品。由此可见，一篇好的商品文案的投资回报率是很高的。因此，商家应该多花些精力，用心写好每一篇文案。

5. 适时修改文案内容

文案就像电视广告一样，可以有不同时机的不同版本。商品销售前、全新上市时、热销时、销量衰退时、清仓时的文案也应当有所不同。这些差异化的文案会让销售的气氛更加到位，优化每一阶段的商品销售结果。针对不同平台的文案也可以略做区分，因为每一个平台的受众是不一样的。修改文案的过程并不复杂，只需在不同的销售时机将其内容略做修改，如保持核心宣传语不变，而只修改开头和结尾，或调整价格等。

6. 不要过多关注产品

虽然我们总是听见“以产品为核心”“让好产品为你说话”等说法，但营销人员在文案写作过程中常犯的一个错误却是过多地关注产品。虽然我们总是很乐意分享自己的产品有多么特别，也想谈谈产品独特的功能和出色的品质，但实际上消费者对这些都不感兴趣，他们只想知道这个产品能带来什么好处。产品功能是关于产品的事实，而利益则可以为消费者解释其中的内容。说明产品如何增加乐趣或减轻痛苦，这才是消费者最感兴趣的。

7. 注意检查违禁词

每一个平台都有对应的违禁词，在进行文案写作时应该首先清楚该平台的违禁词有哪些。在写作过程中，一旦提示出现违禁词，就要立即将相关的词语去除，并且在之后的文案写作过程中避免使用。

学习活动二　跨境电商网络广告策划

【学习目标】

1. 了解广告策划的定义和基本流程。
2. 掌握跨境电商网络广告策划的主要内容。
3. 掌握跨境电商网络广告策划的主要方法并能完成基本的策划。

【学习过程】

为了能回答师父关于跨境电商网络广告策划的一系列问题，小艾通过查询资料、向师父请教、与同事交流等方式进行学习，并在师父的指导下整理了笔记。

一、认识广告策划

（一）广告策划的定义

策划是指通过周密的市场调研和系统的分析，利用已经掌握的知识（情报或资料）和手段，科学、合理、有效地布局营销、广告战略与活动进程，并预先推知和判断市场态势和消费群体现在和未来的需求以及未知状况的结果的过程。

广告策划是现代商品经济的必然产物，是广告活动科学化、规范化的标志之一。美国是最早实行广告策划制度的国家，随后许多国家都建立了以策划为主体、以创意为中心的广告计划管理体制。1986 年，我国广告界首次提出“广告策划”的概念。这是我国自 1979 年恢复广告业以来对广告理论一次观念上的更新，它让人们重新认识广告工作的性质及作用，广告工作开始进入为客户提供全面服务的新阶段。

广告策划可分为两种：一种是单独性的，即为一个或几个单一性的广告活动进行策划，也称单项广告策划；另一种是系统性的，即为企业在某一时期的总体广告活动进行策划，也称总体广告策划。

（二）广告策划的流程

一个较完整的广告策划的流程如图 3－8 所示。

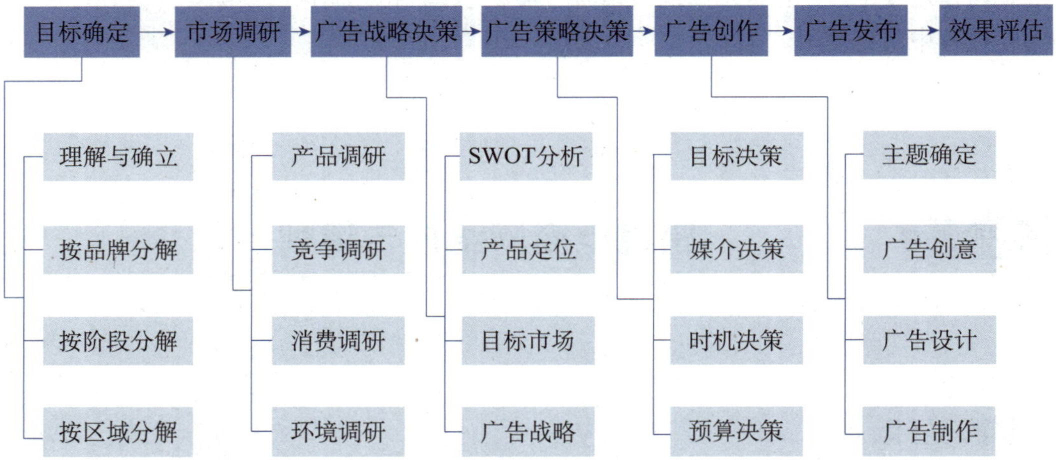

图 3－8　广告策划的流程

（三）广告策划的内容

1. 分析广告机会

进行广告策划，首先要通过广告机会分析解决针对哪些消费者做广告以及在什么样的时机做广告等问题，为此就必须收集并分析有关方面的情况，如消费者情况、竞争者情况、市场需求发展趋势、环境发展动态等，然后根据企业的营销目标和产品特点，找出广告的最佳切入时机，做好广告的群体定位，为开展有效的广告促销活动奠定基础。

2. 确定广告目标

确定广告目标，就是根据策划的总体目的，依据现实需要，明确广告宣传要解决的具体问题，以指导广告活动的执行。广告策划的具体目标可以是使消费者了解企业的新产品、促进购买/增进销售，或提高产品与企业的知名度以便消费者形成品牌偏好等。

3. 形成广告内容

广告的具体内容应根据广告目标、媒体的信息容量来加以确定。一般而言，广告内容应包括以下三个方面的信息：

（1）产品信息。产品信息主要包括产品名称、技术指标、销售地点、销售价格、销售方式以及国家规定必须说明的情况等。

（2）企业信息。企业信息主要包括企业名称、发展历史、企业声誉、生产经营能力以及联系方式等。

（3）服务信息。服务信息主要包括产品保证、技术咨询、结款方式、零配件供应、保修网点分布以及其他服务信息。

4. 选择广告媒体

广告信息只有通过一定的媒体才能有效地传播出去，然而，不同的媒体在广告内容承载力、覆盖面、送达率、展露频率、影响价值以及费用等方面有差异，因此，正确地选择广告媒体是广告策划过程中一项非常重要的工作。

（1）印刷媒体。印刷媒体是指报纸、杂志等印刷出版物，这类媒体是广告最普遍的承载工具。报纸的优点是：信息传递及时，记者广泛且稳定，可信度比较高；刊登日期和版面的可选度较高，便于对广告内容进行较详细的说明；便于保存，制作简便，费用较低。报纸的缺点是：时效短，受众有限；印刷简单，不够形象和生动，感染力相对差一些。杂志的优点是：读者对象比较稳定，易于送达特定的广告对象；时效长，阅读者多，便于保存；印刷比较精美，有较强的感染力。杂志的缺点是：广告信息传递时间长，信息传递的及时性差，有些发行量是无效的。随着科学技术的进步和新媒体的不断涌现，印刷媒体目前面临的最大危机是读者人数不断下降，这也倒逼报社、杂志社等纸媒积极进行数字化改革和创新。

（2）视听媒体。视听媒体主要有广播、电视等。广播的优点是：覆盖面广，传递迅速，展露频率高；可选择适当的地区和对象，成本低。广播的缺点是：稍纵即逝，保留性差，不易查询；受频道限制而缺少选择性，直观性与形象性较差，吸引力与感染力较弱。电视的优点是：覆盖面广，传播速度快，送达率高；集形、声、色于一体，生动直观，易于接受，感染力强。电视的缺点是：展露瞬间即逝，保留性不强；对观众的选择性差，绝对成本高。目前在全世界发展迅速的各类流媒体平台，如 Netflix、Hulu、Amazon Prime、Apple TV＋等，都是视听媒体的新形式。

（3）户外媒体。户外媒体包括招牌、广告牌、交通工具、霓虹灯等。户外媒体的优点是：比较灵活，展露重复性高，成本低，竞争少。户外媒体的缺点是：不能选择对象，传播面窄，信息容量小，动态化受到限制。

（4）邮寄媒体。邮寄媒体是指遍布全国乃至全世界的邮政网络。邮寄媒体的优点是：广告对象明确且具有灵活性，便于提供全面信息，是开展二次营销的极佳渠道。邮寄媒体的缺点是：时效性较差，成本比较高，容易出现滥寄的现象。

（5）新媒体。新媒体是相对于传统媒体而言的一个概念，是指互联网时代背景下的网络媒体，如社交媒体平台、短视频平台等。网络媒体的优点是：覆盖面广，触及率高，时效性好，能与受众形成双向互动，成本较低。网络媒体的缺点是：虚假信息泛滥，难以保证信息的准确度和可信度，同质化程度高，普及程度有限。

（四）广告策划的意义

1. 保证广告活动的目标性

广告策划方案是依据企业的营销战略、品牌管理战略等目标制定的。广告策划过程运用科学的研究和分析方法，集中丰富的经验和智慧，事先对各项活动做出周密且细致的安排，每一项活动都紧紧围绕最终的总体目标展开，具有共同的指向性，确保广告目标得以实现。

2. 保证广告活动的计划性

广告策划能够提高企业对市场的应变能力，将各种不利的影响降到最低。通过科学的广告策划，企业既可以选择明确的广告目标和诉求对象，防止广告活动的盲目性，也可以选择有效的广告媒介，防止或减少广告媒介资源的浪费，还可以合理地分配和使用广告经费，让广告活动顺利进行。

3. 保证广告活动的创造性

广告活动的创造性是促成广告达到目标的关键要素。广告策划可以把各个方面、各个领域的智慧聚集起来，充分发挥团队集思广益、取长补短的优势，激发灵感和创意，充分发挥创意高手的推动作用，保证整个广告活动的每一个环节都有高水平的创意，把广告对消费者的说服效力发挥到极致。

4. 保证广告效果的连续性

广告的根本目标是促进产品销售、塑造品牌形象。要达到这样的目标，仅依靠一两次广告活动是不可能的，而只有通过长期不懈的努力和日积月累，才能显现广告的效果。广告策划可以协调各个方面的资源，确保广告效果的连续性。

5. 取得最佳的广告效果

广告活动所投入的人力、物力均很大，做好广告策划有助于使广告活动更加合理，有助于减少浪费和污染。各方广告策划人员应运筹帷幄，总结正确的广告经验，制定正确的广告目标，尽量发挥各个环节的优势，争取获得最好的广告效果。

二、跨境电商网络广告策划的主要内容

由于跨境电商行业的特殊性，其广告对象一般为网购消费者，因此，跨境电商广告一般均选择投放于网络媒体。这就决定了跨境电商网络广告策划与传统的广告策划相比，具有一定的独特性。

网络广告策划是指根据广告主的网络营销计划和广告目的，在市场调研的基础上对广告活动进行整体的规划，是根据互联网的特征及网络人群的特征，从全局角度所展开的一种战略、策略的运筹。一般而言，跨境电商网络广告策划应包含以下内容。

（一）公司资源状况分析

公司资源状况分析是指通过外部网络中反映的状况来分析目前公司网络推广已有资源的基本情况，主要包括：公司网站在谷歌、百度等搜索引擎的排名情况，主关键词的排名情况，网站本身的结构和内容，网站包含的其他关键词等；公司在谷歌、百度等投入的收费广告情况，以及单次的点击费用等；公司在阿里巴巴国际站、全球速卖通、亚马逊等平台的信息、证书等是否完整。

（二）同行状况分析

同行的网络广告状况分析应包括以下内容：

（1）收费广告状况。同类型企业在网络上的资金和人员的投入情况，如在谷歌、阿里巴巴等平台的广告投入和搜索排名情况、广告的格式、位置和创意等。

（2）搜索引擎状况。同类型企业在搜索引擎上的数量、相关关键词、排名等情况，以及网站的布局、广告的形式等。

（三）目标受众分析

虽然网络广告的受众为网民，但是并非所有的网民都是广告的对象。根据产品特点、品牌定位等，跨境电商企业还是应该对目标受众做更进一步的具体分析。用于描绘受众的指标有多种，如性别、年龄、收入、受教育程度、家庭结构、消费习惯、兴趣爱好等。

除此之外，还有间接的广告对象，如网民的传播可以影响周围部分人做出购买行为，这些人就可叫作第二广告对象，由此还会形成第三、第四等多层广告对象。因此，在策划中不应该将广告对象局限于网民中。

（四）确定广告目标

在设计具体的广告文案之前，我们首先要确定自己希望通过这一系列的网络广告达到什么样的目标。

网络广告目标的确定之所以如此重要，是因为它揭示了消费者对广告信息反应的一般

心理规律。广告目标带着广告对受众所能提供的特定贡献而设定，这种特定贡献，即通过信息沟通，使消费者产生对品牌的认知、情感、态度和行为的变化。总而言之，广告目标就是对沟通效果的设定。

一般而言，广告目标主要有告知（inform）、说服（persuade）和提醒（remind）三个方面。通过广告传播提高商品的知名度，让目标消费者认知商品，这是广告传播最直接的目标。在消费者对商品和品牌有了基本了解的基础上，还必须向他们展示为什么你的商品和品牌相较于别的商品和品牌来说是更好的。最后，必须在一个成熟的市场上强化品牌信息，让品牌一直保留在消费者的脑海里，并防止竞争对手抢走客户。

在设定广告目标时，要注意目标必须是具体的、可量化的，这样才能为日后的广告效果评估打下基础。同时，要明确广告目标的时间性。一般而言，企业所确定的广告目标有长期、中期、短期之分。每一个产品都有其生命周期，在导入期（又称介绍期）的广告一般以告知为主要目标；在成长期的广告以促进销售为主要目标；在成熟期的广告以塑造品牌忠诚度为主要目标；而在衰退期的广告则以维持市场份额为主要目标，并逐步退出市场。产品生命周期与广告目标的关系如图 3－9 所示。

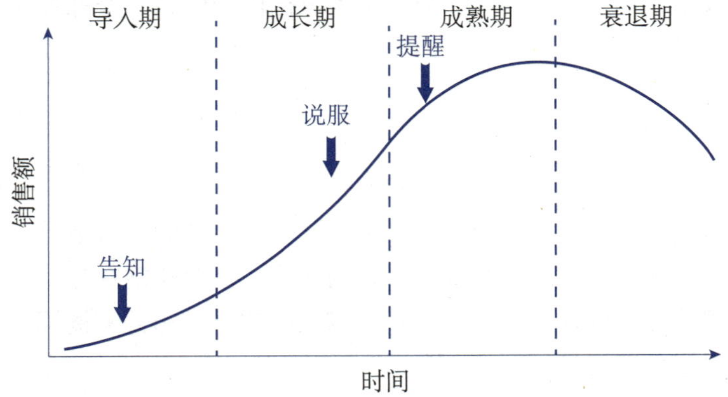

图 3－9　产品生命周期与广告目标的关系

（五）媒体选择与组合

在现代广告中，媒体的选择余地更大了，各种形式的广告更是五花八门，这既是机遇，又是挑战。如何花最小的成本，达到最佳的媒体选择与组合效果，即将广告最有效地全面推向社会，是现代广告策划的重点。

对网络广告来说，媒体主要就是网络。媒体策划主要是指对网站与广告工具的选择，以及网站与其他传媒的配合。不同网站的覆盖人群也有差别，选择合适的网站就是有针对性地向网民推销自己的产品。不同网站的广告成本也是不同的，结合成本投入、播出频率、触及范围、网民特点、网站信誉等与网站有关的因素所进行的分析活动就是网站策划。

选择好网站之后还要考虑广告的形式及其与其他媒体的搭配问题。网络广告的形式有横幅广告、图标广告、文字广告、视频广告等。这些形式往往与网站的特点紧密相关。只有充分研究各个网站，才能选择最合适的形式，并将组合效用发挥到最大。

除了网站之外，网络广告常投放的媒体还包括搜索引擎、社交媒体、应用程序等。对此，我们需要根据目标受众特征和广告目标进行选择。

（六）广告效果评估

进行广告效果评估，就是运用科学的方法来鉴定所做广告的效果。广告效果评估一般可分为心理效果评估、经济效益评估和社会效益评估。评估的标准应该和当初设立的广告目标一一对应，是可量化的。

三、跨境电商网络广告策划的主要方法

在进行跨境电商网络广告策划时，除了使用折扣、优惠券等手段外，还有一些方法可供商家参考。

（一）专注于产品和品牌

对于一家跨境电商企业来说，产品是核心，高质量的产品对消费者的吸引力要强过所有的广告语。在进行网络广告策划时，要深挖产品的卖点，例如：产品使用了独特或领先的成分；产品的长期价值较高；产品能解决用户的痛点；产品提供人性化的售后服务；客户评价好。

（二）使用 4W1H 战略

（1）Where 战略，即广告的地域战略，指要在什么地方做广告，做广告后要把产品推向什么地方。该战略可分为全方位地域战略和局部性地域战略。

（2）When 战略，即广告的时间战略，指按时间先后顺序分步骤实施不同的广告计划。产品推出初期，广告的重点是告知顾客；而当产品推出一段时间后，市场日趋成熟，这时广告应以开拓市场为主；在后期，广告则应配合、巩固现有市场，阻止竞争对手进入。

（3）Why 战略，即广告的目标战略，指关于广告要达到什么目的的安排和布置。该战略可分为市场渗透、市场拓展、市场保持三种类型。

（4）What 战略，即广告的产品战略，指根据自己的产品特点而实施的战略，如快消产品、母婴产品、保健品、化妆品等。性质的不同往往对应不同的产品战略安排。

（5）How 战略，即如何实施广告的战略安排，可分为针锋相对式、旁敲侧击式、游移不定式、浑水摸鱼式、瓮中捉鳖式。针锋相对式是指对对手“正面打击、强行突破”，以迅速、锋利为特点抢占广告宣传的主动权，这要求企业自身的实力大过对手，否则会导致自己“粉身碎骨”。旁敲侧击式多用在对手比自己强大，无法与之正面较量的实践中，这时，待机对“敌方”的侧面进行“骚扰”，打乱对手的阵脚，有利于寻找突破口以抢夺对方市场。游移不定式是指不让对手看清自己的真实动机，并想办法误导对手，把对手的

注意力引开，然后以迅雷不及掩耳之势抢占当地市场。浑水摸鱼式是指在对手经营出现混乱，或者商业环境处于无序状态时，采取迅速的行动以抢占市场，争取广告的控制权。瓮中捉鳖式则是将对手引入自己的市场，然后抓住其弱点予以痛击，直到对手自动退出市场，甚至让出更大的市场。

（三）灵活运用不同的广告战术

相对于战略策划而言，对广告战术的策划是更为具体的工作，是对战略的具体运用。在一般的广告实践，包括在网络广告实践中，广告战术分为开诚布公、说服感化、货比三家、诱客深入、契约保险等。

1. 开诚布公

开诚布公是指在广告战术中将自己的产品性能及特点，客观公正地告知顾客。为了体现客观性和科学性，可以借助科学的方法，如物理、化学等方法，进行产品性能检测。如果产品取得了某项专利技术或运用了某项专利设计，也可以在文案中体现出来，最好附上专利号，以凸显专业度和可信度。如图 3－10 所示，iPad 网络广告就运用了这一战术。

图 3－10　iPad 网络广告示例

在网络广告中，同样可以利用科技手段对产品进行“透视”。例如，利用多媒体技术，在显示器屏幕上展示整个实验过程，消费者可以点击相应的窗口了解更加详细的资料。这在网络广告中是一种得天独厚的优势。

为了体现客观性与说服性，利用名人效应也是可行的。可以邀请名人在网络上与消费者交流，让名人谈谈其使用该产品的感受。这在传统广告中也是常常使用的方法，但传统的媒体技术无法实现名人与消费者的现场交流，因此名人与消费者间存在距离感，效果常常达不到最理想状态，而网络技术能有效实现名人与消费者的交流，取得的效果是传统媒体无法比拟的。在选择名人时，一定要注意做好背景调查，并且名人应符合产品和品牌的定位。在互联网时代，邀请专业领域的关键意见领袖（Key Opinion Leader，KOL）也是常见的做法。例如，瑞典手表品牌 Daniel Wellington 通过在 Instagram 上与时尚、艺术等领域的博主合作，迅速打响了品牌知名度，在短短三年时间里成功卖出了一百万只手表。图 3－11 为 Daniel Wellington 与一位艺术家在 Instagram 的合作。

除此之外，从消费者的角度或权威机构的角度出发，对产品进行评价常常会收到良好效果，如 ISO 质量体系认证机构、其他消费者使用该产品后的感受等。在网络广告中，这种方法也更加有施展的舞台，如可以在网上开辟专门的认证机构以供消费者查询，这比单纯地告诉给消费者产品有多好要好得多。

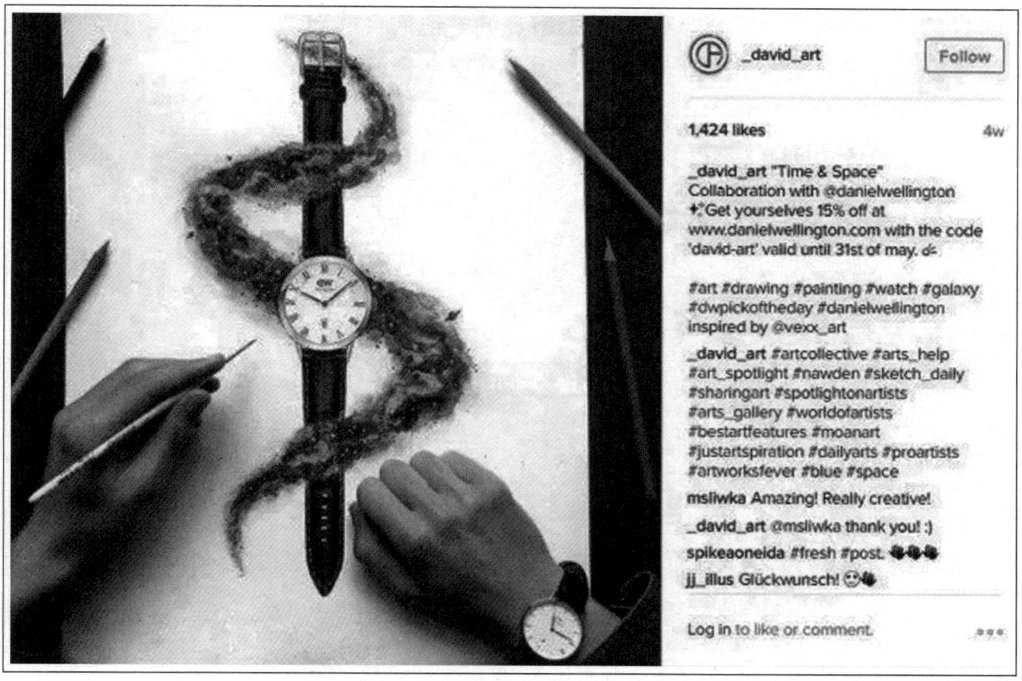

图 3-11　Daniel Wellington 网络广告示例

2. 说服感化

说服感化是指在战术上先制造悬念，再引导消费者做出购买行为的方法。制造悬念是说服感化的前奏，只有吸引了消费者的注意力，才有说服感化的可能。

在现代广告中，制造悬念早已被广泛使用。对网络广告来说，制造悬念的条件更加成熟。制造悬念的目的在于吸引顾客，而真正需要下功夫研究的却是如何说服顾客购买自己的产品。这时，使用引导的方法是有必要的。

引导方法分为权威感化和情感感化两种。前者是用权威性的评论或判断让消费者相信这种产品是信得过的，对于有一定消费经验、对产品有一定了解的人来说，这种方法更加奏效。而对于那些富有情感的人来说，情感感化的方法则更有效。这个群体可能并不要求产品的实际性能有多么出众，他们更加注重情感的表达，如在特定节日的仪式感、怀旧的情怀等。这时，真情流露往往能够感化顾客。

3. 货比三家

货比三家是针对一般顾客都有的“货比三家、货看三家”的消费心理而策划广告的战术。在买方市场中，顾客一般都有对同一种产品“先进行比较再购买”的心理。

在传统广告中，提供同类产品的信息进行比较往往受媒体的限制而不能实现。但在网络广告中，提供同类产品的信息则易如反掌。在比较的时候，要将自己产品的性能、设计等优点罗列出来，再把同类产品的同项指标罗列出来，尽量不要做任何评论，以客观的事实证明自己产品的优越性。顾客的眼睛是雪亮的，他们自然知道孰好孰坏，如果加入了评论，则有贬低竞争产品的嫌疑。图 3-12 为亚马逊平台的产品比较页面。

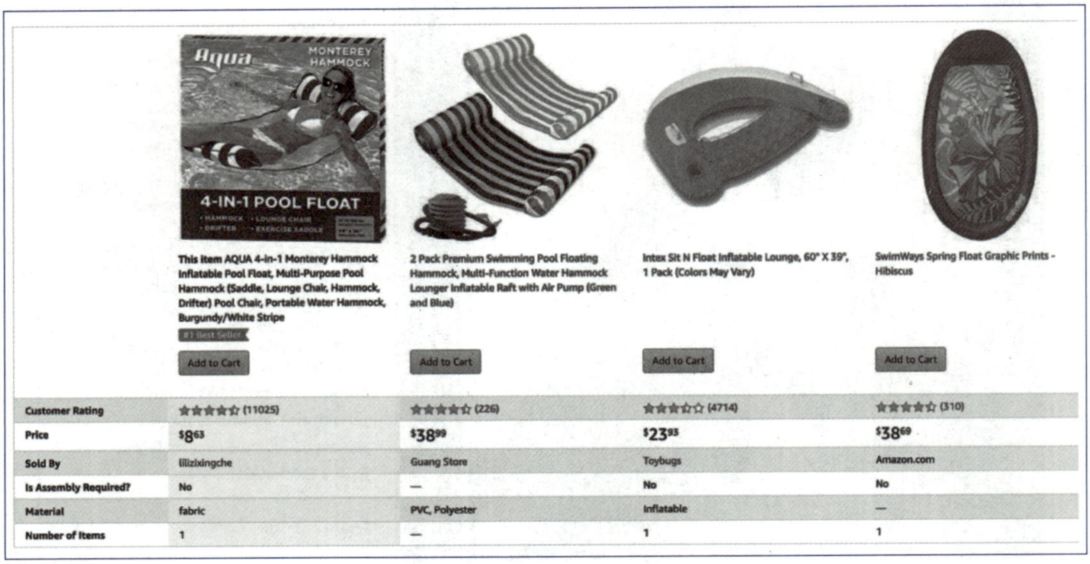

图 3-12 亚马逊平台的产品比较页面

4. 诱客深入

诱客深入是指利用问卷、提示，甚至夸张、比喻的手法将顾客“强行”拉过来。

在实践中，诱客深入的一种方法是请消费者设计广告标志、广告图案、广告用语，然后对其中有用的少量部分进行奖励。在现代网络环境中，有许多免费的东西就是“引诱”网民点击的“诱饵”。

诱客深入的另一种方法是提示顾客行动。在网络中，一则图标广告或横幅广告本身无法展示产品的详细情况，使用“引诱”的方法让顾客点击了解详细情况是非常有必要的。这种广告可以以链接的方式，引出与之相对应的具体详情页广告。这一网络特有的链接方式赋予了这种战术特有的魔力和效果，而传统媒体根本没有这样的机会。

5. 契约保险

契约保险是广告战术的又一种形式。这种形式主要是针对网络虚拟化的特点而设计的。在虚拟空间中，交易双方和主体的权利义务关系并不好界定。许多广告语言虽然生动活泼，令消费者产生了购买欲望，但出于权益无法获得保障的担心，消费者不会轻易购买。

广告提供契约保险的目的有两个：一是为顾客的购买行为本身作担保，如果出现问题，可使双方有评说的依据，也有节约交易成本的作用；二是在心理上打消消费者的顾虑，给消费者吃定心丸。例如，产品质量卓越，根本不可能在一年内出问题，但将这一点写进契约，如“一年内出现问题者，退还全部购货款，并赠送新机”，就打破了消费者的心理障碍，企业本身也不会因此而受损。

当然，承诺与契约的完成也会带来相应的风险，但只要产品质量过关，这一点并不会成为太大的问题。因此，契约保险式的网络广告战术在实践中还是有相当大的使用空间的。信誉卓越、品质优良的企业可以首选此法。

学习活动三 跨境电商网络广告投放

【学习目标】

1. 了解网络广告投放的基本步骤。
2. 掌握跨境电商网络广告投放渠道。
3. 熟悉谷歌广告投放的基本内容并能完成基本操作。

【学习过程】

为了能回答师父关于跨境电商网络广告投放和谷歌广告操作的一系列问题，小艾通过查询资料、向师父请教、与同事交流等方式进行学习，并在师父的指导下整理了笔记。

一、网络广告投放效果的影响因素

完成了网络广告策划之后，我们就要进行网络广告投放了。那么，网络广告怎样投放，效果才最好呢？

（一）明确广告目的

我们首先需要明确网络广告投放的目的，是宣传品牌或产品，还是推广在线业务，抑或是促进与消费者的互动？我们应该根据不同的广告目的来选择不同类型的网络广告。例如：如果想要宣传品牌，就应该首先考虑在访问量大、信誉度高、访问群体与目标消费者相符的综合门户网站投放广告；如果是为了某个产品的促销或渠道建设，则适宜在行业门户网站投放广告；而如果想要促进与消费者的互动，则应该在社交媒体平台开展适当的营销活动。

（二）确定费用预算

不同类型的网络广告和网站平台的费用差距非常大。大型综合类门户网站和小型专业类门户网站的价格相差数十倍甚至数百倍；搜索引擎关键词排名一般按点击量收费，每次点击费用在几角至几元钱不等；广告联盟的价格相对便宜，但投放的网站多是个体网站，信誉度不高。我们应该针对推广目的并结合企业自身情况，选择性价比最高的广告投放形式，确定合理的费用预算。

（三）制定投放策略

我们需要考虑，是在一个网站投放广告，还是在多个网站投放广告？是进行单一广告展示，还是专门建立推广网站？投放广告的最佳时间是什么？如何控制广告费用的消耗？广告效果不佳时应该如何调整？是否需要专门的客服人员应对访问者的咨询？针对这些常见的问题，我们需要事前做好完善的方案。

（四）制作广告内容

网络广告的媒体形式有文字、图片、动画、视频等。在选择了合适的投放渠道和制定了投放策略之后，我们就需要进行广告内容的制作了。创意好、设计精美、定位准确的广告能吸引更多的用户浏览和访问，可以大大提高广告的性价比；而制作粗劣的广告则会降低广告的效果，甚至可能让大笔的广告费付诸东流。

（五）实施广告投放

网络广告投放的操作一般由网站来完成，有些平台（如广告联盟、搜索引擎关键词广告）提供客户操作的后台，这样更容易控制广告的投放过程。在投放广告之前，操作人员需要详细了解操作步骤，及时发现问题。

（六）监测投放效果

网络广告投放的效果到底如何，需要通过监测相关数据并进行后期分析。监测的主要内容有广告的展示量、点击量、平均访问页数、转化率、地域分布、性别分布和年龄分布等。我们应根据这些数据评价广告效果，改进广告投放策略，以便于下次投放时进行参考。

二、网络广告投放的基本步骤

（一）确定广告目标

我们要确定投放广告的目的，是新品宣传，还是促销活动，抑或是品牌推广等。

除此之外，我们还要确定最终想要取得什么样的广告投放效果，如投放广告后使新产品销量提高多少，促销活动有多少人参加，网站流量增加多少等。广告目标要合理，不可异想天开。

在确定广告目标时，最好能够将目标量化，确定投放广告的时间，按时间段或地区来量化目标，分阶段实施。这样不仅实施起来比较容易，而且当上一阶段目标达成时，可以增强信心，如果出现问题还可以及时调整战略。

（二）确定广告预算

一般而言，确定广告预算的方法有以下几种：

（1）根据经验确定。这是指根据企业之前投放广告的经验来确定广告预算，或者根据行业广告的平均费用来确定广告预算。

（2）根据相关数据确定。这是指根据权威机构，如艾瑞网、易观国际、百度统计等发布的行业报告来确定预算。

（3）测试后确定。这是指可以先测试一段时间，如两周或者一个月，再根据测试期的费用估算整个投放周期的费用。

（4）按传统广告的比例确定。例如：在传统广告媒体投放的费用是 50 元，那么因为网络广告成本比传统广告低大约 40%，所以大概估计网络广告的费用为 30 元，按这个比例就可以估算整体投入的费用。

（三）选择广告媒体

选择广告媒体时，应考虑以下事项：

（1）目标用户是谁？即想让谁看到广告。要分析用户的性别、年龄、职业、地域、收入、消费习惯、喜好等。

（2）拿什么吸引用户？即为达到广告目的，广告该如何展现。

（3）目标用户在哪里？即目标用户会访问哪些网站。要分析目标用户上网的习惯、时间、地点等。

（4）哪些广告媒体适合产品？即选择最适合的广告媒体，不选最贵的广告媒体。

（5）考虑集群作战。如果是针对某地区用户的广告，可以在当地所有知名的资讯网站、论坛等投放广告。

（四）选择广告位置

选择广告投放的位置时，有以下注意事项：

（1）分析页面浏览量。分析所投放广告的网站哪个页面的浏览效果比较好，就选择在哪个页面投放广告。

（2）分析广告位所在页面的内容。内容要与产品相关，且定位要与品牌形象相契合。

（3）分析广告位的点击率。

（4）分析用户的评论、帖子等。根据用户的评论、回帖等，分析广告位的效果，并及时做出调整。

（5）参考一些相关媒体给出的广告位介绍。

（五）制作广告创意

制作具体的广告创意时，有以下注意事项：

（1）广告要有足够的冲击力，要能引起用户的注意。

（2）广告语很重要。有一句在广告圈广为流传的话——“广告好不好，全看广告语”。广告语要明确写出产品能给用户带来什么好处、解决什么问题，内容不要过长。

（3）广告创意要灵活，要适合不同大小的广告位。

（4）多准备几套广告创意，过一段时间换一换，既能避免用户产生视觉疲劳，又能加深用户对广告的印象。

（5）大多数用户都喜欢看新颖的标题、富有创意的图片。

（六）广告投放测试

为了更好地分析广告效果，区分投放的侧重点，及时调整广告战略，在开始正式投放广告之前，一般会做一个广告投放测试。广告投放测试即通过同广告、同页面、同位置、同着陆页的综合数据对比广告效果，根据曝光量、浏览量、注册量、询盘量、成交量等不同数据的对比来判断哪个网站效果更好、性价比更高。

而针对同网站的测试，则是根据不同页面的广告位、不同的广告素材、不同的着陆页等数据来对比得出哪个方案的效果更好、性价比更高。

（七）网络广告监测

做好网络广告监测需要关注的指标包括：

（1）网页曝光量和浏览量；

（2）广告展示次数、点击率和跳转率；

（3）访客平均停留时间；

（4）咨询量与曝光量之间的比例；

（5）交易量；

（6）总销售额、客单价、利润率、开发单个用户的成本。

（八）投放广告优化

网络广告的投放是一个动态的过程，根据对网络广告监测的数据，我们应当适时地优化广告的内容和投放的策略。例如：当发现访客在广告页面平均停留时间过短时，就要考虑是不是广告的具体内容不够吸引人、卖点不够突出，是不是内容太冗长使得访客失去了耐心。

优化的目的主要是提高转化率，从而提升销售额。曝光与转化的关系及相应优化策略模型即转化漏斗模型如图 3－13 所示。

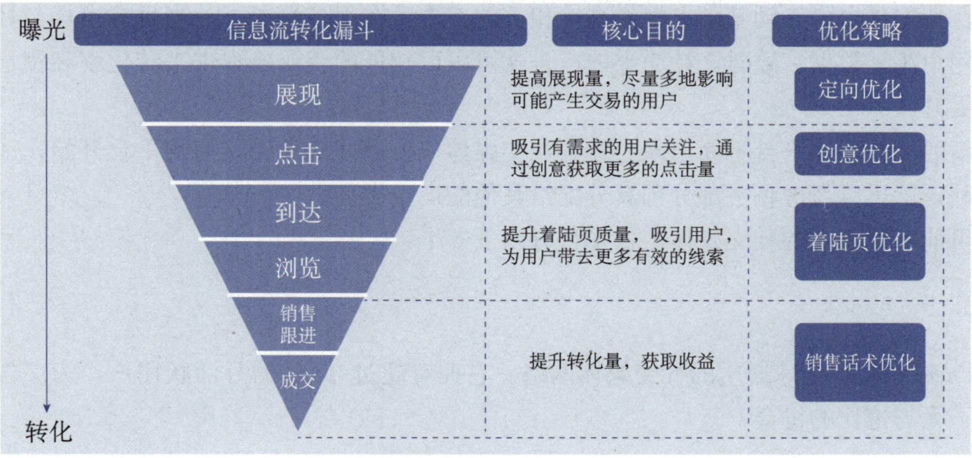

图 3－13　转化漏斗模型

三、跨境电商网络广告投放渠道

根据 Statista 的统计数据，近年来全球数字媒体广告支出逐年提升，2023 年这一数字达到破纪录的 6 270 亿美元。这意味着，对于所有跨境电商公司而言，要发展壮大，就必须更多地投资于网络广告。对于很多跨境电商公司来说，摆在面前的一个难题是如何根据市场趋势和业务的实际情况选择合适的渠道来进行网络广告投放。

（一）搜索引擎广告

搜索引擎广告（Search Engine Advertising，SEA）是数字营销的一种形式，是指企业通过向搜索引擎平台付费，使其广告内容出现在用户搜索结果页面中的特定位置。

谷歌是全球最大的搜索引擎，也是海外用户最常使用的搜索工具。就搜索引擎的广告投放来说，谷歌的市场占有率高，投放审核程序严格，更加吸引全球用户，易于获得他们的信赖。这给想拓展海外业务的中国企业提供了很好的机会。此外，只有当用户点击了广告、进入企业的网站页面后，企业才需要支付广告费，这对准备开展营销推广但经费有限的中小企业来说，性价比也更高。

谷歌广告（Google Ads）主要有以下几个优势：

（1）全球最大的搜索引擎。

（2）多元化的广告推广形式。

（3）定位全球市场。

（4）精准定位的目标人群。

（5）精确的广告效果。

（二）社交媒体广告

社交媒体广告是指在社交媒体平台上为用户提供的广告。社交网络可以利用用户信息，在特定平台的互动基础上提供高度相关的广告。在很多情况下，当目标市场与社交平台的用户统计数据一致时，社交媒体广告就可以以较低的获取成本带来转化率和销售额的大幅提升。

新的社交媒体平台不断出现。投放社交媒体广告最好从最受欢迎的平台开始，一旦开始盈利，就可以考虑将一部分预算分配给其他的广告类型。

目前，最有效的社交媒体广告平台有以下 6 个：

1. Facebook

Facebook 是全球通用的社交媒体网络。它拥有超过 30 亿的月活跃用户，为广告客户提供了无与伦比的机会。

2. Instagram

Instagram 拥有超过 20 亿的月活跃用户，是社交媒体中受众参与率最高的一个。2023 年，Instagram 的广告收入超过 500 亿美元。

3. X（Twitter）

Twitter 改变了突发新闻的模式，为用户提供了全新的访问渠道，让他们既可以与普通用户联系，也可以与主流影响者联系。2023 年 7 月，Twitter 正式改名为 X。目前，X 拥有超过 5 亿的月活跃用户。

4. Pinterest

Pinterest 与 Instagram 一样具有视觉效果，但与 Instagram 不同，它的目标用户群是女性。Pinterest 拥有近 5 亿的月活跃用户。

5. LinkedIn

LinkedIn 是一个独特的社交平台，是一个主要围绕 B2B 市场的职业社交媒体。LinkedIn 的月活跃用户约为 3.1 亿，其中约 56%的用户为男性，44%的用户为女性。

6. TikTok

2019 年 9 月，TikTok 成为全世界下载量最多的 App。据统计，TikTok 用户平均每天花费 52 分钟在该应用上，其中有 90%的用户每天都使用 TikTok。任何企业如果想要和属于未来的消费者产生联系，那么就应该重视在 TikTok 平台上的营销。

（三）电子邮件广告

虽然电子邮件广告在现在看来有些过时，但它仍然是跨境电商企业非常重要的一个推广渠道。

现在的卖家经常忘记，在所有在线营销渠道中，电子邮件广告的投资回报率是最高的。电子邮件广告的成本没有上限，因为卖家有很多时候已经在无意中为电子邮件广告花钱了。例如：商店主页上设置的弹出窗口、收款页面中设置的用户邮件地址收集，以及所有的 Facebook 广告、谷歌广告和 Instagram 广告等，都有助于邮件广告的成功。

为了更高效地进行电子邮件营销，不少企业会投资实用的邮件营销平台，如 ActiveCampaign、Klaviyo、MailChimp、Constant Contact 等。这些电子邮件营销平台每月的花费在 0～1 550 美元，具体金额一般取决于卖家邮件的订阅用户人数。

四、谷歌广告投放的基本内容

（一）谷歌广告投放效果的衡量标准

谷歌广告投放效果的衡量标准是指广告商期望的一定数量的点击量、访客量、转化率等一系列可以促进销售，从而为企业带来利润的数值。

（二）谷歌广告的推广原理

在谷歌搜索某些内容时，会出现对于相同的搜索内容，不同的人会获得不同的搜索结果的现象（如图 3－14 所示）。这是为什么呢？其实，这取决于数字营销所搜集的信号。

图 3－14　谷歌广告显示内容比较

以前的数字营销主要搜集两个信号（如图 3－15 所示），而现在的数字营销可以搜集数百万个信号（如图 3－16 所示）。这些信号的来源，就是企业的客户数据，加上谷歌自身的数据（如图 3－17 所示）。

因此，谷歌广告的推广原理就是通过消费者数据（即持续不断更新的信号）结合机器学习开展推广，“消费数据＋机器学习”的推广模式能更精准地洞察消费者需求，实现推广目标。

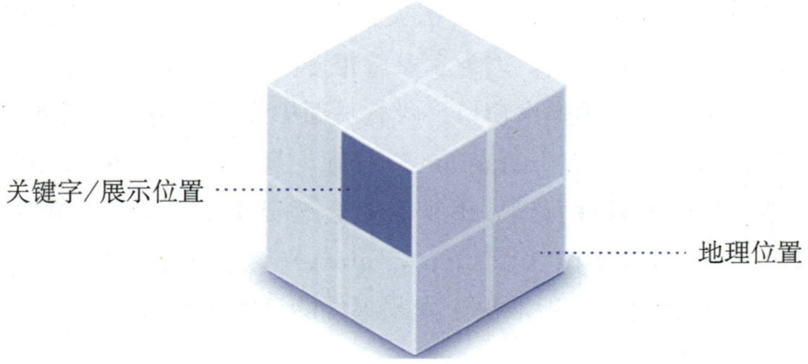

图 3-15　以前的数字营销搜集的信号

图 3-16　现在的数字营销搜集的信号

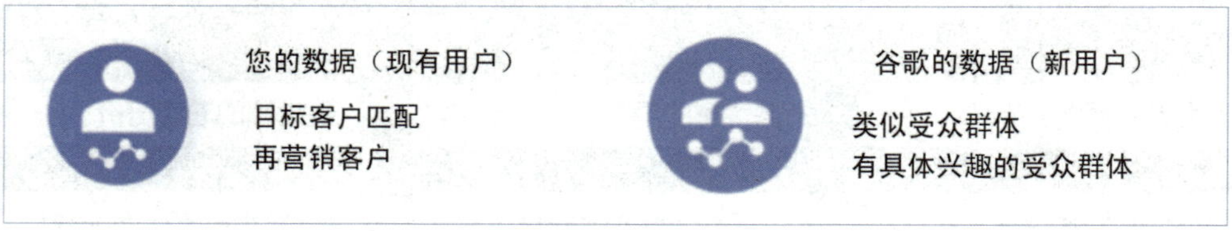

图 3-17　信号的来源

（三）谷歌广告的排名机制

广告评级决定了广告排名，广告质量得分是决定广告评级的关键。谷歌广告评级如图 3-18 所示。

图 3-18　谷歌广告评级

共有 200 多个因素影响谷歌广告质量得分，其中最主要的 3 个如图 3－19 所示。

图 3－19　谷歌广告质量得分的影响因素

每当使用者的搜索触发了广告，谷歌便会计算其质量得分。如果广告和着陆页对使用者来说是相关且实用的信息，广告质量得分就会较高。广告质量得分有助于防止不相关的广告出现在搜索结果中。

（四）谷歌广告的主要形式

1. 谷歌搜索广告（Google Search Ads）

按点击付费的广告（Pay Per Click，PPC）将显示在谷歌的搜索结果页面上，这是跨境电商卖家需要重点关注的广告项目。谷歌搜索结果页面的顶部和底部有指定的广告位，自然搜索结果往往出现在页面中间，如图 3－20 所示。由于谷歌搜索广告本质上是一种竞价广告，因此对与用户搜索查询匹配的关键词出价会让你的广告更有机会在这些指定的广告位中被看到。

图 3－20　谷歌搜索广告示例（付费广告旁有绿色的 Ad 标签）

此类广告的每次点击费用（Cost Per Click，CPC）由卖家在进行广告竞价时确定，计算公式如图 3－21 所示。数据显示，不同行业的谷歌搜索广告费用差别很大。

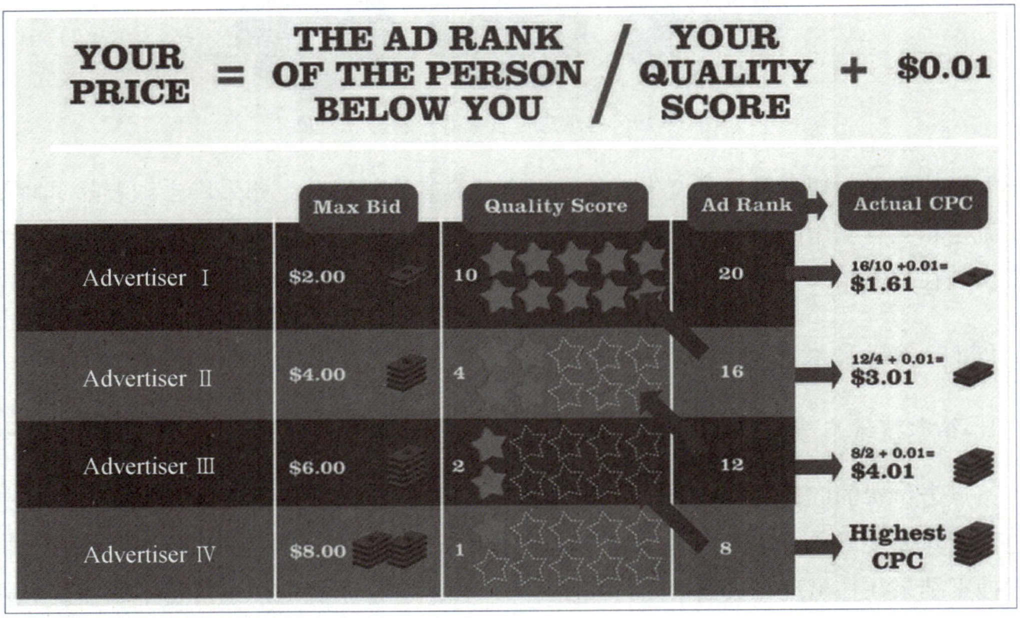

图 3－21 谷歌搜索广告费用计算公式

2. 谷歌购物广告（Google Shopping Ads）

谷歌购物（Google Shopping）的前身是“Google Product Search”，是由谷歌推出的商品搜索和比较服务，如图 3－22 所示。当用户搜索想要购买的商品时，谷歌会依据浏览记录向登录账户的用户提供购买渠道推荐，包括谷歌购物平台、附近的实体店，或沃尔玛（Walmart）、开市客（Costco）、塔吉特（Target）等第三方零售网站，如图 3－23 所示。不过，谷歌购物平台的大部分商品仍然来自与以上传统购物平台合作的零售商。

图 3－22 谷歌购物首页

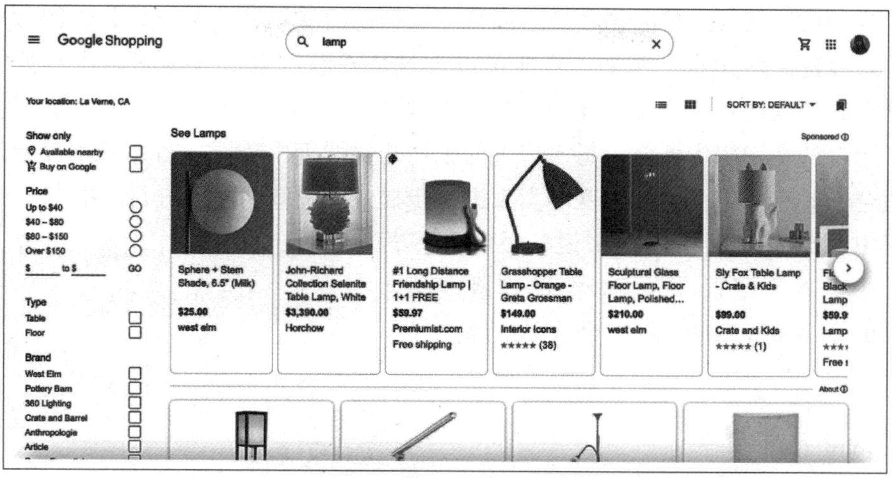

图 3 - 23　在谷歌购物中输入“lamp”（台灯）的搜索结果页面

谷歌曾分享过一份保守的估计报告，报告称“一家企业每花 1 美元在谷歌广告上，就能从谷歌广告和搜索中获利 8 美元”。

3. 谷歌展示广告（Google Display Ads）

谷歌展示广告可让用户在浏览其他网站和应用时看到企业的广告，如图 3 - 24 所示。谷歌展示广告能覆盖全球将近 90％的互联网用户。

图 3 - 24　谷歌展示广告示例

展示广告可以精准定位广告客户，向自定义创建的受众展示文字广告、图片广告、视频广告等，以提高转化率。例如：企业可以创建从谷歌搜索广告访问企业网页的受众群体，以便在之后的展示广告中对他们进行二次营销。

展示广告的费用较为低廉，每次广告的平均花费低于1美元。虽然费用较低，但展示广告更适合已具有一定品牌知名度的卖家进一步提升品牌知名度或进行二次营销。

对于中小型跨境电商企业来说，最好先将营销支出集中在谷歌搜索广告上，当品牌或产品达到一定的知名度时，并且在资金允许的情况下，再扩大到展示广告。

4. Gmail 广告

作为全球最受欢迎的邮件应用之一，Gmail 拥有超过12亿的活跃用户。Gmail 广告将富有吸引力的全屏广告直接推送到用户的邮箱，展示于“推广”标签中，如图3-25所示。

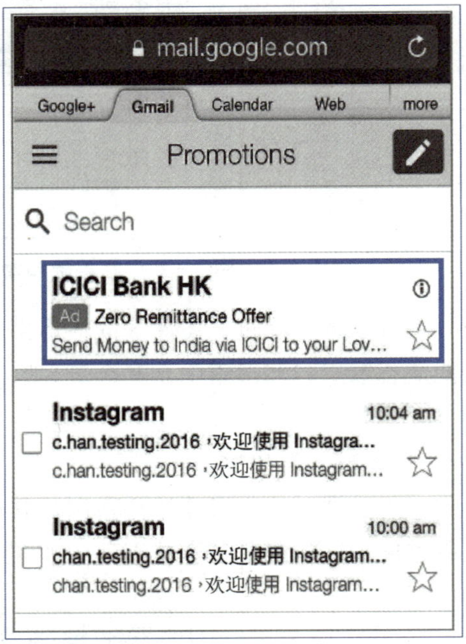

图3-25 Gmail 广告示例

5. 谷歌视频广告

谷歌视频广告是谷歌广告平台中的一种重要广告形式，主要通过 YouTube 等视频平台展示，以视频内容吸引用户关注并引导其进行特定操作（如访问网站、注册等）。

作为全球第一大视频网站、全球第二大搜索引擎，拥有近25亿月活跃用户的 YouTube 集视频访问、分享和社区服务于一体，提供与目标客户互动的绝佳机会。

视频广告通过令人难忘的刺激方式以及形式多样的互动方式，帮助企业与目标客户建立联系。YouTube 视频广告主要有标题广告、导视广告、TrueView 插播广告等。

6. 再营销广告

针对访问过企业的网站、使用过企业的移动应用却未完成订单的客户，企业可以利用谷歌的再营销广告与之再次建立联系，具体流程如图3-26所示。

7. 效果最大化广告

2021年，谷歌推出了一种新的广告形式——效果最大化广告（Performance Max Campaign，Pmax）。这是一种以目标为导向的新型广告系列，能够将所有谷歌广告类型结合在一起，广告客户通过设定营销目标、预算、出价之后，由 Pmax 机器自动化学习实现智能竞价、智能投放，以最大化的效果实现广告目标。

简单来说，我们只需准备相关的广告素材、文字、产品以及对应的着陆页，效果最大

图 3-26 再营销广告流程

化广告就会自动将广告投放到谷歌搜索引擎生态中的各个广告投放类型当中，并且能够根据数据实时进行优化。广告客户使用效果最大化广告系列后，在每次转化费用与原来大致相当的情况下，转化次数平均可以增长 18%。

五、谷歌广告投放的步骤

进入谷歌广告主页（如图 3-27 所示），单击右上角的“Start now”按钮，使用注册好的谷歌账号登录。

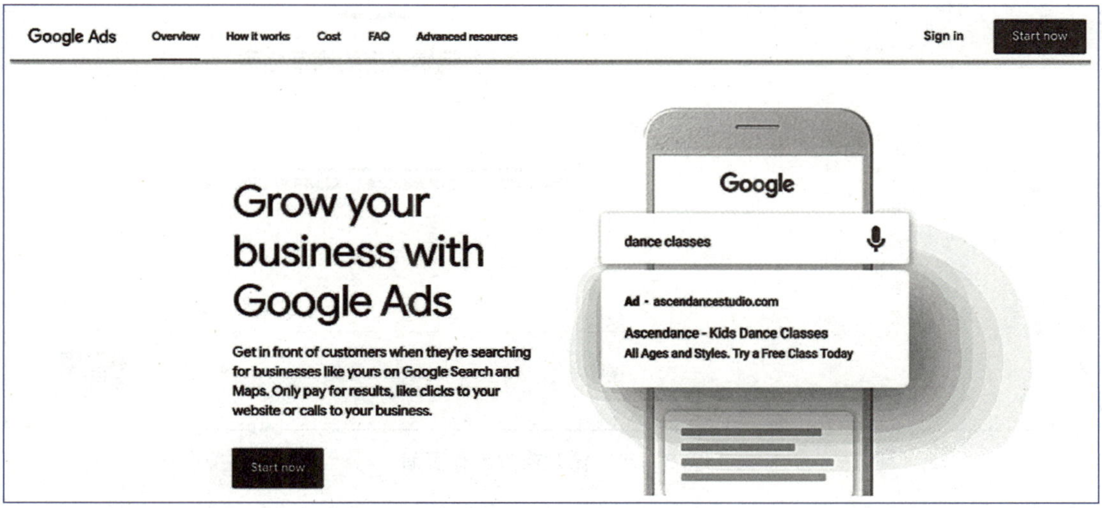

图 3-27 谷歌广告主页

接下来就可以开始投放广告了。

第一步，网站会询问你投放广告的主要目标是什么。你可以根据企业的具体情况做出选择。跨境电商企业一般会选择“提高网站销售额或注册量”。单击“下一步”按钮，如图 3-28 所示。

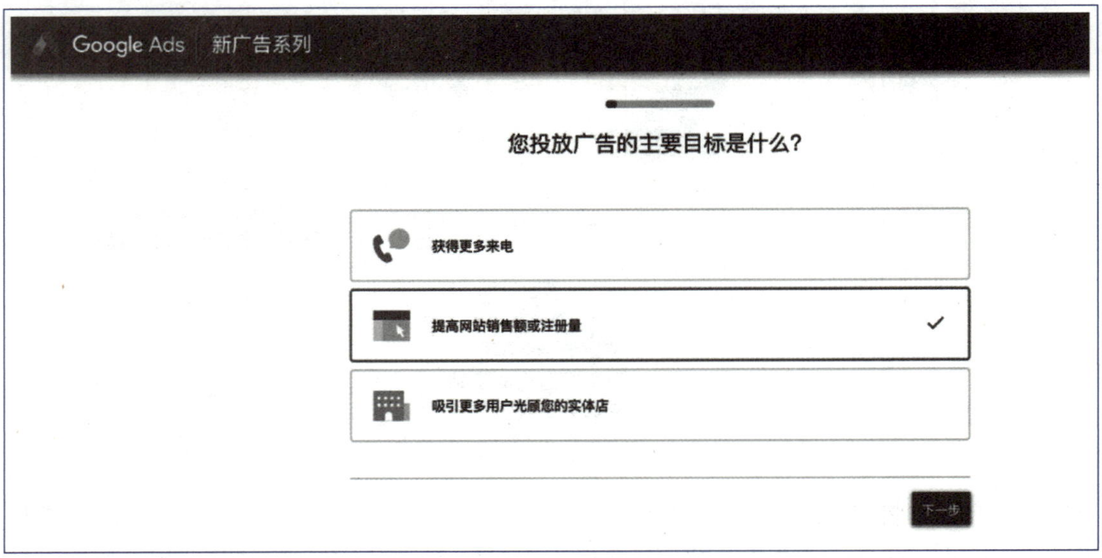

图 3-28 设定投放目标页面

第二步，输入商家名称。名称需要和广告匹配，只有这样，当用户搜索时才会准确看到商家在谷歌上投放的广告，如图 3-29 所示。

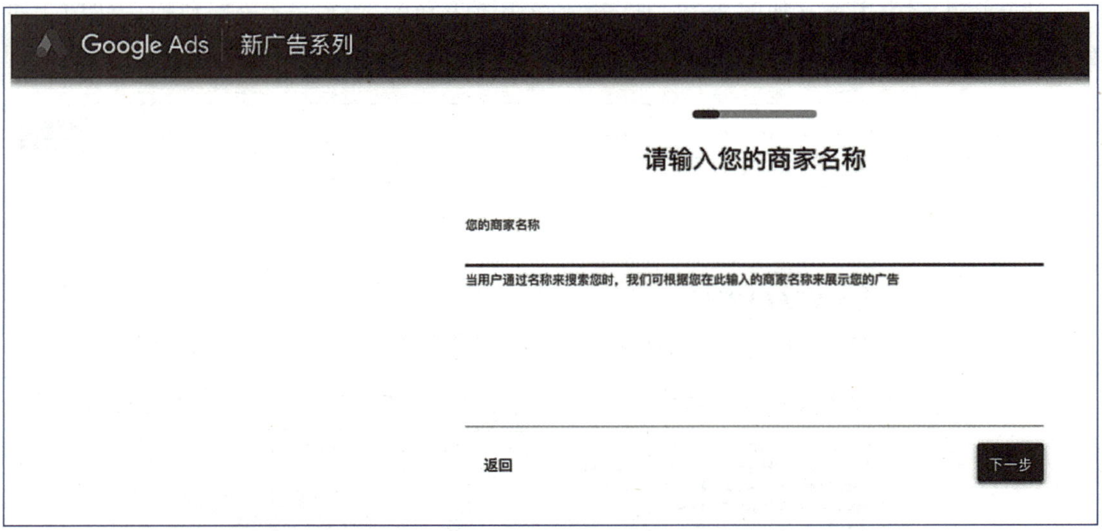

图 3-29 输入商家名称页面

第三步，输入页面网址。可以输入网站的首页网址；如果广告是为了某个特定产品而投放的，就输入特定产品的页面网址，如图 3-30 所示。总而言之，应输入想要在广告位上展现给用户的页面网址。接下来，谷歌广告会为这个页面生成一个预览；如果觉得不满意，也可以更换页面。

第四步，撰写在谷歌搜索结果页面上的广告信息。广告信息包括标题部分、广告内容描述部分和商家联系方式部分，如图 3-31 所示。

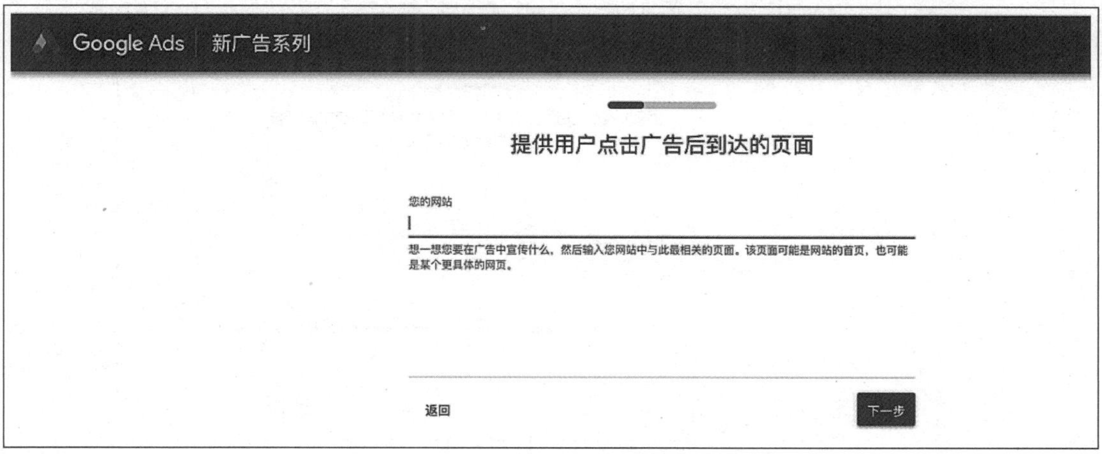

图 3－30　输入页面网址

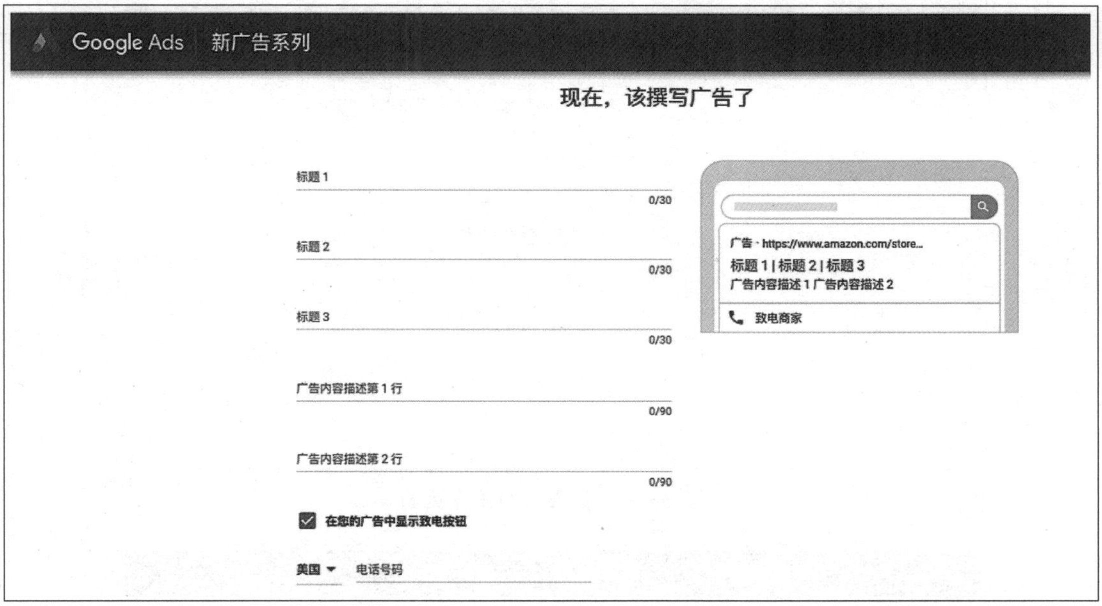

图 3－31　撰写广告页面

第五步，添加关键词主题。这是非常重要的一步，也是决定搜索引擎推广能否成功的关键之一。在这里可以添加关键词主题，当用户搜索类似的相关词组时，谷歌会展示相关的广告，如图 3－32 所示。

第六步，选择投放地点。既可以选择某个具体的地址，也可以选择特定的城市或地区，如图 3－33 所示。

第七步，确定预算。可以选择谷歌自动根据提供的信息算出的预算套餐，不同价位的套餐获得的点击次数也不同，需要根据企业的预算进行选择，如图 3－34 所示。如果对于谷歌给出的预算套餐不满意，也可以选择自行输入预算金额，如图 3－35 所示。同时，谷歌会告诉你竞争对手通常采用的预算范围来帮助你确定预算。

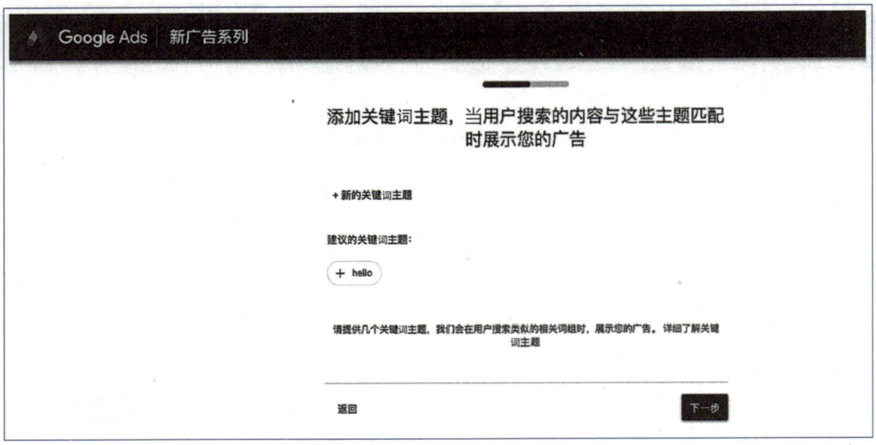

图 3－32　添加关键词主题页面

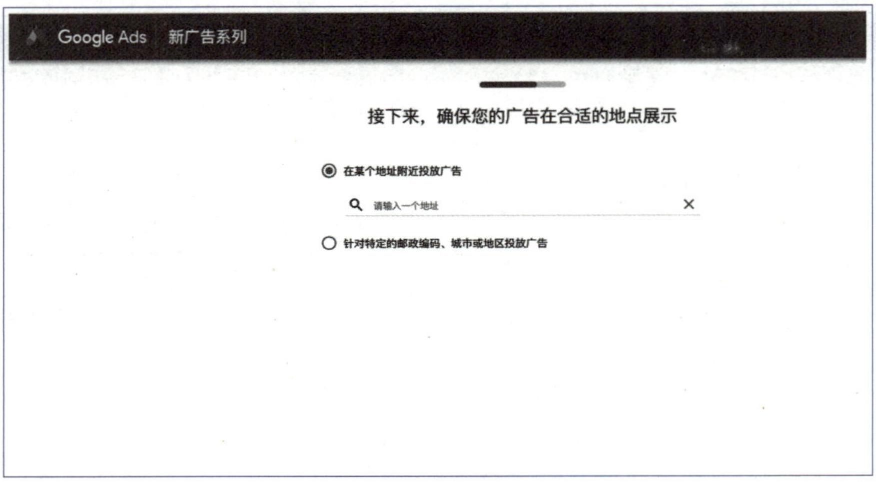

图 3－33　选择投放地点页面

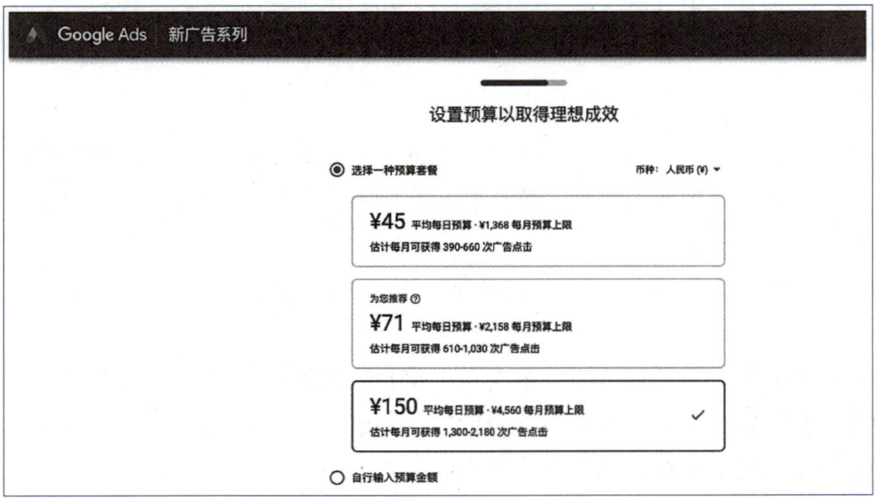

图 3－34　选择预算页面

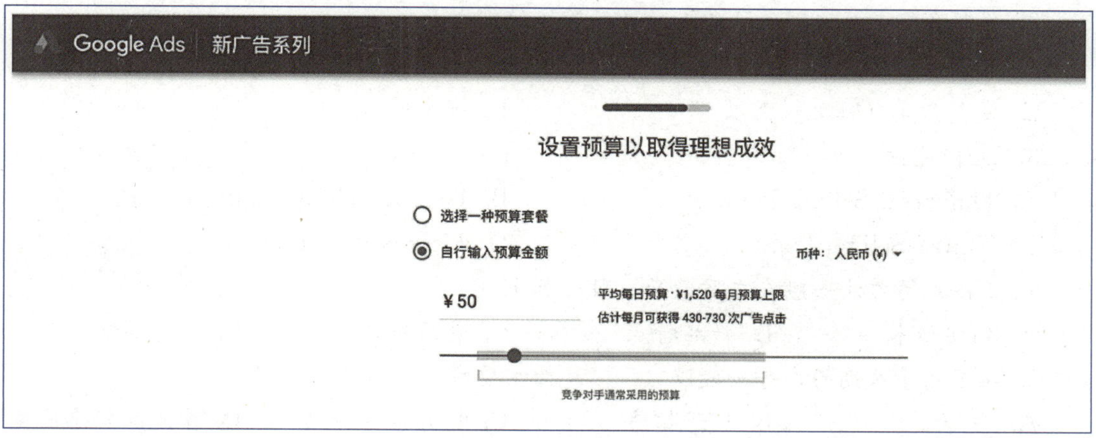

图 3-35　设置预算页面

第八步，付款。为整个广告活动付款，谷歌会进行预扣款，如图 3-36 所示。点击提交后，谷歌就会开始审核投放请求，审核通过后就会开始投放广告。

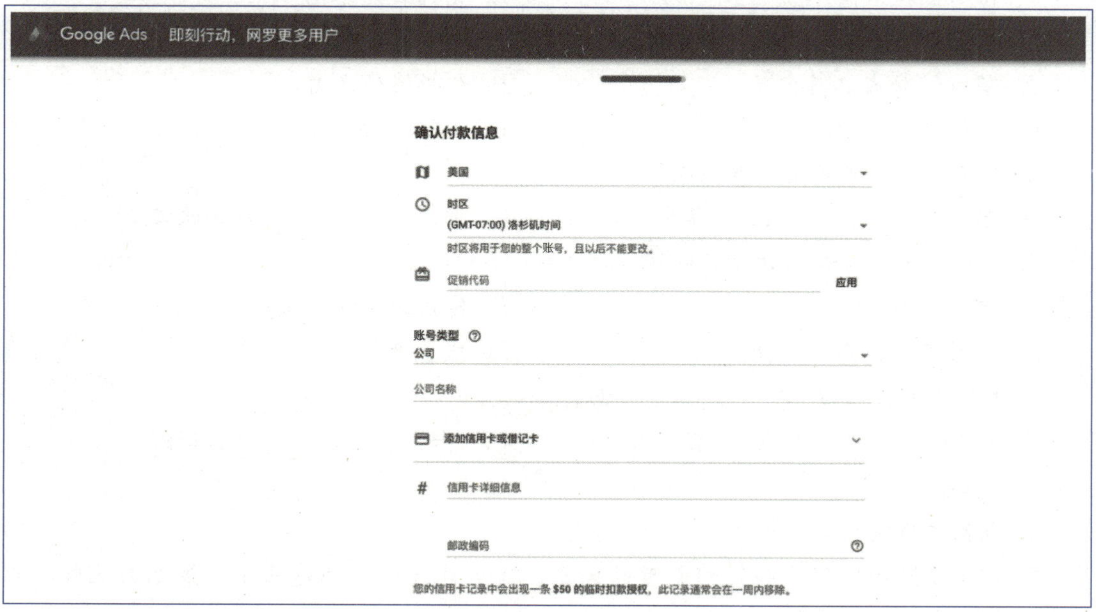

图 3-36　付款页面

同步练习

一、单选题

1. 以下属于电商文案独一无二的作用的是（　　）。

A. 影响买家购买决策　　B. 塑造良好的品牌形象

C. 整合多平台资源　　D. 增加外部链接与点击量

2. 马斯洛需求层次理论认为人的最高等级的需求是（　　）。

A. 自我实现需求　　B. 尊重需求

C. 爱与归属（社交）需求　　D. 安全需求

3. USP 是指（　　）。

A. Universal Selling Point　　B. Unique Selling Point

C. United Selling Point　　D. User Selling Point

4. 三段式写作法一般在文案最后一段会加上（　　）。

A. 销售话术　　B. 产品特点　　C. 售后保证　　D. 行为召唤

5. 在产品导入期的广告一般以（　　）为主要目标。

A. 告知　　B. 促进销售　　C. 提升市场份额　　D. 塑造品牌忠诚度

二、多选题

1. 电商文案与传统文案的主要区别有（　　）。

A. 发布平台不同　　B. 表现形式不同

C. 传播途径不同　　D. 创作目的不同

2. 电商文案策划的主要内容包括（　　）。

A. 策划店铺或品牌定位　　B. 分析消费者需求

C. 分析产品和竞品　　D. 讲好品牌故事

3. 跨境电商文案的主要类型包括（　　）。

A. 展示类　　B. 品牌类　　C. 推广类　　D. 软文类

4. 电视作为广告媒体的优点包括（　　）。

A. 覆盖面广　　B. 传播速度快

C. 生动直观、感染力强　　D. 成本低

5. 广告目标主要有（　　）三个方面。

A. 认知　　B. 说服　　C. 行动　　D. 提醒

三、判断题

1. 电商文案策划就是为产品设计广告语。（　　）

2. 英国是最早实行广告策划制度的国家，随后许多国家都建立了以策划为主体、以创意为中心的广告计划管理体制。（　　）

3. 新媒体是相对于传统媒体而言的一个概念，是指互联网时代背景下的网络媒体，如社交媒体平台、短视频平台等。因为是新时代的产物，所以新媒体没有缺点，是一个适合所有公司的广告投放平台。（　　）

4. 广告目标最好是具体的、可量化的，便于监测和评估。（　　）

5. LinkedIn 是一个主要围绕 B2B 市场的职业社交媒体。（　　）

四、简答题

1. 定位的动态过程包括哪些内容？

2. 请简述马斯洛的需求层次理论。

3. 跨境电商文案主要有哪几种类型？

4. 在广告媒体中，视听媒体有哪些优点和缺点？

5. 谷歌广告主要有哪些广告类型？

五、综合实训

请以小组为单位，完成以下实训：

1. 针对你们公司销售的一款产品或整体品牌形象，设计一个预备在社交媒体平台推广的文案（种类不限），要求图文并茂。

2. 为你们的品牌制定广告投放计划和策略，并选择合适的广告投放媒体。

学习任务四

跨境电商促销活动

思维导图

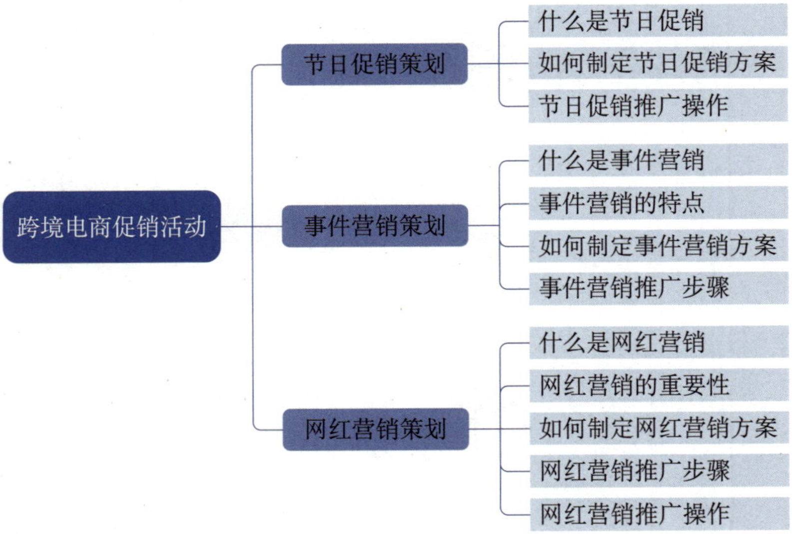

工作情境描述

进入9月，Majjoy电子商务有限公司异常繁忙，营销部门要为万圣节、“黑色星期五”、圣诞节等节日开展一系列营销活动。师父小李向徒弟小艾介绍了许多案例，希望小艾能参与今年的营销活动策划和实施。他向小艾提出了一些问题：

—你知道我们公司主要目标市场国的节日有哪些吗？

—你知道怎么做节日促销方案吗？

—节日促销推广应该怎么做？

—你知道怎么做事件营销方案吗？

—事件营销推广应该怎么做？

—你知道怎么做网红营销方案吗？

—网红营销推广应该怎么做？

工作流程与活动

学习活动一：节日促销策划

学习活动二：事件营销策划

学习活动三：网红营销策划

学习活动一 节日促销策划

【学习目标】

1. 熟悉重要节日及其特征。
2. 掌握节日促销方案制定的要点。
3. 掌握节日促销推广的步骤，并能进行基本的节日促销推广。

【学习过程】

为了能回答师父关于跨境电商节日促销策划的一系列问题，小艾通过查询资料、向师父请教、与同事交流等方式进行学习，并在师父的指导下整理了笔记。

一、什么是节日促销

节日促销是非常时期的营销活动，是有别于常规性营销的特殊活动，它往往呈现出集中性、突发性、反常性和规模性的特点。

每年的节日季都是零售商最重要的销售时机。鉴于节日季是提升销量及获取新的长期客户的有利时机，跨境电商卖家有必要提前做好营销计划。好的营销计划是节日促销成功的基础。节日促销通常贯穿节前、节中、节后。

节日促销一般分为预热期、增长期、爆发期和恢复期。预热期通常是大促前四周，这时就会有消费者在各大平台搜索节日好物。因此商家可以选择在此时加大产品营销力度和大促信息传播。增长期是指节日大促前 10～15 天，在此期间销售转化率开始上涨，可以考虑直播和商业化引流，加速粉丝转化。爆发期则是大促前 1～5 天及大促当天，在此期间商家可以提高营销预算，在短期内快速抢占流量先机。恢复期是大促后 1～7 天，在此期间商家需要对此次促销活动进行复盘，从数据表现中获取经验，并应用于后续的营销策略。

二、如何制定节日促销方案

（一）了解国外主要节日季

节日季是增加销售、获取新的长期客户的好时机，了解国外主要节日及其传统的目的是找到更适合推广自己企业产品的节日，抓住节日季的时机来提升销量。因此，卖家需要广泛了解自己主营业务所针对的市场、地区的主要节日季。可以先了解目前几个流行的促销节日，如感恩节、圣诞节、元旦等。特别需要注意的是，在一整年中不要只关注圣诞节等热门节日，还要多了解一些国外新流行起来的节日或地方特殊性节日，如在感恩节之后紧跟着的“网络星期一”（Cyber Monday），就是感恩节购物促销活动的延伸活动，类似于“双 11”的“返场血拼”；美国运通推出的“小企业星期六”（Small Business Saturday）通常在感恩节之后的周六，鼓励人们到小企业消费，如图 4－1 所示。

图 4－1　“小企业星期六”宣传图

（二）提前规划营销策略

确定了在哪些节日制订推广计划后，下一步是让计划运转起来。企业应至少提前 1 个月规划节日促销策略，包括提前了解目标受众、设置合适的营销工具、测试创意策略等。提前了解目标受众，有助于更好地制定推广内容，有针对性地使用营销工具。设置合适的营销工具，如在节日前推广以节日为主题的鼓励措施，并承诺在节日期间给予奖励和折扣，提前积累一些客户流量，或者结合网红营销，与网红博主合作，发布一些与节日产品有关的视频等。测试创意策略，能避免在节日期间出现不必要的问题。

例如：在亚马逊澳大利亚站，一年 12 个月中，每个月都有可以进行节日促销的主题（如图 4－2 所示），跨境商家提前的部署与规划显得尤为重要。

1月 返校季 新教科书、文具、学生鞋、校服、笔记本电脑	2月 情人节 珠宝、香氛、玩偶、花束、灯饰、定制礼品	3月 大学入校季 床品、笔记本电脑及配件、文具、休闲服饰、箱包、桌椅
4月 复活节 厨房用品、传统彩蛋及玩具、夏季服饰及用品	5月 母亲节 美容护肤、香氛、服装及鞋靴、珠宝、家居用品、厨房用品、洗浴用品、园艺用品	6月 财年末促销 服饰鞋靴、家居杂货、户外用户、美妆、玩具
7月 Prime Day 全品类	9月 父亲节 男士服饰、手表、钓竿、电子产品和户外体育用品	10月 万圣节 节日特色家居装饰品、特色服饰
11月 墨尔本杯 赛马用品、礼帽、时尚潮流服饰	11月 感恩节/黑色星期五/网络星期一 厨房用品、服饰、珠宝	12月 圣诞节/节礼日 特色服饰、礼品

图 4－2　亚马逊澳大利亚站每月主题

（三）提供与节日主题相关的商品和内容

正式开始节日策划的第一步就是综合节日主题以及店铺主营的商品，选择最适合在节日期间销售的商品。商家可以从宏观到微观逐步进行选品。首先，商家可以考虑选定一个大方向，即在节日期间一定会热卖的商品，这些爆品通常会与节日的特色一致，是消费者在节日期间最有可能购买的东西。以圣诞节为例，服装类、装饰品类、圣诞礼品类等商品都是一定会热卖的。其次，商家要选择具体的品类，选品的最终目的就是找出哪些商品是消费者在节日期间最想要的，哪些商品又是商家正想要销售的。达到这两者的平衡，就是选品的最高境界。

选择好要在节日期间主推的商品后，下一步是为节日营销创造内容。有许多营销工具可供选择，如广告语、横幅、网页、照片、社交媒体上的图片等，这些都将有助于店铺的营销推广活动。除了对店铺进行装饰，商家还要对商品进行相应的包装，并且让消费者知道，在节日结束之后，这些商品将不再销售或者至少要等到第二年才有如此低的价格，这样会让他们感受到商品的稀缺性和购买的紧迫感。此外，商家还可推出特别的节日礼品套装，将店铺的几款商品打造成套装形式，这样不仅可以创造新的销售价值，还可以增加平均订单规模。推出节日限定商品也是不错的选择，即挑选出几款店铺畅销品，然后将它们打造成符合节日季的样子，如图 4-3 所示。

图 4-3 店铺圣诞节装饰

以母亲节为例，所有与女性消费以及家庭消费有关的商品都可以被列入选品参考目录，而女性消费又是电商消费的主体，因此除了常规的美妆个护和服饰穿搭的选品思路外，还可以考虑如烹饪、园艺和家居等范围的商品。同时，随着近年来健康生活等理念的发展，健身、养生等也可以成为新的选品思路。

（四）设计节日优惠券

优惠券或者直接打折是节日促销常用的手段，优惠券包括代金券、折扣券、满减券等。其中，代金券本质上是无门槛使用券，主要是针对有购买意向，但嫌价格太高的用户拉首单使用的；而折扣券和满减券都是有使用门槛的，可以自行设置，便于合理控制活动成本。

然而，总是会有顾客忘记使用优惠券，或者因为优惠券设计不合理导致顾客不满甚至最终放弃交易，所以定制好节日期间的优惠券是非常重要的。商家需要考虑如何让用户了解全部的信息，即用户可以通过什么渠道了解有优惠券可用、如何获取优惠券、购买的商品是否达到用券额度等，这就需要商家对优惠券进行一定的设计。

优惠券的最终解释权归商家，商家要控制优惠券的发放成本，在设计上就要把优惠券放在醒目的位置，从而提高优惠券的使用率。消费者最想了解的一定是如何获取优惠券、如何实现优惠券最大的功效等，因此，商家在设计优惠券时也要充分考虑到这些因素，如将折扣自动显示在价格上，这样顾客就不会错过促销活动，如图 4－4 所示，可直接显示优惠后的价格。在设计优惠券时，除了以上提到的方式，为了提高促销效果，让消费者明白哪些商品有优惠，商家有必要在产品展示的过程中增加一些活动标签、同类商品聚合等。

图 4－4　优惠显示方式

（五）利用社交媒体

虽然人们可能已经对促销的信息感到疲劳，但这不代表不需要做广告。利用电子邮件与客户保持联系是一种公认的较好的宣传方式。数字营销公司 Conversant 的最新研究显示，当消费者在 9 月收到过促销信息后，他们在“黑色星期五”和“网络星期一”期间购买产品和服务的可能性是平时的三倍。在节前，商家就可以设计好节日预告的电子邮件并发给消费者，吸引潜在的客户。但应注意，商家需要花时间设计高度个性化的电子邮件，因为在假日期间，消费者的邮箱会收到五花八门的邮件，所以要设法想出一个独特的、有趣的邮件标题，让订阅者有兴趣点开邮件并阅读。另外，商家可以根据用户的地理位置、以往的购买历史和总体电子邮件参与度将他们进行区分，有针对地修改邮件内容。图 4－5 为百思买（Best Buy）的节日促销邮件。

图 4－5　百思买的节日促销邮件

当然，商家也可以与知名网红博主合作宣传假日礼物指南、视频和帖子，但应注意的是，要与熟悉的网红博主合作，不要在节日期间尝试与新主播合作，因为与新主播的合作需要磨合，也有可能出现各种各样的情况。例如：美妆品牌 NYX 在 2021 年万圣节前夕与 DC 漫画公司达成合作，在 Instagram 发起海外网红营销活动“＃Faces of DC”。该活动抓住了万圣节期间人们搜索 DIY 仿妆教程以及必须用到化妆品的需求热度，邀请了 6 名 Instagram 网红在他们的频道上发布他们 Cosplay DC 漫画人物的仿妆，并以抽选幸运用户奖励优惠券的方式为品牌的万圣节促销宣传造势。

（六）进行网站防护

节日促销的得失和商家网站的稳定性有很大的关联。网站的稳定性一方面体现在网速上，另一方面体现在当点击量猛增时网站是否会崩溃。随着跨境电商向移动端的发展，越来越多的消费者直接在移动端进行消费。研究表明，手机用户是比较没有耐心的，相比于网站崩溃，他们认为网速慢是在线购物最不能忍受的部分。同时，节日期间由于促销，网站的客流量非常大，短短几分钟甚至几秒钟的网站崩溃，就可能给商家造成很大的损失。商家需要做好备用方案，也可以借助一些网站监测软件对网站状况进行实时监测。

（七）举办线下活动

节日期间是策划线下活动的最佳时机。如果打算策划一个线下活动，商家应该先想清楚以下两个问题：这个活动的目的到底是什么？这个活动如何更好地接触到店铺的受众？如果只是为了举办而举办，那就毫无意义了。但是如果能设定一个清晰的目标，并能通过举办一个活动来实现这个目标，那么线下活动就显得有意义多了。在举办活动时，参与者通常会用这个活动的标签来发布推文，商家可以利用这个标签顺势推广营销活动的其他内容，如商品及优惠信息等。这样一来，参加活动的人以及他们的社交平台粉丝通过这个标签看到营销内容的概率就提高了。因此，商家要有策略性地结合线上活动与线下活动。

（八）保持客户黏性

尽管许多消费者会在促销期间疯狂购物，但并不是每个人都会在节日当天购买商品。有针对性地实施一些再营销的策略，就可以追踪那些还未结账的消费者。一定会有一部分消费者已经把商品加入购物车，却止步于最后的付款。总的来说，消费者放弃交易主要有三大原因：运费贵、找到了更划算的购物组合、缺货。商家要通过向这部分顾客发送特定电子邮件来挽回他们。这类邮件发送要及时，最好在消费者放弃购买的半个小时内送达，且邮件中应该带有产品图片和节日特别优惠内容，如免费送货、礼品包装和其他优惠形式等。邮件要以客户服务为中心，表示遗憾并询问其放弃购买的原因，同时要确保消费者可以在移动设备上打开邮件。另外，商家可以借助网上大量的工具，如常见的谷歌广告、Facebook 广告，来追踪客户在其他平台（如谷歌或者 Facebook 等）的访问记录，向他们再次展示产品广告。

也有部分消费者在节日期间购买了产品，那么商家需要做的就是维持与这些客户的关系，如在客户下单之后发送感谢邮件；或适当地在邮件中放入优惠券供其下次购物使用等，但需要注意的是，这些优惠券要有一定的时限。此外，在下一个要进行促销的节日来临时，商家可以调出曾经在网站消费过的客户的邮箱地址，并向他们发送促销邮件。

三、节日促销推广操作

以圣诞节为例，我们可以从选品、装饰店铺、设置优惠券、向客户发送邮件四个方面来执行圣诞节促销方案。

（一）选品

（1）在店铺所在平台查看相关产品的搜索热度。如图 4－6 所示，在亚马逊网站搜索“Christmas”，它的下拉框会显示用户都在搜索哪些相关的产品，可以参考搜索结果。另外，亚马逊平台会为在亚马逊注册了品牌的卖家提供站内的热搜词排行榜。

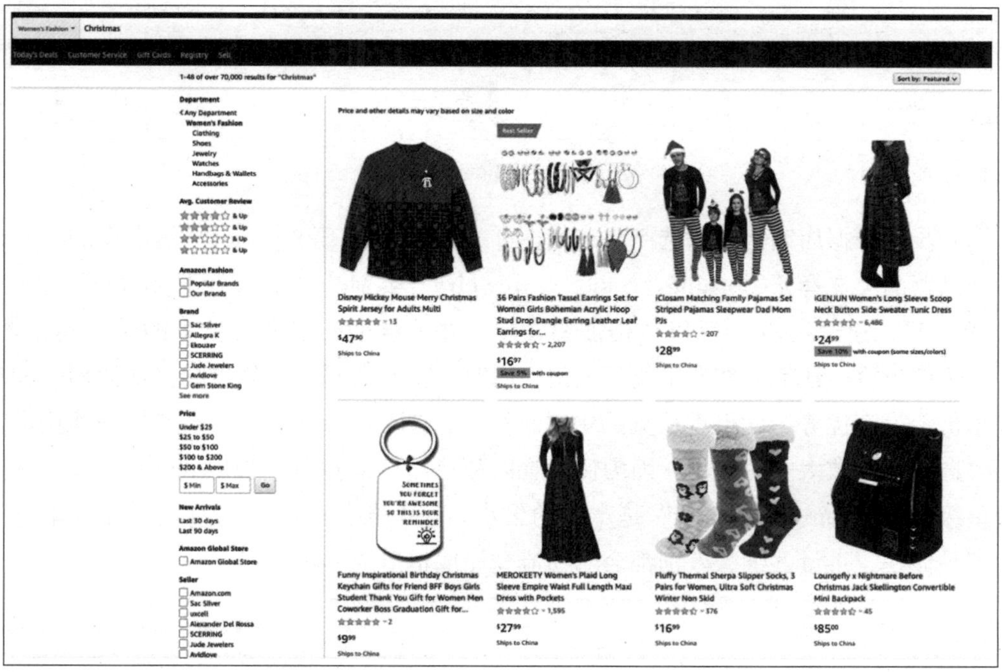

图 4－6　在亚马逊搜索“Christmas”结果页面

（2）运用搜索引擎工具查看产品的搜索热度。最常用的搜索引擎工具之一是 Google AdWords，它可以展示谷歌用户对于产品的搜索热度。假如通过 Google AdWords 搜索“Christmas”，就会出现很多用户搜索词，从而可以判断哪些产品是用户需要的产品。

（3）运用选品工具查看产品热度。目前网络上有大量的第三方工具可以帮助卖家进行选品，如 Jungle Scout、Helium 10、卖家精灵（Seller Sprite）等。以 Helium 10 软件为例，具体操作如下：

第一步，在 Helium 10 注册后进入主页，选择 Black Box（“黑盒子”）功能，如图 4-7 所示。此功能会根据用户的不同选择，筛选出亚马逊网站上的产品以供参考。

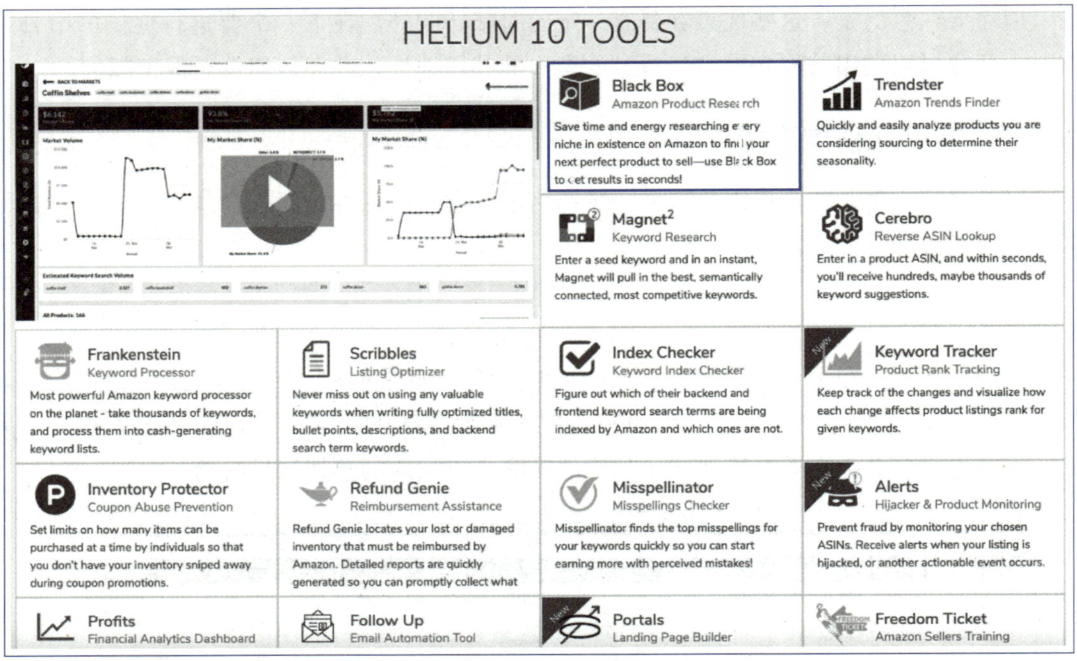

图 4-7 Helium 10 首页

第二步，根据店铺情况筛选产品。如图 4-8 所示，“Categories”是产品的类目，根据店铺经营品类选择“Clothing, Shoes & Jewelry”类别。“Monthly Revenue”是月度收入。“Price”是产品单价，可以根据需要设定，在节日期间消费者更多的是冲动型购买，合理的价格更容易让消费者产生购买欲望；同时，卖家之间的竞争也会更加激烈，如果产品在单价上没有优势，就很难从竞品中脱颖而出。“Review Count”是产品的评论数，建议不要选择评论数太多的产品，因为比较难以和热门产品竞争。“Review Rating”是产品评价星级。“Shipping Size Tier”是产品的大小，这个条件事实上与物流仓储成本息息相关，产品体积、重量的细微差别都会对物流仓储成本造成影响。

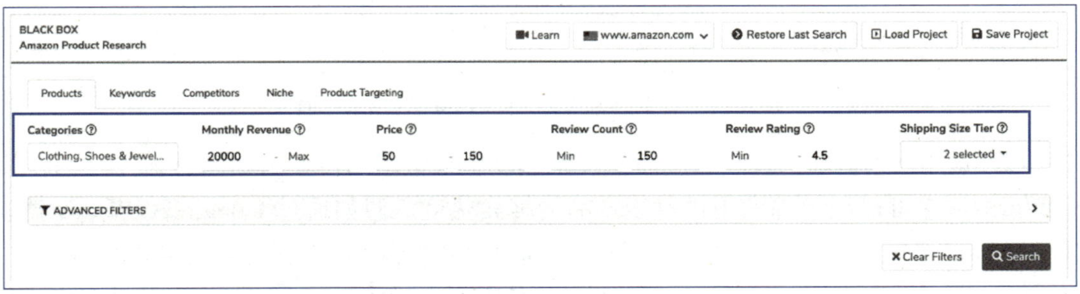

图 4-8 “黑盒子”筛选功能

第三步，设定好筛选条件后单击“Search”按钮，网站会显示出所有符合条件的产品并根据排序依据排序，在这里选择搜索结果“按月度收益从高到低排序”。搜索结果显示找到符合条件的产品有200多件，排第一的是crocs的童鞋。同时，网站显示了正在卖此产品的商家数、价格、月销量、月度收益、在热卖榜的排名（Best Sellers Rank，BSR）以及产品的评价星级等信息，如图4-9所示。另外，还可以单击“Download to CSV”按钮来下载表格形式的搜索结果。

图4-9　“黑盒子”筛选结果页面

总而言之，卖家可以根据自己的不同需求，借助网络上的选品工具进行选品。

（4）关注查看新闻。例如：公司属于服饰类跨境电商企业，就可以关注介绍服饰流行趋势的新闻等信息。

（5）关注官方报告。例如：欧美国家的研究机构会定期公布“最受消费者欢迎的产品”等相关报告。

（6）关注竞争对手。例如：卖家可以在自己所在的电商平台查看其他卖家和热门产品的销售情况。

（7）关注社交媒体。例如：卖家可以在Facebook、Instagram、X（Twitter）上搜索节日相关关键词，并查看有关的推文。

（8）查看产品评论。例如：卖家可以在所在平台查看产品分类页面，找到获得评论最多的产品，总结热卖产品的共同点。

需要注意的是，卖家应考虑自己选择的产品是否有侵权的风险，这是跨境电商需要特别注意的。

（二）装饰店铺

节日期间，电商卖家都会重新装饰店铺，如在店铺的横幅、广告中加入具有节日气息的各种元素。我们可以选择Canva（可画）网站为公司设计圣诞节横幅。

第一步，进入Canva网站，选择“电商Banner”功能，如图4-10所示。

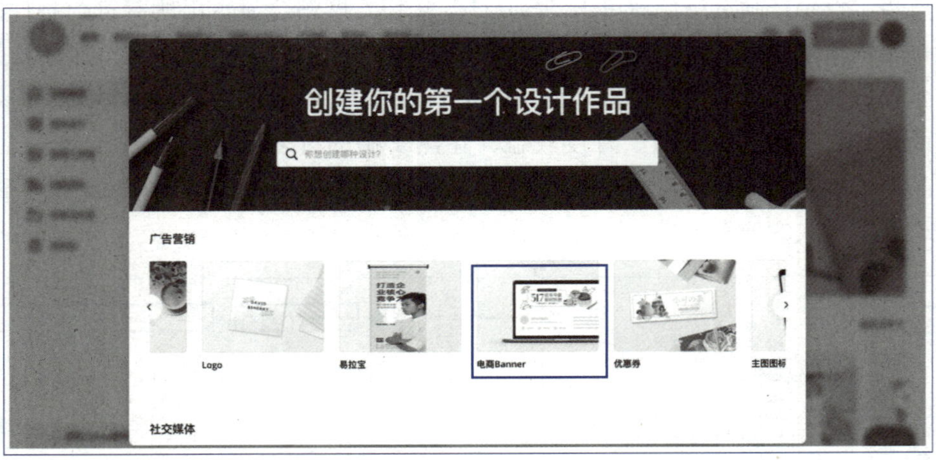

图 4-10 Canva 首页

第二步，在搜索栏输入“Christmas”关键词。Canva 提供了非常多的相关模板，我们可根据需要选择合适的模板并进行一定的修改和设计。

第三步，单击“下载”按钮就可以将横幅以图片形式下载并使用到店铺中了，如图 4-11 所示。注意，若横幅有商业用途，就要对使用的字体支付版权费。

图 4-11 Canva 横幅制作页面

（三）设置优惠券

每个电商平台或者独立站都有设置并发放优惠券的功能，设置方式大同小异，在此以亚马逊平台为例。在亚马逊后台打开“Advertising”→“Coupons”功能，可以对已经设置的优惠券进行管理，如图 4-12 所示。也可以重新创建优惠券，单击“Create a new coupon”按钮进行创建，如图 4-13 所示。

接下来，就可以对优惠券进行详细的设置了。

第一步，添加需要设置此功能的 ASIN（Amazon Standard Identification Number，亚

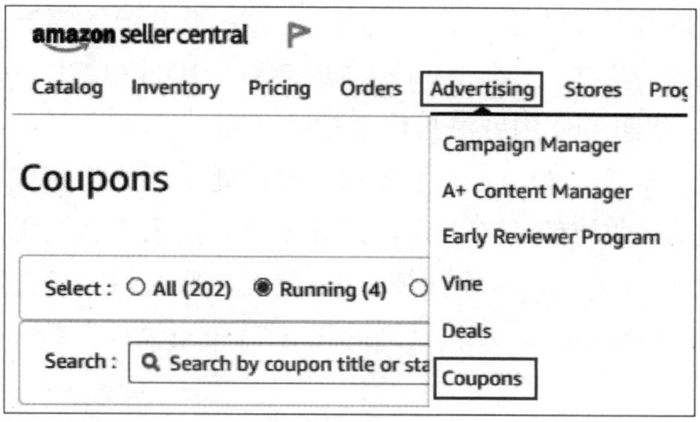

图 4－12　优惠券设置页面

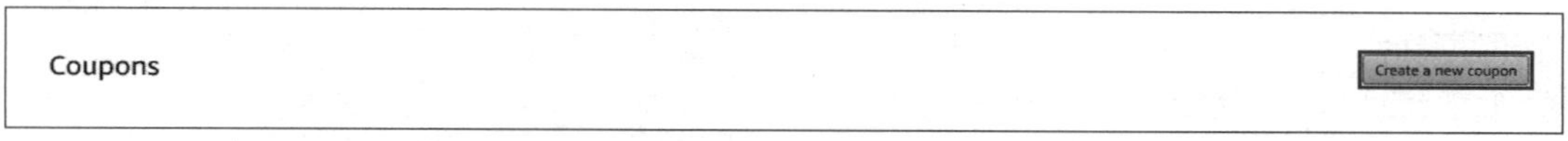

图 4－13　创建优惠券页面

马逊商品的编码标识），如图 4－14 所示。一个优惠券一次最多可以添加 50 个 ASIN，可以是 50 个父 ASIN，或者 50 个子 ASIN，或者 50 个混合 ASIN。当把需要设置的产品搜索出来后，如图 4－15 所示，单击产品右侧的“Add to coupon”按钮，把此产品添加到右侧待设置区域。当然，也可以对已经添加到右侧的产品进行“Remove”操作。设置好后，单击“Continue to next step”按钮进行下一步操作。

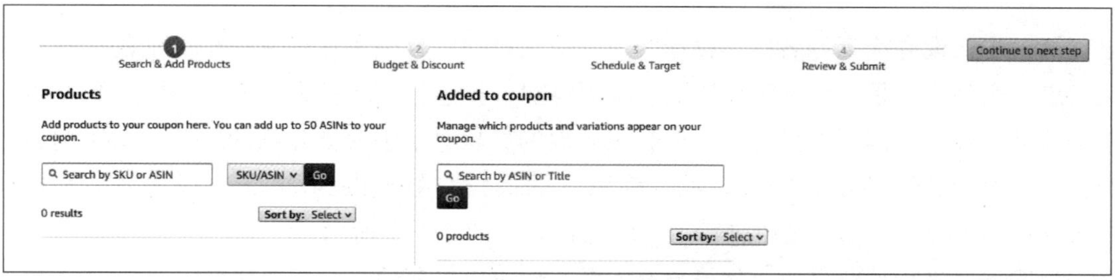

图 4－14　搜索优惠券应用产品页面

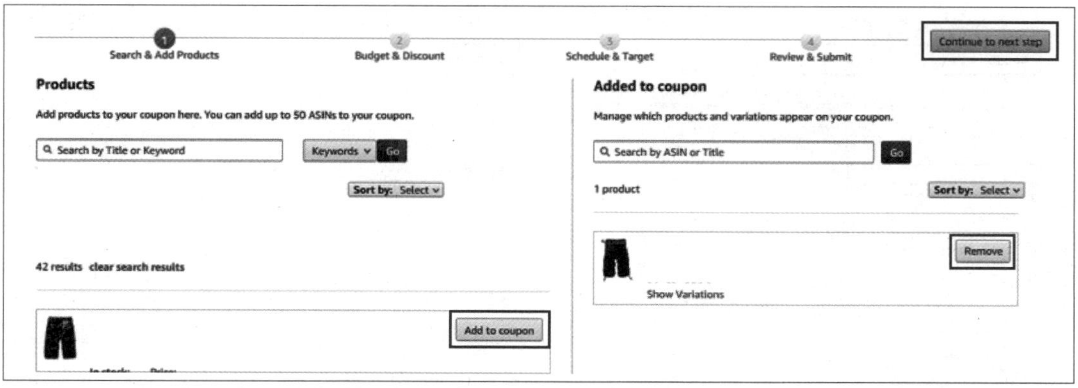

图 4－15　添加优惠券应用产品页面

第二步，设置折扣类型和力度、优惠券使用方法和用于优惠券的预算。折扣（Discount）类型可以设置现金折扣（Money Off）或者百分比折扣（Percentage Off），折扣力度要求是 5%～80%。优惠券使用方法具体是指设置每一个客户可使用优惠券的次数，一人一次或是一人多次。预算（Budget）主要用于支付此商品的折扣优惠，预算费用包括打折部分和每次成交亚马逊收取的 0.6 美元，预算用完，优惠券就会下线。例如：一个产品售价 10 美元，折扣优惠 3 美元，假设预算是 36 美元，那么每次成交消耗 3.6 美元，10 次成交后优惠券即下线。设置好后，单击“Continue to next step”按钮进行下一步操作，如图 4－16 所示。

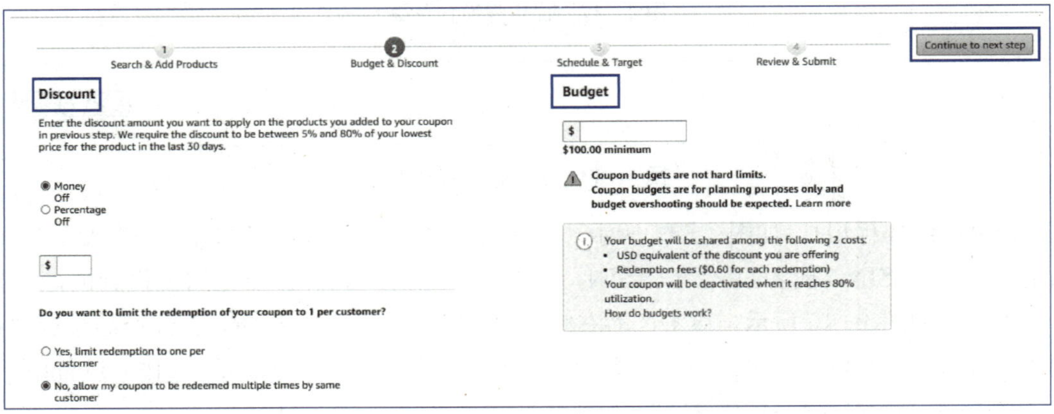

图 4－16 优惠券折扣、预算设置页面

第三步，设置优惠券名称、目标客户和使用日期。为优惠券设置一个简洁的名称，定义优惠的商品，这是展示给客户看的。根据需要，优惠券面向的人群可以是所有人，也可以是精准的客户群体，如只对 Prime 会员开放的、只对学生会员开放的以及只对家庭会员开放的。设置开始日期和结束日期，优惠券的最长有效期限为 90 天。设置好后，单击“Continue to next step”按钮进行下一步操作，如图 4－17 所示。

第四步，进行预览之后，如果没有问题，就可以提交给平台等待生效了。

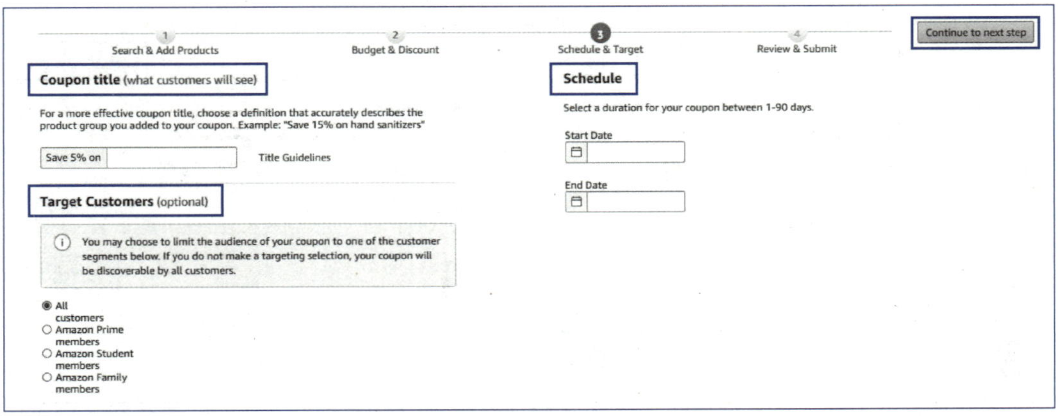

图 4－17 优惠券名称、目标客户和使用日期设置页面

（四）向客户发送邮件

目前，网络上有各种各样邮件推广软件，如 Constant Contact、MailChimp、Klaviyo、AWeber 等，商家可以借助这些软件来辅助自己的节日营销。Constant Contact 软件易于使用且非常适合初学者，其提供线上培训和线下研讨会，可方便小企业快速学习邮件营销基础知识。Constant Contact 可以管理邮件列表、联系人及邮件模板等，每个账户附赠邮件追踪和报告，内置社交媒体共享工具。MailChimp 也向商家提供邮件创建、标签分类、自动回复、联系人分组，以及简单的邮件追踪和数据分析等功能。Klaviyo 软件在细分用户方面做得很出色，它通过分析用户的购买、付款、放弃购物车等种种行为来做用户细分。

下面我们选择 MailChimp 网站进行邮件推广。

第一步，注册后进入 MailChimp 主页，在“Create”中选择“Email”，如图 4－18 所示。

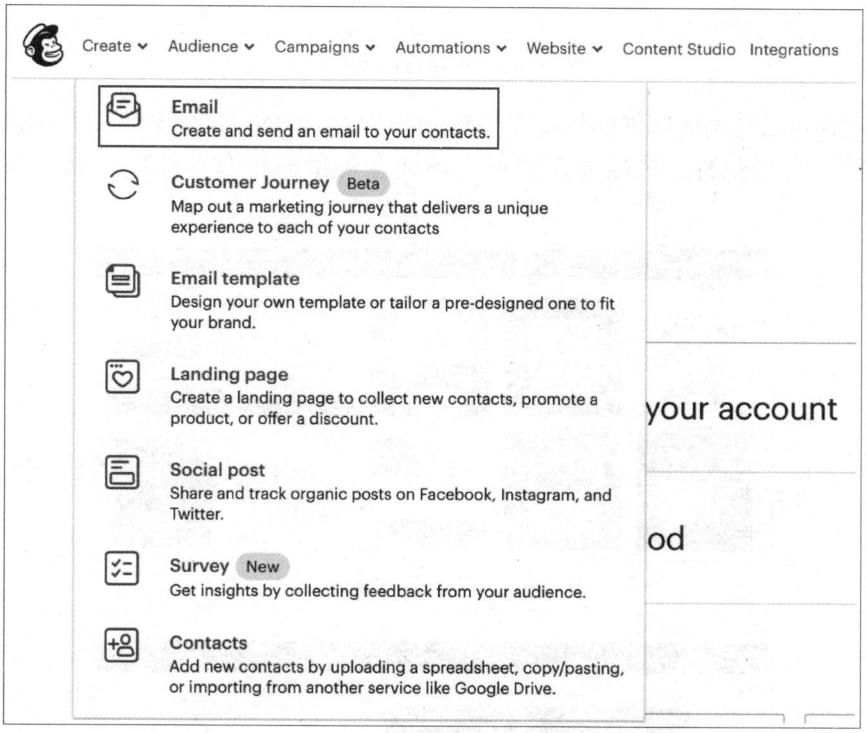

图 4－18　MailChimp 首页——创建邮件

第二步，选择邮件模板。MailChimp 提供多种形式的邮件模板，如图 4－19 所示。“Regular”类型邮件是指定期向订阅客户发送资讯、优惠等信息的邮件。“Automated”类型邮件是指根据特定的需要发送的邮件。在图 4－19 的“E-Commerce”类别中，有向第一次注册网站的客户致谢的邮件模板，有向特定客户发送优惠的邮件模板，有提醒客户曾经在你的网站看过产品的邮件模板，以及提醒那些购物车里加购了产品但还没有结算的客户的邮件模板等。

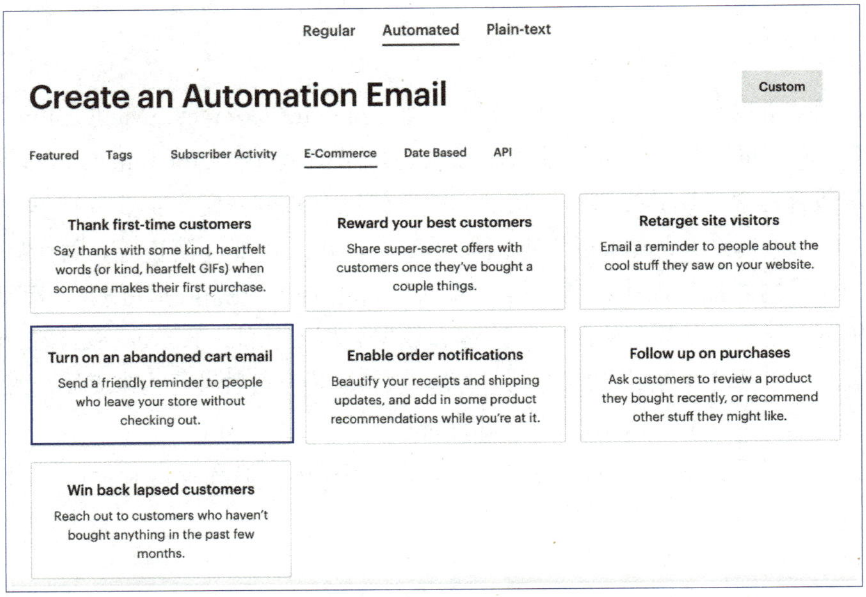

图 4－19　创建自动发送邮件

选择适合自己店铺的邮件模板，如图 4－20 所示。当然，也完全可以发挥自己的想象力设计一封独特的邮件。可以使用模板右侧的各种按钮来对邮件进行编辑和设计，如图 4－21 所示。

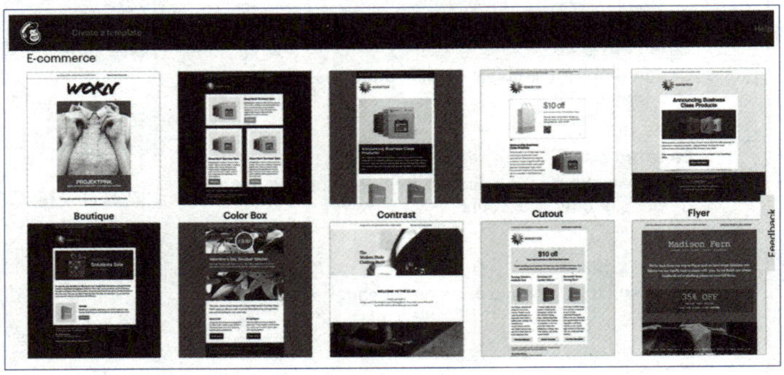

图 4－20　邮件模板

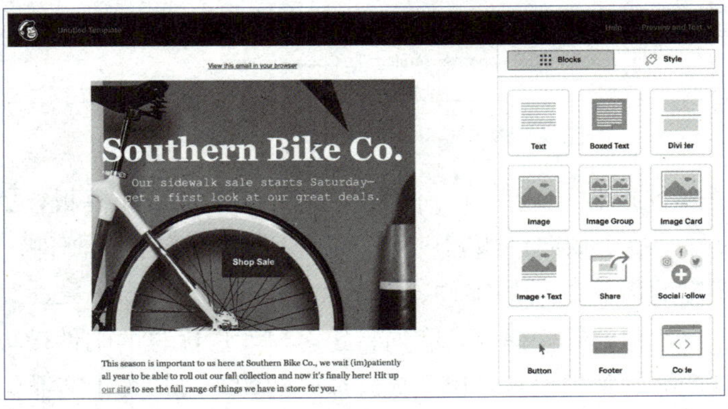

图 4－21　邮件编辑页面

第三步，将邮件发送给特定的用户，在首页“Audience”中选择“All contacts”（如图 4－22 所示），找到“Add contacts”下的“Import contacts”（如图 4－23 所示），就可以导入所收集到的许可式邮件地址了。

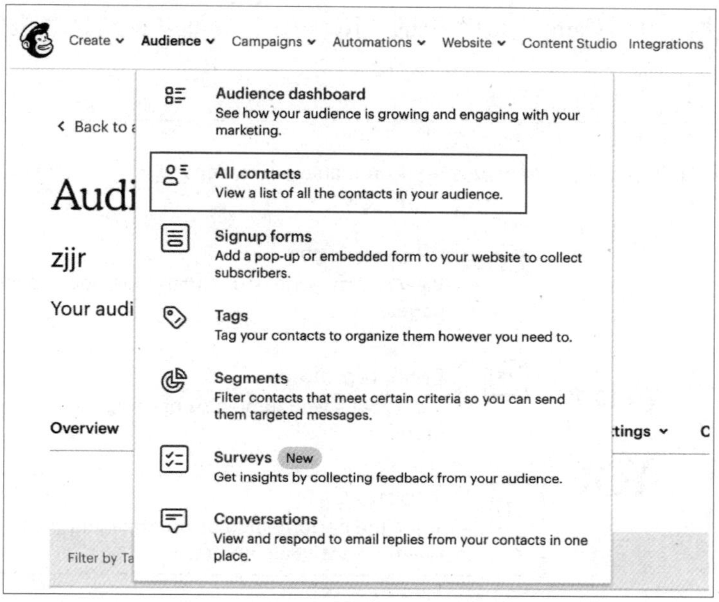

图 4－22　MailChimp 首页——观众版块

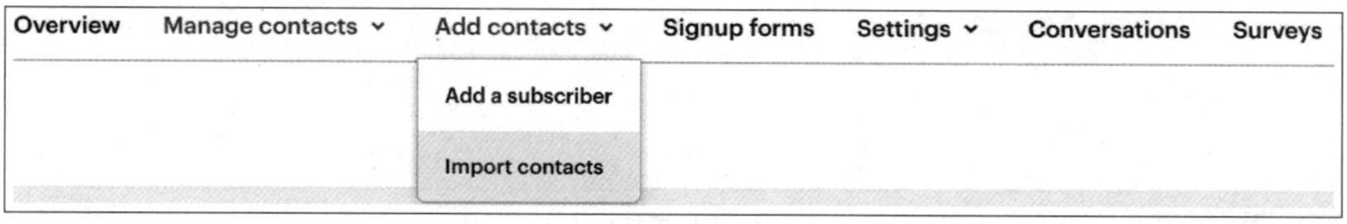

图 4－23　导入邮箱地址（1）

可以选择上传已经整理好的邮件列表 CSV 或 TXT 文件，或者直接将邮件复制到网站中，如图 4－24 所示。

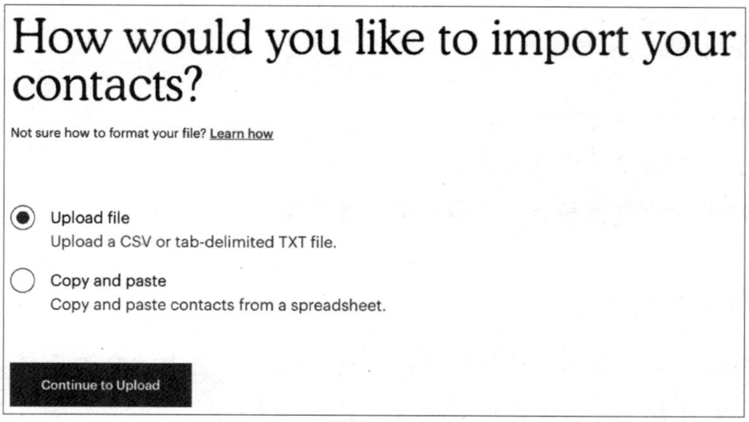

图 4－24　导入邮箱地址（2）

第四步，选择已经设计好的邮件并单击“Send”按钮，推广邮件就会发送给用户。在发送完毕后，网站会给出一个具体的报告，里面会记录有多少人打开了邮件，如果邮件里附带链接，报告就会显示有多少人点击了链接。报告里包含很多的数据信息，可以根据需要查看对应的数据。在“Campaigns”下的“Reports”中可以看到这些报告，如图 4－25 所示。

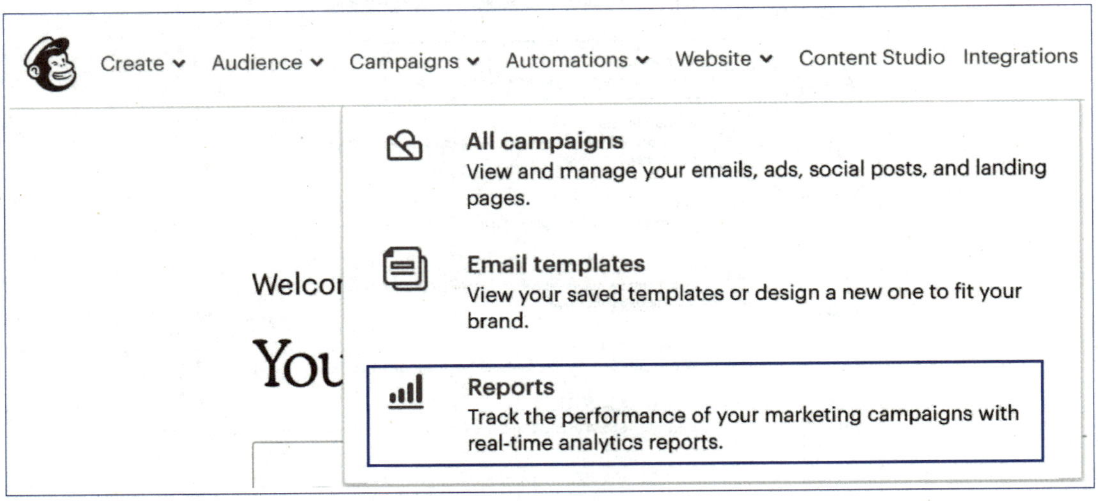

图 4－25　邮件发送报告

学习活动二　事件营销策划

【学习目标】

1. 掌握事件营销的概念和特征。
2. 能制定跨境电商事件营销方案。
3. 掌握跨境电商事件营销推广步骤，并能开展事件营销推广。

【学习过程】

为了能回答师父关于事件营销策划的一系列问题，小艾通过查询资料、向师父请教、与同事交流等方式进行学习，并在师父的指导下整理了笔记。

一、什么是事件营销

事件营销在英文里叫作“Event Marketing”，国内直译为“事件营销”或者“活动营销”。事件营销是企业通过策划、组织和利用具有名人效应、新闻价值以及社会影响的人物或事件，引起媒体、社会团体和消费者的兴趣与关注，以求提高企业或产品的知名度、美誉度，树立良好的品牌形象，并最终促成产品或服务的销售目的的手段和方式。

事件营销是一种十分流行的公关传播与市场推广手段，它集新闻效应、广告效应、公共关系、形象传播、客户关系于一体，并为新产品推介、品牌展示创造机会，是建立品牌标志和品牌定位，快速提升品牌知名度与美誉度的营销手段。

在互联网的浸润下，品牌营销进入“以用户为中心”的时代，单向投放必须转向互动传播，而事件营销具有强话题性和强传播性，是品牌的绝佳选择。

跨境事件营销中蕴含着许多机遇。例如：2022 年卡塔尔世界杯，阿里巴巴国际站数据显示，9—11 月，足球、足球鞋、足球服、足球训练设备及周边产品成为热门搜索关键词，其中足球鞋的全球买家数同比增长近 100%，奖杯奖牌同比增长 126%，足球守门员手套同比增长更是超过了 300%。

二、事件营销的特点

（一）目的性

事件营销应该有明确的目的，这一点与广告是完全一致的。事件营销策划首先就是要确定自己的目的，然后明确通过哪些新闻或事件让大众关注产品。

（二）风险性

事件营销的风险来自媒体的不可控制和大众对新闻或事件的理解程度。虽然企业的知名度扩大了，但如果市民得知新闻或事件是企业为了达到宣传目的而制造的，就可能对该企业产生一定的反感情绪，从而损害企业的利益。

（三）低成本性

事件营销一般通过软文形式来表现，相对于平面媒体广告来说，其成本要低得多。事件营销最重要的特性就是利用现有的非常完善的新闻体系来达到传播的目的。

（四）多样性

事件营销具有多样性，它集新闻效应、广告效应、公共关系、形象传播、客户关系于一体。多样性的事件营销已成为营销传播过程中的一把利器。

（五）新颖性

事件营销往往是通过当下的热点事件来进行营销，因此它不像许多过剩的宣传广告一样让用户反感。事件营销有很强的新颖性，可以吸引用户。

三、如何制定事件营销方案

很多企业对事件营销的概念存在误解，认为事件营销成功与否的标准就是是否轰动，其实这是错误的。事件营销策略的核心是找到或者创造一个能够吸引顾客注意的事件。电商企业进行事件营销的对象是企业所在领域的那些潜在消费者。制定事件营销方案的框架如图 4-26 所示。

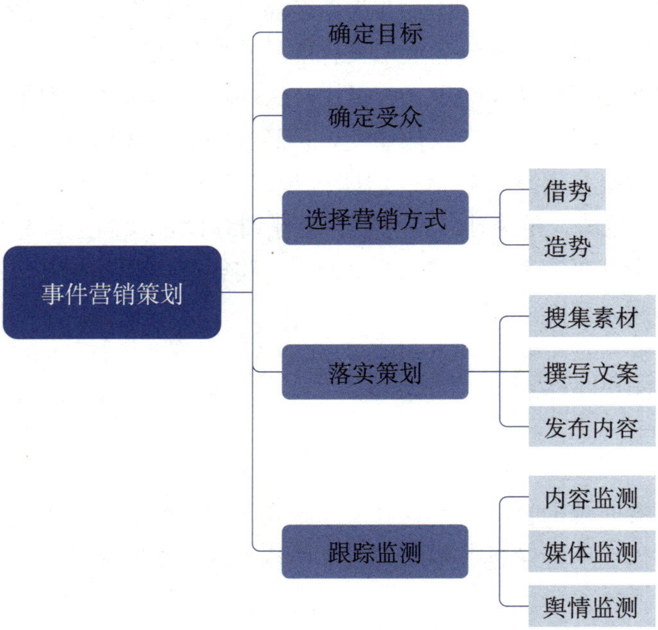

图 4-26　制定事件营销方案的框架

第一步，确定目标。

如今的事件营销，面临着事件的把握与制造、风险的规避与控制等许多问题。企业只有确定目标，才能实现战略的成功。目标的确定不能脱离品牌的核心理念，其中要考虑的主要是公众的关注点、企业的诉求点和事件的核心点三个方面，要做到“三位一体”。

事件营销的目标必须以事件策划者的产品类型、目标市场、潜在顾客等为依据。一般而言，有以下几种目标方向：(1) 向受众提供信息；(2) 使受众产生购买欲望；(3) 强化品牌形象。在跨境电商企业发展的初始阶段，事件营销的重要功能是向受众提供信息以及使受众产生购买欲望。发展到一定阶段后，企业就可以考虑通过事件营销来提升自己的品牌形象。

第二步，确定受众。

事件营销的目标受众应该非常明确，即产品的潜在消费者。企业需要考虑的是潜在消费者是否关注了这一事件，能否通过事件营销将潜在消费者转化为长久的客户。

第三步，选择营销方式。

跨境电商卖家在运用网络作为传播平台的时候，自然要充分考虑网民喜欢什么样的内容。只有消费者喜欢的内容才能够保证宣传效果；自说自话地发布广告内容，不但会被网站当作垃圾广告迅速删除，而且没有任何网民会关注。

事件营销可以用两种方式切入：一种是借势，即及时地抓住广受关注的社会新闻、事件以及人物的明星效应等，结合企业或产品在传播上欲达到的目的而开展一系列相关活动，也就是我们现在所说的“蹭热度”；另一种是造势，即主动制造出能广受关注的社会新闻、事件以及人物形象等，结合企业或产品在传播上的目标而开展一系列相关活动。

（1）借势。在没有好的传播点的时候，卖家就需要及时保持对社会热点和网络热点的关注，一旦发现良好的传播契机，就可以快速结合并加以宣传。一方面，可以借助明星或者热点人物进行宣传，因为当消费者不再把价格、质量当作购买顾虑时，利用明星或热点人物的知名度去增加产品的附加值，可以培养消费者对该产品的感情、联想，并赢得消费者对产品的追捧。另一方面，可以利用社会上有价值、影响面广的新闻，适时地将其与自己的品牌联系在一起，达到借力发力的传播效果。此外，还可以借助赞助、冠名等手段推广自己的品牌或者产品。

（2）造势。通过研究互联网传播形态，找准网民感兴趣的内容，成功制作出广受关注的热点事件或新闻，就是所谓的“造势”。制造出热点后，卖家就可以与相关媒体合作，发表大量介绍和宣传企业的产品或服务的软性文章，以理性的手段传播自己的品牌或产品。目前，这类软性宣传文章已经大范围甚至大版面地出现在各种媒体上。卖家还可以组织策划一系列宣传活动，吸引消费者和媒体的眼球，并宣传推广自己的产品。另外，卖家可以为自己的产品或服务创造出一种“新理念”或“新潮流”。

第四步，落实策划。

前期策划很重要，好的策划必须落实到好的执行，否则创意再好，但执行不到位，照样是“竹篮打水一场空”。

（1）收集素材。优秀的营销策划，从素材的收集开始，企业就要做好精心的准备，就要针对宣传的产品收集相关的素材。收集素材有两个要求，一方面要保证素材累积的数量足够多，另一方面要保证素材的质量上乘。例如：当素材是照片时，不要直接使用广告图片或者网络图片，应专门为宣传活动拍摄照片。

（2）撰写文案。在前一个学习任务中我们已详细介绍了撰写文案的方法，这里联系事件营销做一些补充。

对于跨境电商文案来说，文案标题决定了60%的点击率，文案正文决定了30%的点击率，回帖则会决定另外10%的点击率。

利用事件营销造势或借势，首先需要一个极具诱惑力的标题。文案既可设置疑问型标题，这种标题最直接，可以直接匹配搜索引擎中消费者问的问题；也可设置故事型标题，通过讲故事分享观点，引起消费者的共鸣；还可设置数字型标题，一般是提示、归纳和总结，如“30 分钟内教你一个化妆小技巧”。

正文的内容需要切合推广的主题，在功能上要保证能被各大搜索引擎搜索到，所以就需要在正文中适当地提到关键词。卖家可以充分利用各个搜索引擎的关键词工具，从搜索热度、点击率、长尾关键词和类似关键词等各方面筛选出最有价值的核心关键词，这样能提高本网页被搜索引擎收录的概率，提高 SEO 排名。

（3）发布内容。如何将合适的内容发布到合适的版块上？你熟悉每个平台的特性吗？你熟悉每个平台的什么版块最有人气吗？你熟悉每个平台的哪些 ID 是“网红”吗？卖家需要结合以上几个问题，综合选择一个最适合自己品牌的平台，以及最适合自己的版块。

第五步，跟踪监测。

（1）内容监测。卖家要对发布的内容进行严格监测，如在将所有的策划点落实到具体的执行策略上时，是否发布到了策划中想要的平台，图片素材的效果如何，对文案内容是否进行了维护等。

（2）媒体监测。媒体对发布内容的推荐和转载是要重点监测的，具体包括：发布的内容；网站博主以及编辑的反馈；是否进行了自发推荐；推荐位置是否靠前；除了已发布的网站平台，是否还有其他平台出现了相同的内容等。对媒体监测的结果大多可以作为事件营销是否成功的风向标。

（3）舆情监测。舆情能较好地反映宣传效果。卖家应该特别关注网民的反应和关注点，以及网民对文案中哪部分内容最感兴趣等。此外，卖家还需要关注网民是否按预想的方向进行了讨论，如果没有的话，卖家需要及时根据网民的关注热点调整宣传计划。

四、事件营销推广步骤

第一步，寻找热门话题。

卖家可以借助网络上的推广工具来寻找热门话题。例如：OneSight 是一家全球社交媒体数据管理平台，提供一站式海外主流社交媒体 Facebook、X（Twitter）、Instagram、LinkedIn、YouTube、TikTok 等的多账号管理、数据监测分析、舆情监控、一键发帖工具、热门帖文、行业权威榜单等功能。

（1）注册。进入 OneSight 主页，注册并将企业的各种社交账号与网站关联。事件营销的首要工作就是找到公众的关注点，在首页右侧“热门素材”栏中找到“热门帖文”版块，如图 4-27 所示。“热门话题”版块与“热门帖文”版块基本相同，区别只是把帖文按照话题进行了分类，操作步骤与之没有区别。

图 4-27 OneSight 主页的“热门素材”版块

（2）进行关键词搜索。在热门帖文中选择想要发布软文的平台、所属的行业，并选择想要查看的排行榜。输入和企业有关的关键词，根据需要对帖文进行排序。例如：输入“clothes”作为查找的关键词，按综合排序排列，如图 4－28 所示。

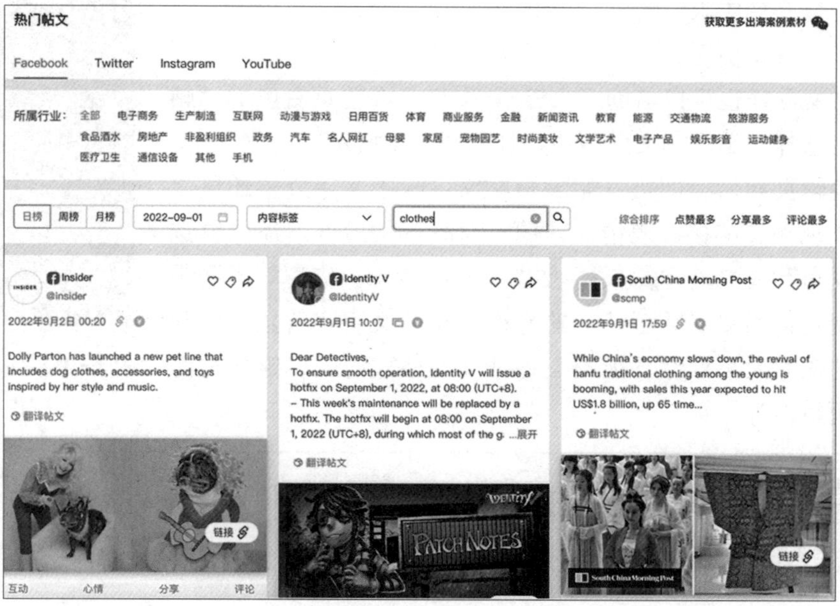

图 4－28　热门帖文页面

（3）筛选可供模仿的事件和内容。逐个浏览被筛选出来的帖文，点击进入帖文后可以看到帖文详情（如图 4－29 所示）、帖文数据（如图 4－30 所示）以及相似帖文推荐。

图 4－29　帖文详情页面

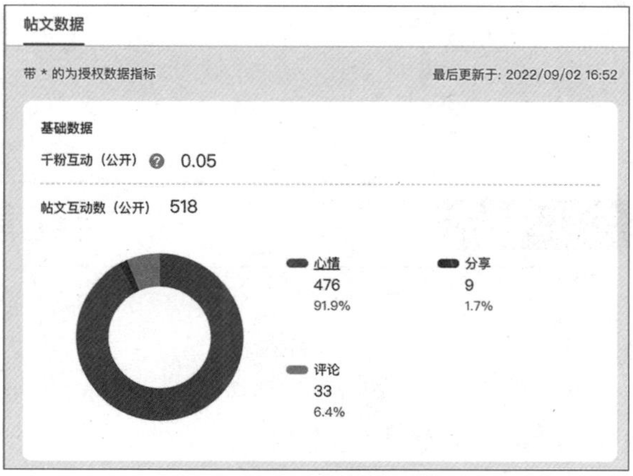

图 4－30　帖文数据页面

第二步，借助流量事件，制作软文帖。

收集了大量的素材后，结合事件特点、产品特点、发布平台主流客户审美特点，开始制作事件内容帖。需要注意的是，内容和图片应符合平台要求。

第三步，发布帖文。

发布帖文同样也可以借助 OneSight 平台。在首页右侧的“帖文发布”栏选择“编辑帖文”版块，如图 4－31 所示。

进入编辑页面后，即可开始编辑帖文。除了文字外，还可以插入图片、视频、链接、表情、话题、商品等；另外，还能够选择“立即发布”或“定时发布”，如图 4－32 所示。应遵守不同平台的发布规则，如文字类型帖文的允许发布的文字字符数、图片类型帖文的图片大小尺寸、视频类型帖文的格式时长、链接类型帖文的标题封面等。

图 4－31　OneSight“帖文发布”页面

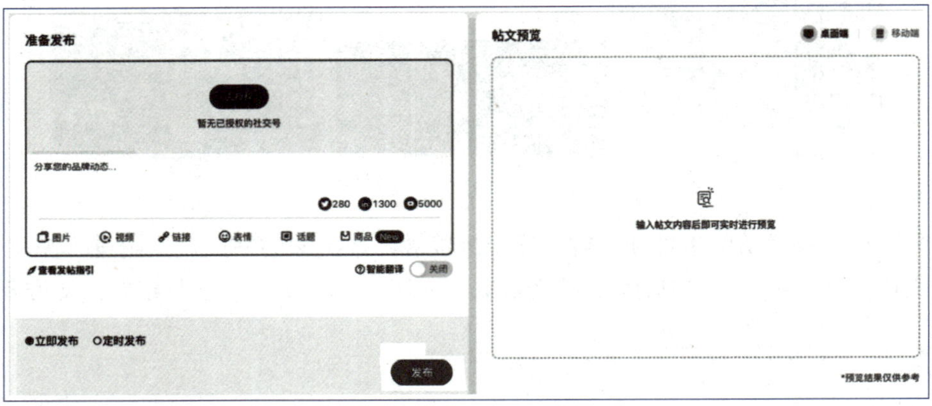

图 4－32　发布帖文页面

再次确认发布内容没有问题后，就可以单击下方的“发布”按钮将帖文发布到企业的社交主页上了。

学习活动三　网红营销策划

【学习目标】

1. 掌握网红营销的概念和重要性。

2. 能进行网红营销的方案策划。

3. 掌握跨境电商网红营销推广的步骤，并能实施推广。

【学习过程】

为了能回答师父关于网红营销策划的一系列问题，小艾通过查询资料、向师父请教、与同事交流等方式进行学习，并在师父的指导下整理了笔记。

一、什么是网红营销

网红营销（Influencer Marketing）是指依靠有影响力的网红传递产品和品牌信息，以吸引潜在受众并获得转化的营销方式。“网红”是指那些可能被认为在某些市场中很受欢迎的人。网红通常会对他们的追随者产生影响。

网红营销主要分为KOL营销和KOC营销。KOL指的是Key Opinion Leader（关键意见领袖），是营销学中的概念，通常被定义为拥有更多、更准确的产品信息，且为相关群体所接受或信任，并对该群体的购买行为有较大影响力的人。KOC英文全称为Key Opinion Consumer（关键意见消费者）。KOC有双重身份，即Customer和Creator，他们既是消费者也是创作者，是对消费者的消费决策起到关键作用的群体。

相较于KOL来说，KOC虽然没有公域的大流量，但却拥有近距离且关系紧密的熟人网络，流量小却直接触达，所带来的转化率往往更高，互动效果也往往更强。因此，KOC的可信度和真实度比KOL更高，所体现的真实感往往能带动其他用户作出决策。

二、网红营销的重要性

为什么网红营销在跨境电商营销中起着越来越大的作用？主要原因有以下几个。一是网红营销能够让消费者对品牌建立信任感。越来越多的选择让消费者无从下手，他们对品牌及其营销策略也越来越怀疑，所以建立信任感至关重要。而网红会将品牌分享给已经与之建立信任关系的人群，使消费者打消对品牌的怀疑，相信网红所推荐的产品。二是营销成果快速可见。追根究底，营销活动的最终目的是获得高的投资回报率，而网红营销正是一种见效非常快的营销手段，可以帮助企业在短期内提升产品的销量。三是网红营销能够增强品牌意识。提高品牌知名度是营销活动的重要目标之一，网红营销在增强品牌意识方面卓有成效，有效的网红营销活动会使品牌看起来更加真实和更受欢迎。四是网红营销能够创造新的内容。目前大多数的营销策划都是围绕内容展开的，网红营销弥补了内容营销的一个短板，即从用户的角度出发来证明产品的效果，因此网红营销便成为内容营销的重要组成部分。

网红营销是一种同时具备输入和输出功能的营销手段，通过输入种草测评和用户分享等过程，可以输出大量流媒体广告素材，并进一步成为品牌社交媒体广告内容（如图4-33所示）。

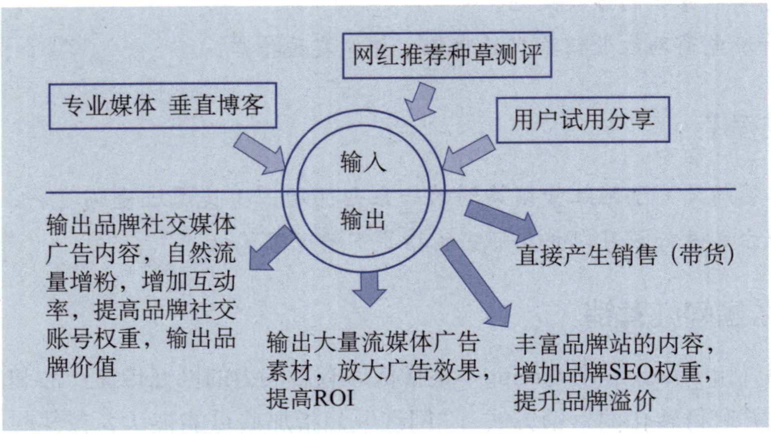

图 4-33 网红营销的输入和输出

三、如何制定网红营销方案

（一）找到产品的潜在客户

跨境电商卖家必须先了解自己产品的受众，这样才能找到这些人所追随的网红。长久以来，关于受众的研究一直是营销人员必须面对的一大课题，这也就意味着找到潜在受众并非如此简单。

（二）找到能影响潜在客户的网红

社交平台是一个很大的活动平台，这意味着网红的数量非常多，网红的质量也参差不齐。面对跨境电商卖家，寻找国外的网红更是有一定的难度。那么，应如何系统性地寻找所有想要的网红呢？有以下几种方式。

1. 通过谷歌搜索

可以说，谷歌工具贯穿了跨境电商营销的全流程。在寻找网红方面，通过谷歌搜索可以很容易找到想要的网红类型，如美妆博主、运动博主等。

2. 通过社交媒体

为产品或者品牌找到合适网红的最简单的一个方法就是找到正在社交媒体上谈论类似产品的人。一般而言，通过社交媒体自带的搜索功能、“#”标签功能，都可以顺利地找到所需要的网红。

3. 通过网红平台

目前，线上有很多的工具和专门的网红平台，如 Traackr、Buzzoole、NeoReach、Upfluence 和 WotoKOL 等。它们有的收费，有的免费，但都可以帮助跨境电商卖家快速找到想要的网红。相对于通过谷歌搜索和社交媒体找网红，通过网红平台找网红可以更加直观地看到网红的社交媒体状况，方便查找和筛选。

四、网红营销推广步骤

（一）网红应满足的条件

跨境电商卖家判断网红质量的标准是什么？如何挑选适合自身产品的网红？总体而言，网红应满足以下条件。

1. 相关性

首先要确保网红是与产品相关的，这样才有可能吸引潜在的受众。可以通过访问网红的社交账号，确认其社交账号之前所发的动态是否与企业要传递的信息一致。仔细阅读网红的个人资料，了解其粉丝是什么类型的消费者。

2. 真实性

跨境电商卖家需要特别关注网红的粉丝数量。粉丝数量是衡量网红的社交品牌效应的重要指标之一。虽然购买粉丝有助于提升品牌的社交影响力，但是这对于提升品牌价值和销售转化的价值几乎为零。那么，如何检验网红是不是购买了粉丝呢？可以使用 Follower Checker 工具，检测账户是否有“僵尸粉”。

3. 粉丝数量和覆盖率

上面我们提到，粉丝数量是衡量网红的社交品牌效应的重要指标之一，真实的粉丝数量可以为商家在选择网红时提供有效的参考，而文案的覆盖率则是评价粉丝质量以及内容质量的一项重要参考标准。需要注意的是，不要把覆盖率当作唯一的衡量指标。相对于覆盖率来说，企业更应该关注的是网红的帖子、文章带来的流量以及销售额的提升。

4. 发帖频率

一般而言，网红发帖的频率与其流量和回访率之间有直接的联系。与网站营销一样，内容需要经过多次曝光才能让访问者点击网站，甚至再次回到网站。网红定期发布高质量的内容，粉丝更有可能参与、分享和收藏；而不经常发帖的网红，粉丝流失是非常严重的。

5. 参与度

比影响力更重要的是粉丝的参与度。因为这表明网红的粉丝中有多少人对其内容真正感兴趣。参与度基本上可以体现网红对粉丝购买决策的影响程度。

（二）与网红进行联系和合作

寻找到想要合作的网红后就可以开始与之联系了。与网红联系最直接、有效的方式就是通过网红平台提供的邮件模板，批量联系网红。当然，单纯的文字方式是很难打动网红的，所以跨境电商卖家需要提供一些“甜头”给网红，通常有以下几种方式：提供佣金、独家内容或者代言、免费的产品或者样本、持久的促销折扣或者特权，以及为网红的网站或者社交账号引流等。如果预算足够，跨境电商卖家也可以选择与网红营销平台合作，请平台为自己联系网红，这样可以节省沟通的时间和成本，且大多数网红营销平台都与大量网红保持长期联系，联络起来也比较方便。

（三）衡量网红营销成效

大部分营销活动都是以营利为目的的。那么，应该如何衡量网红营销活动的成效呢？首先，要考虑投资回报率（ROI）；其次，要考虑营销目标的达成情况。对目标的衡量，其实也是对整个方案和活动的检验。

五、网红营销推广操作

小李指导小艾进行网红营销推广，他们选择了 Upfluence 平台进行操作。

第一步，注册后进入首页，选择右侧的“Campaign”版块，输入将要开展的网红营销活动的相关信息，如活动名称、发布数量、想要接触的网红数量等，接着点击下方的“Campaign Brief”按钮创建活动，如图 4－34 所示。

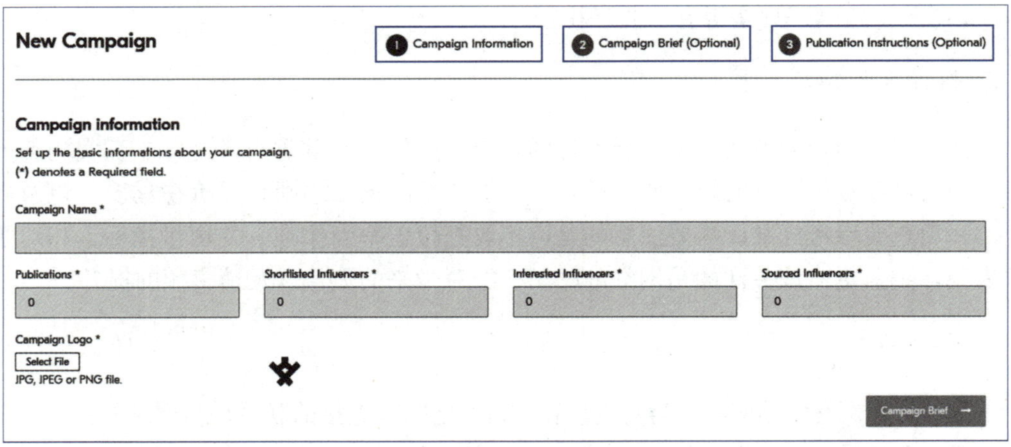

图 4－34　Upfluence 平台创建活动页面

第二步，搜索想要的网红。点击网页右侧的“Search”栏目进入搜索页面，根据需求输入关键词，选择网红所在的社交媒体平台、想要的粉丝量、互动数、网红所在的地区等。网站会给出一份筛选结果报告，包括目标网红的总体影响力、总体粉丝年龄段以及性别分布，如图 4－35 所示。

第三步，进一步筛选目标网红。在筛选结果页面查看每名网红的详情，包括受众国别、受众年龄分布、受众性别占比、平台建议价格、每个社交媒体渠道的互动趋势分布等，如图 4－36 所示。可以根据需要筛选出最合适的网红。

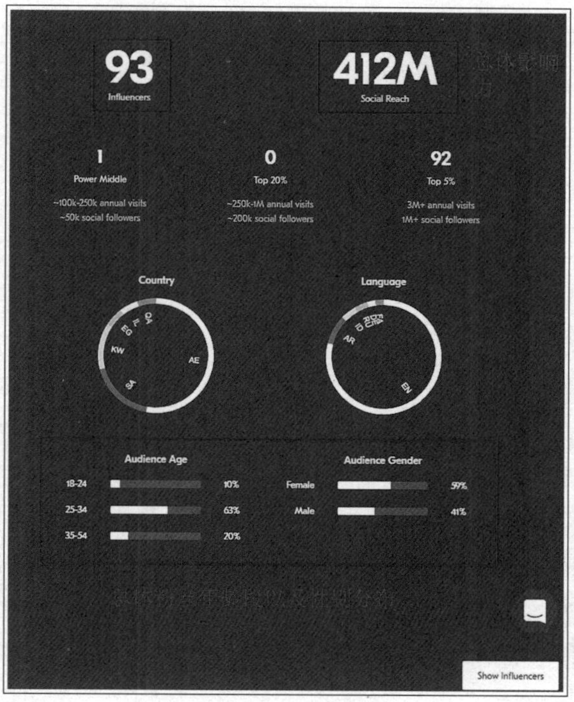

图 4－35　搜索网红页面

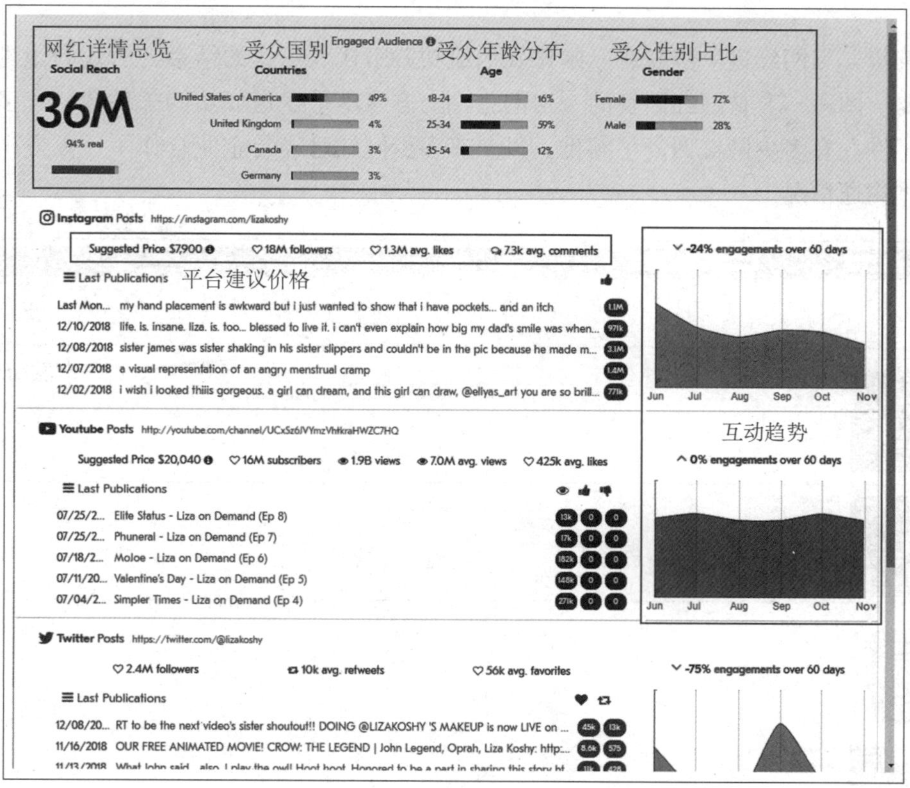

图 4－36　网红详情页面

第四步，联系网红。可以向网红发送合作邮件，如图 4 - 37 所示。

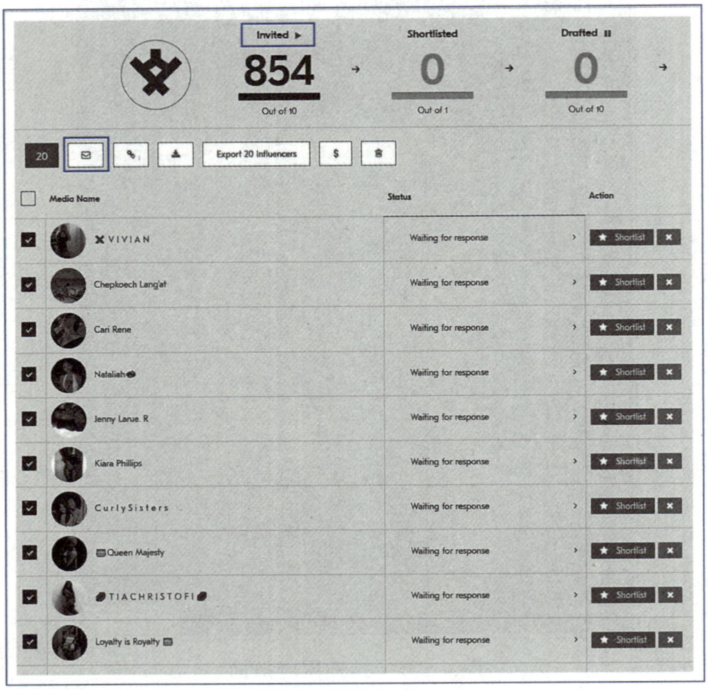

图 4 - 37　联系网红页面

第五步，与网红进一步联系。邮件发送成功并不代表工作的结束，后续的跟进工作也非常重要。图 4 - 38 是网红回复的一个汇总，上方显示了发送成功的邮件数、有多少网红打开了邮件、有多少网红回复了邮件，以及有多少网红已经与企业合作了；下方则是与网红的具体沟通情况。

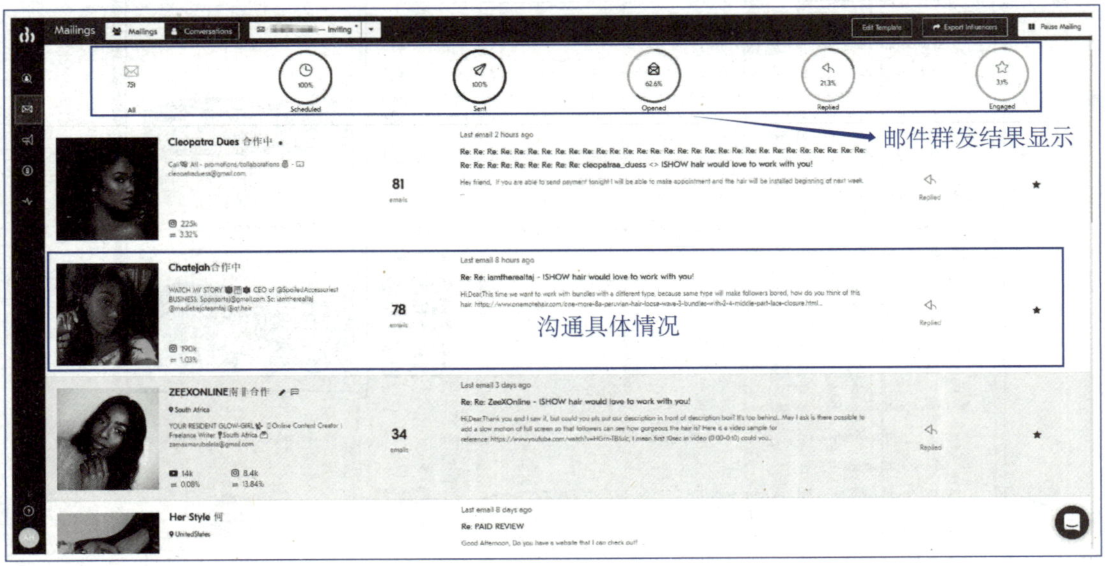

图 4 - 38　网红回复邮件页面

同步练习

一、单选题

1. 节日促销是非常时期的营销活动，是有别于常规性营销的特殊活动，它往往呈现出（　　）、突发性、反常性和规模性的特点。

A. 目的性　　B. 多样性　　C. 风险性　　D. 集中性

2. 下列哪个软件不是专业邮件推广软件？

A. Constant Contact　　B. MailChimp　　C. Klaviyo　　D. Banner

3. 下列哪个不是事件营销的特点？

A. 风险性　　B. 成本高　　C. 新颖性　　D. 多样性

4. 大部分营销活动都是以营利为目的的。那么，该如何衡量网红营销活动的成效呢？首先，要考虑（　　），英文简称为 ROI。

A. 关键绩效指标　　B. 投资回报率　　C. 浏览回头率　　D. 点击率

5. 网红营销，也称为（　　），是依靠有影响力的网红传递产品和品牌信息，以吸引潜在受众并获得转化的一种营销方式。

A. Celebrity Marketing　　B. Event Marketing

C. Influencer Marketing　　D. Integrated Marketing

二、多选题

1. 优惠券需要有一定的（　　），即超过时间优惠券会失效，优惠金额有限、数量有限、范围有限、对象有限。

A. 时效性　　B. 特殊性　　C. 有效性　　D. 突出性

2. 美国主要的节日季包括哪些？（　　）

A. 啤酒节　　B. Labor Day　　C. Cyber Monday　　D. Prime Day

3. 事件营销策划中的跟踪监测部分包括哪几方面？（　　）

A. 内容监测　　B. 媒体监测　　C. 文案监测　　D. 舆情监测

4. 商家应如何找到适合自己的网红？（　　）

A. 通过社交媒体　　B. 通过朋友介绍　　C. 通过网红平台　　D. 通过谷歌搜索

5. 商家一般如何吸引网红合作？（　　）

A. 提供独家代言　　B. 提供佣金

C. 提供免费的产品　　D. 提供持久的促销折扣

三、判断题

1. 在一整年所有的节日中，只需要关注圣诞节等热门节目就够了。（　　）

2. 优惠券的各设计要素中，最核心的要素是优惠力度。（　　）

3. 亚马逊每年都会在 9 月推出全球购物促销活动 Prime Day。（　　）

4. 许可式邮件指的是经过用户许可才发送的邮件。（　　）

5. 事件营销策划的核心是找到或者创造一个能够吸引顾客注意的事件。（ ）

四、简答题

1. 如何选择最适合在节日期间销售的产品？
2. 如何选择事件营销的方式？
3. 如何判断网红质量？

五、综合实训

请以小组为单位，完成以下实训：

1. 选择适合你们公司产品、品牌的一个节日，进行节日营销策划。
2. 选择适合你们公司产品、品牌的一个近期热点事件，进行事件营销策划。

学习任务五

搜索引擎优化

思维导图

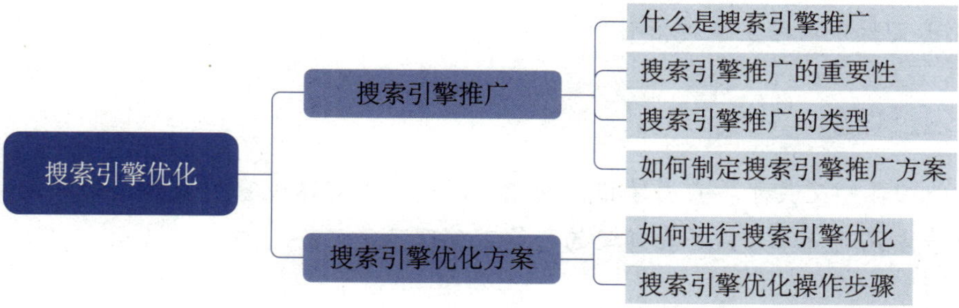

工作情境描述

Mayjoy 电子商务有限公司为了拓展跨境电商业务，已建设了自己的公司官网进行销售。小艾在对公司网站情况进行梳理时，发现在当前的搜索引擎推广工作中存在关键词添加不合理、网站结构设计不合理等问题。这些问题造成公司官网搜索以及产品搜索排名靠后，进而影响了公司的销售量。公司获悉这一情况后，要求小李和小艾一起重新制定搜索引擎推广方案。小李向小艾提出了一些问题：

—你知道什么是搜索引擎推广吗？

—你了解我们公司主要目标市场国的主流搜索引擎有哪些吗？
—你知道怎么制定搜索引擎推广方案吗？
—你知道怎么进行搜索引擎优化吗？
—你知道如何进行关键词优化吗？

工作流程与活动

学习活动一：搜索引擎推广
学习活动二：搜索引擎优化方案

学习活动一 搜索引擎推广

【学习目标】

1. 掌握搜索引擎推广的概念和具体内容。
2. 掌握制定搜索引擎推广的流程。
3. 熟悉目标市场国主流搜索引擎。

【学习过程】

为了能回答师父关于搜索引擎推广的相关问题，小艾通过查询资料、向师父请教、与同事交流等方式进行学习，并在师父的指导下整理了笔记。

一、什么是搜索引擎推广

搜索引擎推广也称为搜索引擎营销（Search Engine Marketing，SEM），主要是借助用户检索信息的机会，将营销信息传递给目标用户，简单来说，就是基于搜索引擎平台的网络营销。它的基本逻辑流程是：用户搜索确定信息→搜索引擎平台返回对应结果→用户单击相对满意的结果、浏览网页内容、找到答案或完成支付等。

开展搜索引擎推广的基础是理解搜索引擎推广的原理和过程。首先，企业将信息发布在网站上形成以网页形式存在的信息源，搜索引擎将网站/网页信息收录到索引数据库。然后，网络用户利用关键词进行检索，检索结果中会罗列相关的索引信息及其链接，网络用户在看到检索结果后会选择感兴趣的信息并点击相关链接进入信息源所在的网页并浏览，最终就能产生商业价值。根据这一过程我们可以知道，搜索引擎推广能够做的就是构造适合搜索引擎检索的信息源，创造网站/网页被搜索引擎收录的机会，让企业网站/网页信息出现在搜索结果中靠前的位置，以搜索结果中有限的信息获得用户关注并为用户获取信息提供方便。

图 5－1 为全球十大搜索引擎使用率排名。

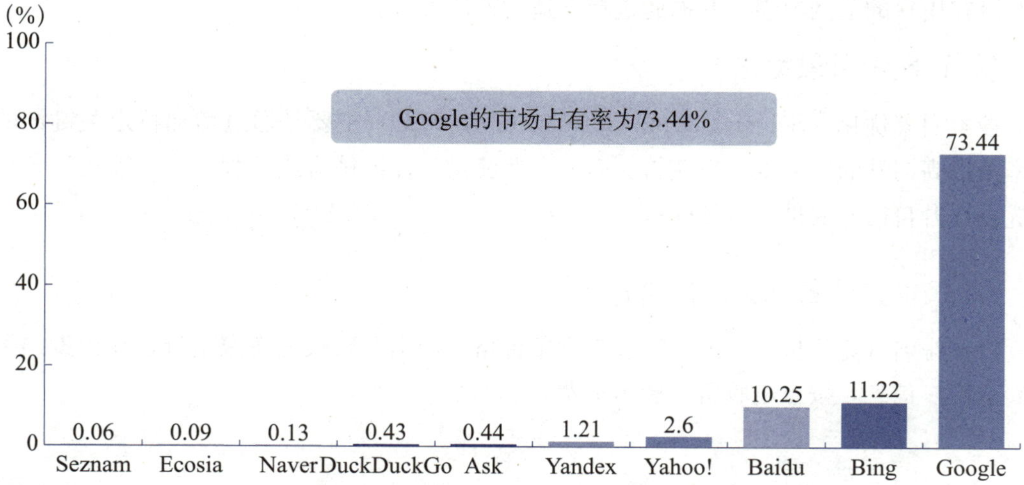

图 5－1　全球十大搜索引擎使用率排名

二、搜索引擎推广的重要性

（一）自然结果商机更大

从搜索习惯来看，用户更倾向于点击查看自然排名的结果。各大搜索引擎都能很好地区分自然排名结果和广告，比如谷歌在广告结果中加入了“Ad”的字样，百度也在广告结果中加入了“推广”的字样。一般用户对广告都有一定的排斥，一旦他们分辨出哪些是广告，就会尽量不去点击。

所以，如果企业的网站出现在自然排名中，就会加大被用户点击的可能性，从而带来更多的商机。

（二）全面覆盖

随着搜索技术的发展，越来越多的搜索引擎出现了。但是企业不可能在所有的搜索引擎上针对所有的相关内容都投放广告，况且还有一些搜索引擎暂时不提供付费广告业务。因此，只有根据搜索引擎的普遍规律去优化网站，才有可能做到对搜索引擎进行更全面的覆盖。

（三）更好的用户体验

正确的搜索引擎推广并不会为了迎合搜索引擎而把网站改得面目全非，相反，其会遵循“用户喜欢的才是搜索引擎喜欢的”这一基本观点，充分考虑用户的体验。

三、搜索引擎推广的类型

搜索引擎推广主要包括搜索引擎优化、付费排名（竞价推广）、信息流广告、品牌广告、精准广告等。想要以小投入在搜索引擎中获得大回报，就需要分析企业所在行业的特点及潜在用户的上网习惯，并据此选择合适的推广方式。

（一）搜索引擎优化

搜索引擎优化（Search Engine Optimization，SEO）主要是通过增加特定关键词的曝光率来提高网站的知名度，以获得更多的免费流量，促进销售或品牌推广，即通过各种手段优化提升自己所要推广网站的排名。

（二）付费排名（竞价推广）

付费排名（竞价推广）即商家设定竞争价格，搜索引擎根据商家出价，在搜索结果位置展示推广信息，按点击收费，展示免费。

（三）信息流广告

信息流广告通常是指在资讯流中穿插展现的原生广告。这里以谷歌信息流广告为例进行介绍。谷歌信息流广告是指在谷歌的信息流网络中展示的广告形式。这些广告通常以图像和文本的形式出现在用户浏览的内容中，例如在谷歌发现、YouTube 首页以及其他合作伙伴网站的信息流中出现。这种广告形式旨在与用户浏览的内容风格相匹配，以提高用户的点击率和参与度。

（四）品牌广告

品牌广告一般适用于中大型企业，以推广品牌为主，通常是在搜索引擎结果的首位或右侧以特殊的样式展示。

（五）精准广告

精准广告是指广告主按照广告对象的需求，精准、及时、有效地将广告呈现在广告对象面前，以获得预期转化效果的广告。商家可以将精准广告与搜索引擎优化相结合，根据用户的搜索结果，精准地推送广告。

四、如何制定搜索引擎推广方案

第一步，明确搜索引擎推广目的。

搜索引擎推广目的不外乎增加网站被搜索引擎收录的机会，提升网站在搜索引擎中的排名，优化网站访问质量以及实现最终的目标——提高收益。

第二步，确定搜索引擎推广所适用的人群。

搜索引擎推广的重点在于怎样通过数据和技术分析消费者并对其进行定位，这里的分析包括消费者心理分析、兴趣分析、上网习惯分析、地域分析等。

第三步，熟悉搜索引擎推广技巧。

搜索引擎推广一般都围绕关键词展开，如提炼关键词、设计独特卖点、关注着陆页、剔除普通词、规避无效点击等，重点会集中在搜索引擎优化方面，这部分内容会在后文详细介绍。

第四步，执行推广。

做好一切准备工作后，就可以开始制定和执行搜索引擎推广计划了，如申请谷歌账号、设计广告、添加关键词、投放谷歌广告等。

第五步，衡量推广效果。

衡量搜索引擎推广效果最直观的方法是查看自己的网站或广告的排名。如果想更准确地衡量投放效果，就需要综合网站点击率、转化率、出单率等数据进行统计。

学习活动二　搜索引擎优化方案

【学习目标】

1. 掌握谷歌等平台的搜索引擎优化方法。
2. 能进行关键词优化。
3. 能用第三方工具查询网站排名、关键词排名。

【学习过程】

为了能回答师父关于搜索引擎优化的相关问题，小艾通过查询资料、向师父请教、与同事交流等方式进行学习，并在师父的指导下整理了笔记。

一、如何进行搜索引擎优化

搜索引擎优化在搜索引擎推广过程中非常重要。总的来说，搜索引擎优化的目的就在于以最小的投入在搜索引擎中获得最大的访问量并产生商业价值。

（一）挖掘与整理关键词

跨境电商卖家需要知道可以从哪些渠道获得关键词。获得关键词的渠道分为在平台内挖掘和在平台外挖掘。当前，大多数跨境电商卖家会使用全球速卖通平台或者亚马逊平台。卖家在入驻这些平台后，可以进入自己的后台，且这些平台都会为卖家提供一些数据分析的功能，如在全球速卖通后台就有“关键词工具”等。另外，卖家还可以直接在网站的首页搜索框中输入产品或相关的词语，搜索结果页面会展现一些关键词。

但是仅靠在平台内挖掘关键词是远远不够的，特别是对于跨境电商卖家来说，在国外市场，谷歌的使用率更高，国外用户会在谷歌中查找自己想要的商品或者相关的信息，因此，跨境电商卖家可以利用 Google AdWords、SEMrush 等关键词挖掘工具。

（二）分析与匹配关键词

在找到大量关键词并建立了属于自己店铺的关键词词库后，卖家需要对关键词进行进一步的分析和筛选。首先，要剔除无用词，无用词指的是那些不能使用的品牌词，以及成交转化率较低、点击率较低、搜索指数较低的词。成交转化率为零的关键词意味着其无法成功完成销售转化，会降低销售转化率，从而也会影响商品的排名，所以这类数值较低的词需要被剔除。其次，要确定核心词，核心词的确定不像剔除无用词那样有具体的指标可以辅助判断，它需要卖家对于自己所处的行业和销售的商品有充分的认识，包括商品的属性、名称和特征等，只有这样才能做出合理的判断。最后，要确定长尾词（即属性词或者修饰词），这一步骤只需要在跨境电商平台中选择所在的领域，如女装领域的卖家在亚马逊平台选择“Dresses”类目，就能够在页面看到与“Dresses”相关的属性词，如图 5－2 所示。

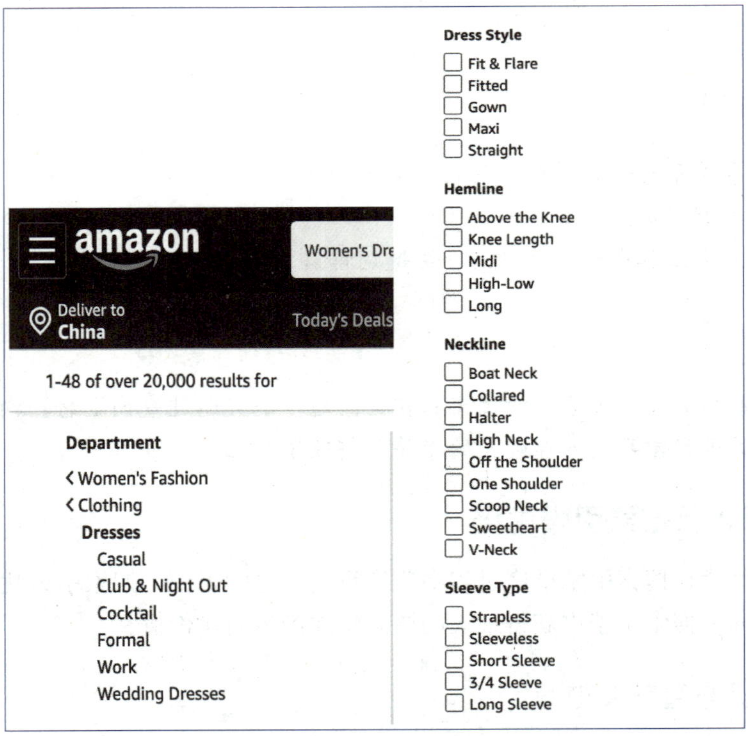

图 5－2 亚马逊“Dresses”搜索结果页面

分析长尾词非常重要，长尾词具有一定的搜索量且和商品关系密切。但也要注意，有些长尾词虽然可以带来很多流量，但是也可能由于不能很好地和商品密切联系，从而转化率较低，因此卖家需要仔细地筛选。

在筛选完关键词之后，就需要对关键词与商品的标题、属性和详情页进行匹配了。在实际操作中，其实商品标题不一定要包含商品的所有属性，但平台系统会将关键词与商品详情页中的属性描述相匹配，所以卖家需要充分利用商品属性中所出现的关键词。

(三) 优化搜索结果页面

下文以谷歌搜索引擎为例进行介绍。

1. 创建独特、准确的页面标题

标题标签会告诉用户和搜索引擎每一个特定网页的主题是什么。当用户在搜索引擎中搜索时，网页的标题将会出现在搜索结果中。因此，应该为网站的每一个网页创建准确描述页面内容的标题。每一个网页最好有独一无二的标题标签，这可以帮助谷歌将它和其他网页区别开来。需要注意的是，应使用简短的但具有描述性的标题标签。

如图 5－3 所示，当用户搜索"e-commerce marketing"时，标题或内容里的文字如果出现在用户的搜索查询词中的话，它们就会以粗体显示。这有助于用户识别这个页面是否和他们的搜索相关。

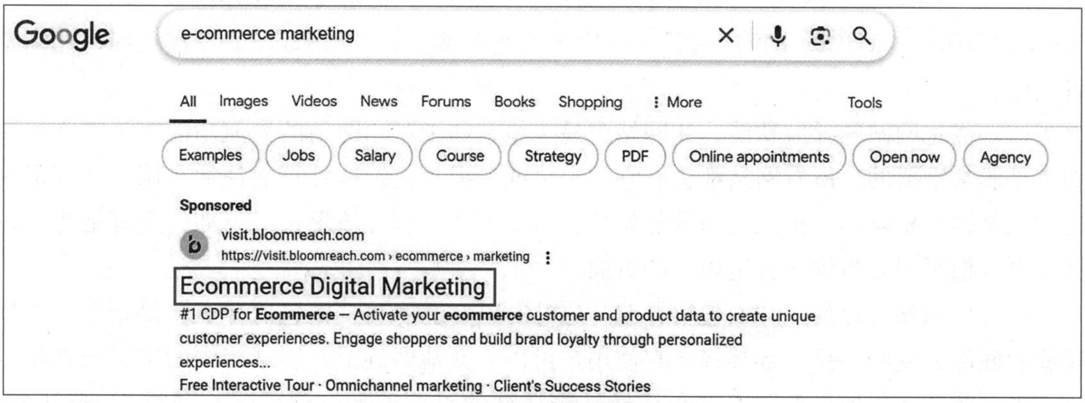

图 5－3　谷歌搜索结果页面（1）

2. 更好地使用描述元标签

网页的描述元标签为谷歌和其他搜索引擎提供了关于这个网页的总括性描述。网页的标题可能由一些单词和短语组成，而网页的描述元标签则常常由一两个语句或段落组成。描述元标签是非常重要的，因为谷歌可能使用描述元标签来生成网页的摘要。我们之所以说"可能"，是因为谷歌有时候也会使用网页的一段可视文本作为摘要，如果这段文本很好地匹配了用户的查询的话。

因此，我们需要为网站中的每一个页面创建不同的描述元标签，这样即使谷歌在网页上无法找到可以用作摘要的文本，也可以使用描述元标签来生成摘要。同时，谷歌站长工具提供了内容分析功能，对那些太短、太长或过分重复的描述元标签做出提醒。如图 5-4 所示，标题下方的这段文字就是描述元标签所形成的网页的摘要。

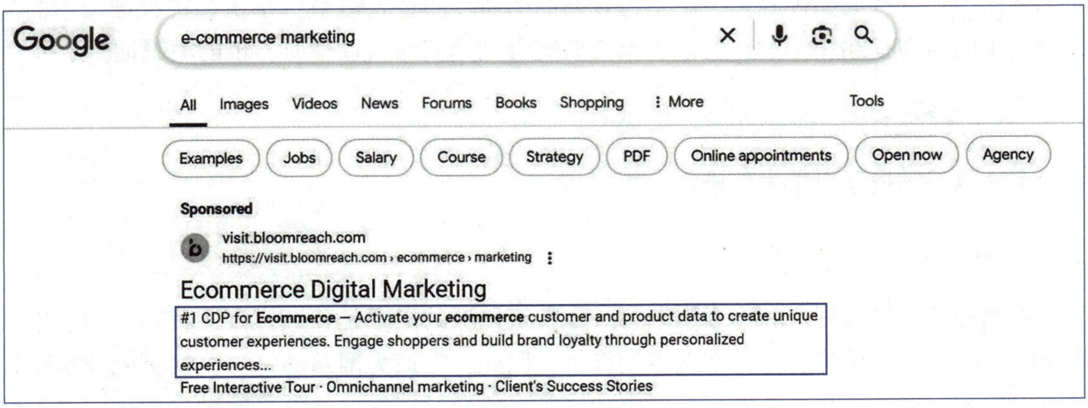

图 5-4　谷歌搜索结果页面（2）

3. 优化网站结构

（1）优化 URL 的结构。简单易懂的 URL 能够更加容易地表达内容。网站的 URL 最好类似于“http://www.seo2024.com/friendly-urls”，而不是“http://www.seo2024.com/url.asp?”。简单的文字或者目录结构比单纯提供一个 ID 或奇怪的参数更容易让消费者记住。

（2）优化网站的导航功能，让网站更易于检索和浏览。网站的导航功能对于搜索引擎而言是非常重要的。所有网站都会有它的主页或者根页面。这种页面往往是用户访问最多的，也是用户检索和浏览该网站的起始页。跨境电商卖家应该思考一下如何更好地将用户从主页（根页面）带到有特定内容的页面。

首先，网站可以使用“面包屑导航”（如图 5-5 所示）。“面包屑导航”是指在网页顶端或者底部放置的一排内部链接，它使用户可以方便地回到上一层结构中的网页或者根页面。大多数“面包屑导航”通常会从最具概括性的页面开始（通常是根页面），越往右，指向的页面内容越具体。

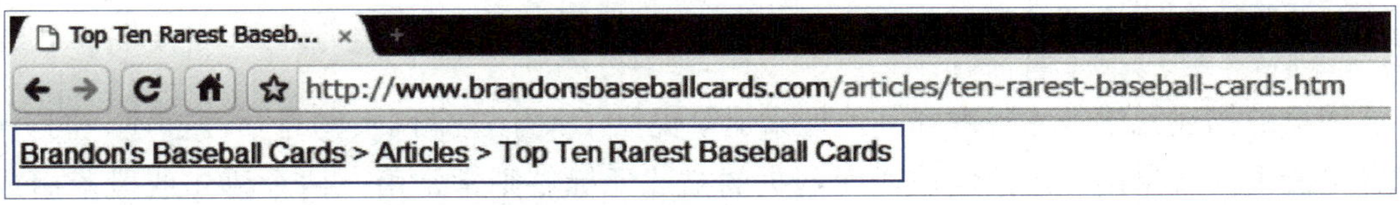

图 5-5　“面包屑导航”

其次，网站需要预先考虑用户可能截取部分 URL 的情况，即有时候需要考虑用户的一些特别的行为。例如：用户需要浏览某页面上一级或几级的页面时，可能并不会使用页面上的“面包屑导航”链接，而是凭自己的判断，删掉URL中属于文件结构中底层的那一部分，从而访问一些更宏观的内容。用户可能正在访问“http://www.brandonsbaseballcards.com/news/2020/upcoming-baseball-card-shows.htm”，然后他/她可能尝试输入“http://www.brandonsbaseballcards.com/news/2020/”到浏览器的地址栏，希望能浏览该网站关于2020年的所有新闻。此时就需要考虑是否允许用户在这种情况下浏览上级目录内容，还是只返回一个“404”（“找不到页面”错误）的页面。

最后，卖家需要准备好两种形式的网站地图，即针对消费者的和针对搜索引擎的。针对消费者的网站地图是将所有网页以层级式列表的方式展示，这种形式的网站地图能够帮助消费者寻找他们想要了解的信息，主要目的是方便消费者。需要注意的是，应尽量使用文字链接，而不是乱码。而针对搜索引擎的网站地图，是指通过谷歌站长工具提交XML网站地图文档，以帮助谷歌更容易地发现并抓取网站上的内容。谷歌也提供了网站地图生成器脚本（Sitemap Generator Script）帮助开发者制作网站地图文档。

如图5-6所示，上半部分是针对消费者的网站地图，下半部分是提交的XML网站地图文档。

图5-6　网站地图

4. 优化网站内容

（1）提供高质量的内容和服务。一个好的网站除了在结构和展示上要精致完美外，还需要为消费者提供高质量的内容。

首先，网站上的内容要浅显易懂，避免拖沓冗长或者有错误的文字。需要注意的是，文字内容不要仅显示在图片中，否则用户无法复制、粘贴，且搜索引擎也无法识别。

其次，网站的内容要有条理、有组织，围绕网站的主题进行有逻辑层次的划分，这样有助于消费者在浏览时更迅速地找到想要了解的内容。

最后，也是最重要的一点，在设计网站内容时，要提供独特的、新颖的内容。卖家可以先了解消费者可能根据哪些关键词来搜索内容，包括对于商品或者主题非常了解的消费者会使用哪些关键词，对于商品或主题比较陌生的消费者又会使用哪些关键词。因此，卖家在设计网站内容时就要挖掘各种具有潜在搜索可能性的关键词，兼顾不同消费者的浏览习惯，为他们创造个性化的网站内容。卖家还可以使用前面提到的 Google AdWords、SEMrush 等工具来发现和掌握关键词变化的动向。另外，卖家还可以放一些其他网站没有的资讯或内容，如原创的文章等，以吸引消费者。

（2）优化图片。图片似乎是网站中最简单的部分，但实际上，图片也有它的优化方式。图片的优化主要是指对图片信息的优化。

一方面，最好将图片统一保存在一个单独的目录下，而不是将图片分散保存在网站的很多目录和子目录下。尽量使用普遍被支持的图片文件类型，大部分的浏览器都支持 JPEG、GIF、PNG 和 BMP 格式的图片。

另一方面，当图片不能显示的时候，要利用其 alt 属性。所有的图片都可以拥有一个独一无二的名字和 alt 属性，alt 属性的内容就可以提供关于图片的信息。如图 5－7 所示，“2008 Signed World Series Baseball” 就是图片的 alt 属性。当图片无法显示时，消费者在浏览网页时还能根据 alt 属性获得图片的信息。

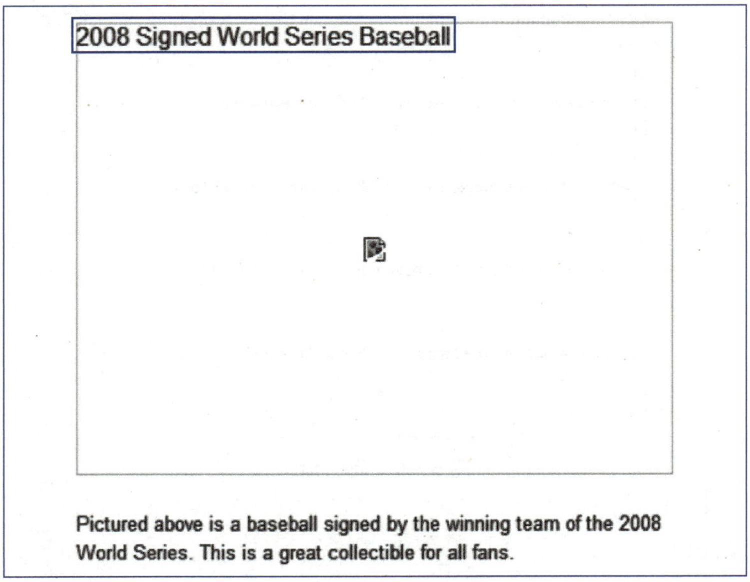

图 5－7　图片的 alt 属性

（3）正确使用 Heading 标签。在 HTML 语言里，Heading 标签是用来描述标题的。Heading 标签通常会使用较大字号的文字，这样便于消费者在浏览时更直观地看出这些文字的重要性，而且可以帮助他们理解 Heading 标签文字下方的内容。在设计网站内容时，要利用 Heading 标签，向网站的浏览者展示重点；当然也要适度使用，如果 Heading 标签文字过多，也会加重消费者浏览的负担。

5. 处理好搜索引擎对页面的抓取

（1）更加有效地使用“robots. txt”文件。“robots. txt”文件主要用来告知搜索引擎它们是否有权抓取网站的特定部分内容。该文件一定要被严格地命名为“robots. txt”，并被放置在网站的根目录下。一些卖家可能不希望网站中的某些页面被抓取，因为这些网页在搜索结果中出现对于用户来说并没有多大用处。为了防止搜索引擎抓取这些页面，谷歌站长工具中有一个非常好用的工具——“robots. txt”文件生成器，可以帮助生成这个文件。

（2）谨慎使用 rel＝“nofollow”。卖家在写文章时可能引用了某个网站，但可能不想因为引用而给那个网站带去流量。例如：你正在撰写一篇关于垃圾留言的博客文章，并打算揭发一个最近经常在你的博客上恶意留言的用户，为了提醒其他用户提高警惕，你把该用户的链接放在了你的文章中，但是你显然不想其他用户因为阅读了你的文章而访问该用户的网址，这时候使用“nofollow”就再合适不过了。如果把某一链接的“rel”属性设置成“nofollow”，即将 rel＝“nofollow”放置在链接的锚标签里，就意味着你在向谷歌传达这样的信息：你不希望谷歌继续跟踪抓取这些特定链接所指向的页面。

6. 做好移动网站的搜索引擎优化

如今，移动化的程度越来越高，几乎所有人每天都会花很多时间在手机上；相应的，也会有大量消费者在移动端进行浏览或者消费。然而，移动端的网站与电脑端的网站有很多不同，如格式不同、用到的知识和管理方式不同等，这就需要卖家花精力提高移动网站的搜索质量和搜索体验。

（1）将移动网站告知谷歌。谷歌必须首先抓取网站，然后才能将其收录到搜索索引中。因此，卖家需要创建移动网站地图并使用谷歌站长工具将之提交给谷歌。提交之后，Googlebot-Mobile 会对你的网站进行抓取。

（2）正确引导手机用户。当网站同时有移动端和电脑端时，一个很常见的问题是消费者在电脑端浏览时显示了移动端的网站，在手机端浏览时显示了电脑端的网站。要解决这个问题，就需要对浏览者进行重定向，即系统会把用户从某个特定网页转到另一个特定网页。同时要注意，如果某个用户在手机上访问了该网站的电脑端网页，则应该将该用户重定向到同一商品的移动端网页，而不是移动端网站的首页。如图 5－8 所示，要保持移动端和电脑端网页的内容一致。

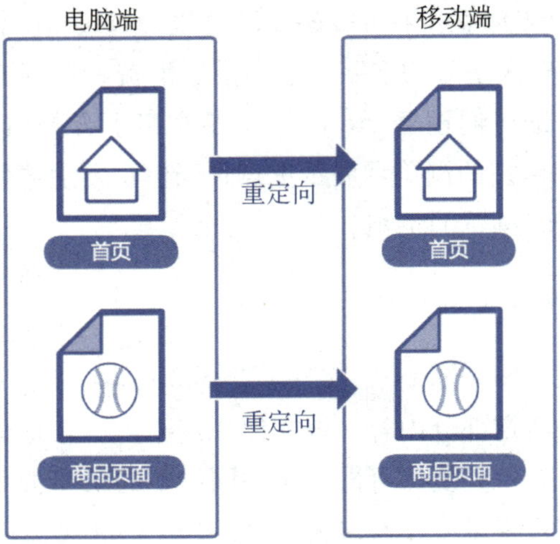

图 5-8 网站电脑端与移动端

二、搜索引擎优化操作步骤

小李告诉小艾，要进行搜索引擎优化，主要任务是挖掘关键词以及使用第三方工具查询公司网站排名、关键词排名。他们借助了不同工具进行操作。

（一）挖掘关键词

1. 在平台内挖掘关键词

在平台内挖掘关键词是最直接的一种方式。以全球速卖通平台为例，在全球速卖通首页输入“Christmas”，搜索结果页面就会出现“Related Searches”以及相关的产品信息，如图 5-9 所示。

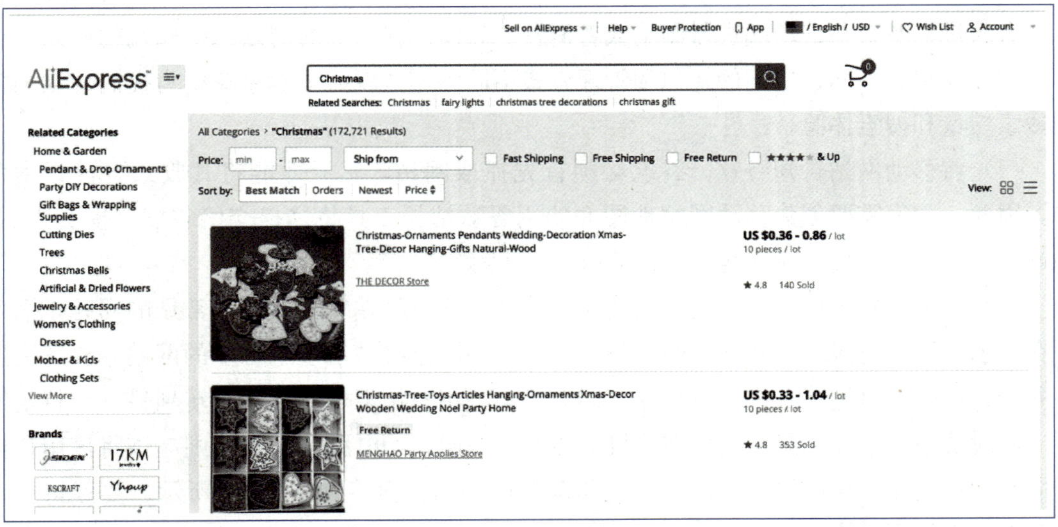

图 5-9 全球速卖通搜索结果页面

2. 在平台外挖掘关键词

在平台外挖掘关键词一般会通过“谷歌关键词规划师”工具、关键词挖掘工具以及除所在的跨境电商平台以外的其他跨境电商平台三大渠道来进行。这里主要介绍一个关键词挖掘网站——SEMrush 的操作。SEMrush 作为竞争对手网站分析、关键词挖掘工具，在谷歌优化推广技术领域已经得到广泛运用。

第一步，点击 SEMrush 首页左侧“Keyword Overview”后，输入商品的关键词，选择想要重点关注的国家或者地区，如图 5－10 所示。

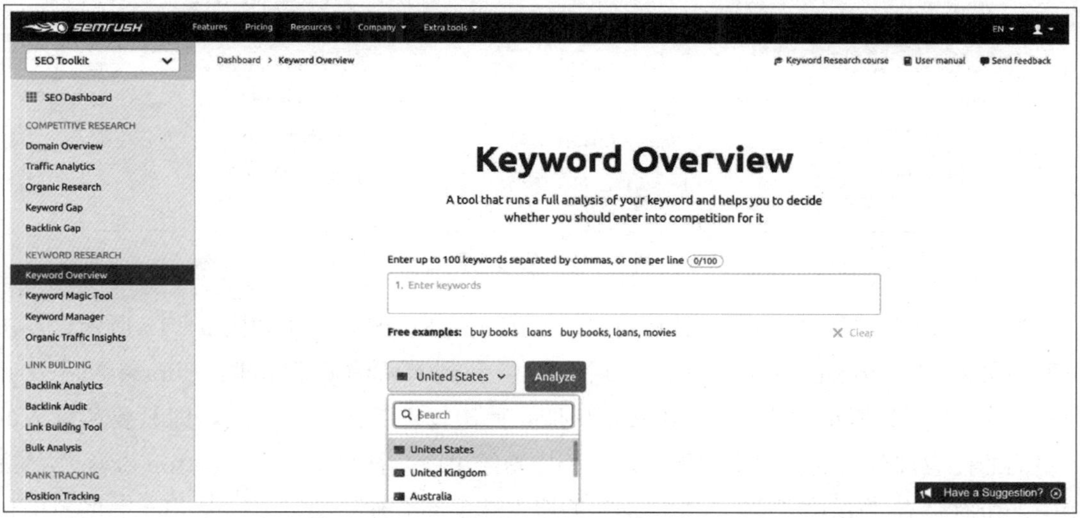

图 5－10　SEMrush 关键词页面

假设我们输入“cotton dress”作为关键词，SEMrush 就会提供大量的有关“cotton dress”的数据分析。如图 5－11 所示，网站会给出一个概况，包括该关键词过去 12 个月的搜索量、CPC 竞价能力（Cost Per Click，即每次点击的费用，当用户点击某个网站上的 CPC 广告后，这个网站的站长就会获得相应的收入）、全球搜索量、搜索趋势等。

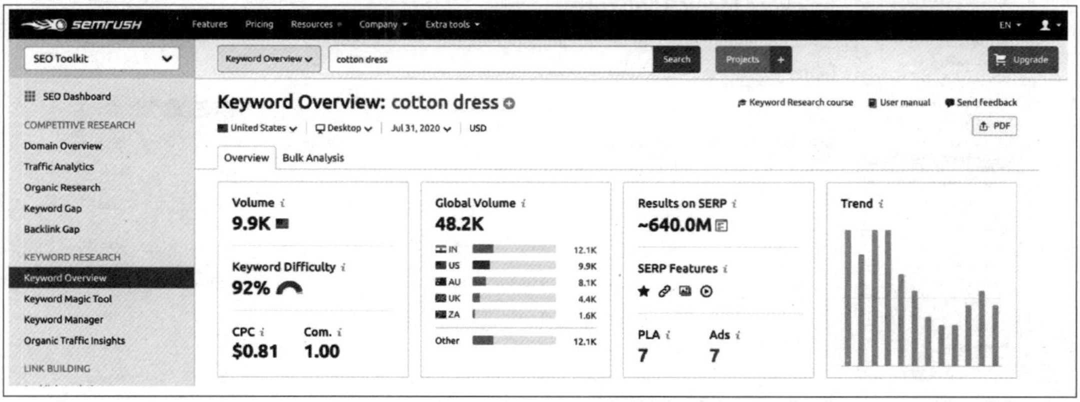

图 5－11　关键词“cotton dress”搜索结果报告

第二步，继续挖掘相关的信息，可以看到“cotton dress”的相关变体（Keyword Variations），即那些带有“cotton dress”的一些词组，以及用户在网络上提出的带有关键词的问题（Questions）。除此之外，还有与所输入的关键词相关的其他关键词（Related Keywords），这种关键词是与“cotton dress”类似的关键词，都可以加入关键词词库中，如图 5－12 所示。

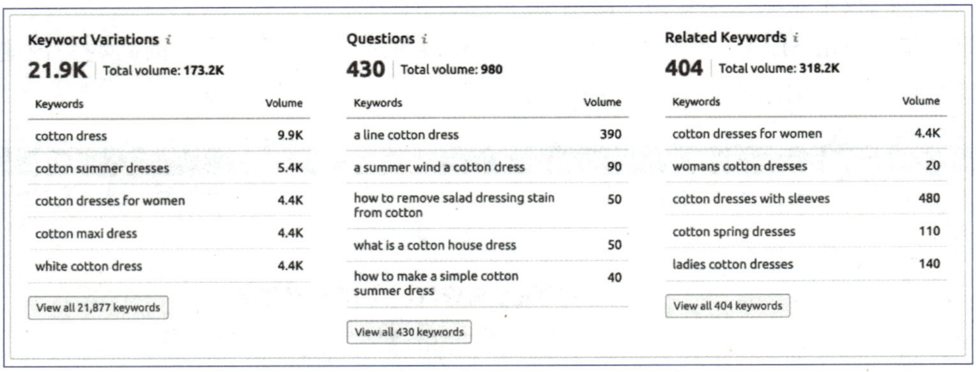

图 5－12 关键词页面

第三步，深入了解核心词及其相关词。如图 5－13、图 5－14 和图 5－15 所示，点击页面左侧栏“Keyword Magic Tool”后，可以看到有 Broad Match、Phrase Match 和 Exact Match 三种匹配方式。Broad Match 是一种比较广泛的匹配方式，即只要所输入的关键词的任意部分出现在搜索结果中，这个搜索结果就会被采纳。在“cotton dress”的案例中，所有带有“cotton”或者“dress”的搜索结果都会被采纳。Phrase Match 的范围比 Broad Match 要小，输入的关键词会以词组方式被搜索，但是中间可以被其他词分隔，也就是说，所有同时带有“cotton”和“dress”两个词的词组都会被采纳。Exact Match，顾名思义，就是精准匹配，即只有完全与关键词匹配的搜索结果才会被采纳，中间不能有任何分隔词。

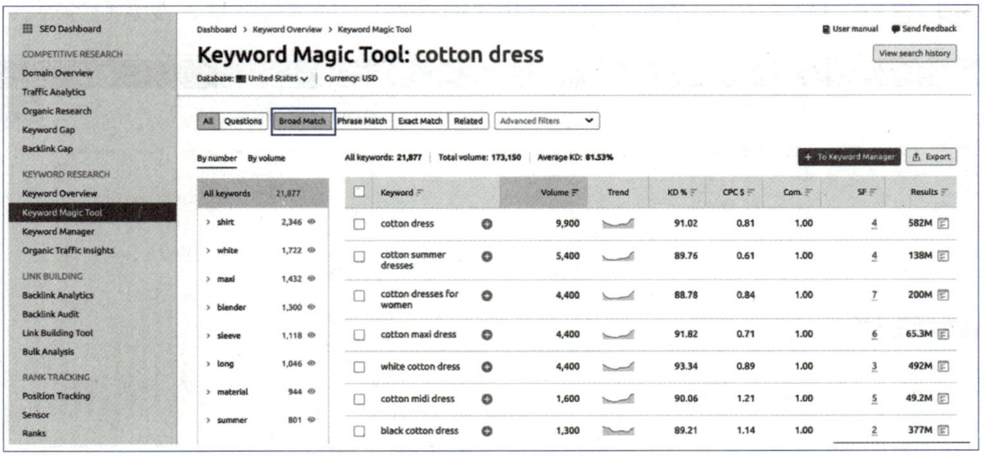

图 5－13 Broad Match 结果

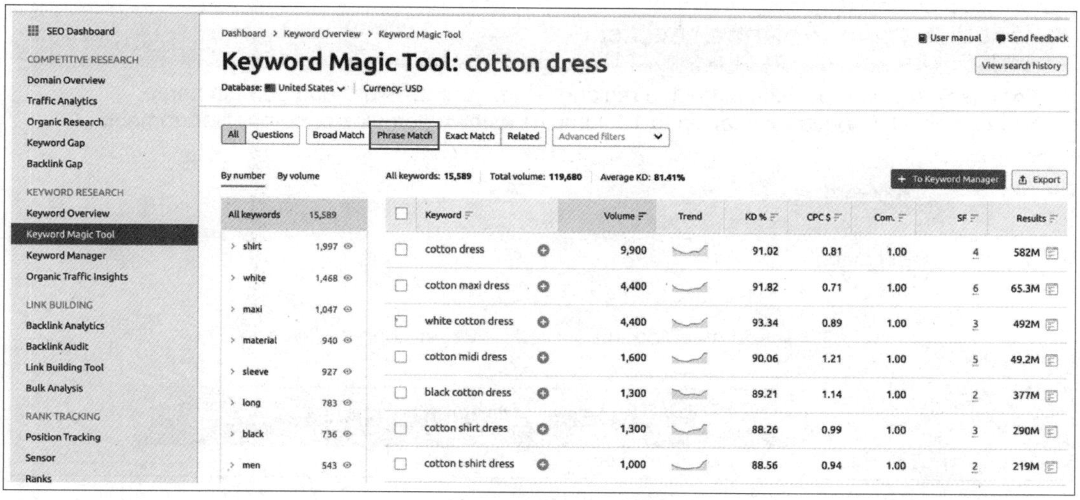

图 5-14　Phrase Match 结果

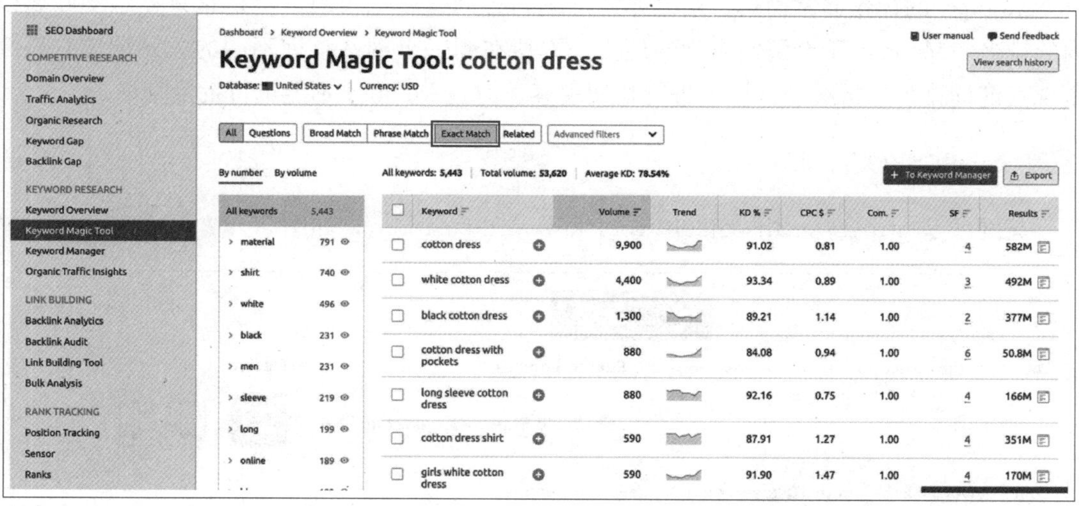

图 5-15　Exact Match 结果

（二）使用第三方工具查询网站排名、关键词排名

如何监测搜索引擎营销的效果？最直观的方式就是查询网站在搜索引擎中的排名。当前，有各种各样的工具可供使用，使用方法大同小异，这里介绍两种查询网站排名的工具。

1. Moonsy

其网址是 https://moonsy.com/google-keyword-rank-checker/，它的查询方式就是输入关键词和网址，如图 5-16 所示。

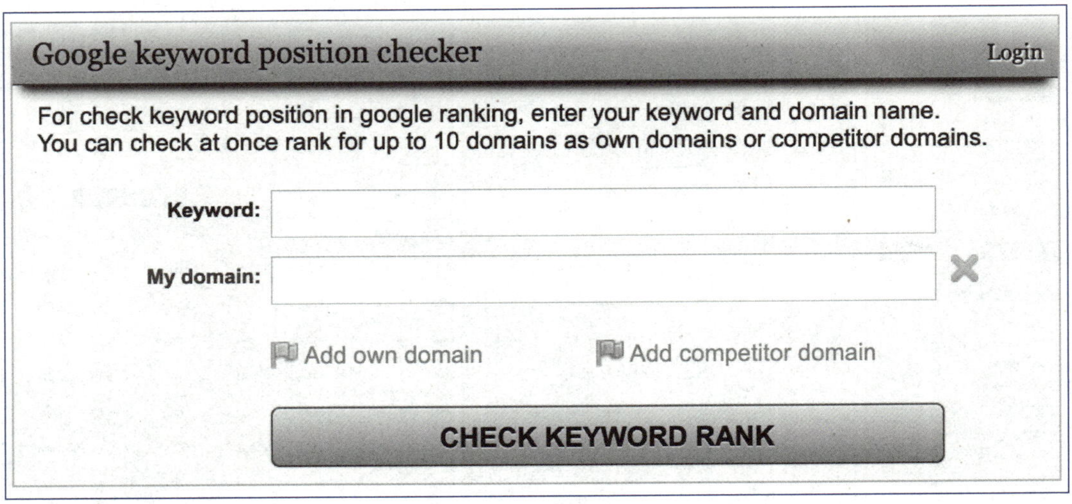

图 5-16 Moonsy 页面

Moonsy 的操作非常简单，结果非常准确，查询速度也很快，但是它只显示 100 名以内的排名。Moonsy 不会清空查询的历史，方便在同一个网站查询不同的关键词。它还会呈现查询词排名的折线图，便于进行长期观察。但是 Moonsy 不能进行批量查询。

2. Small SEO Tools

其网址是 http://smallseotools.com/keyword-position/，如图 5-17 所示。

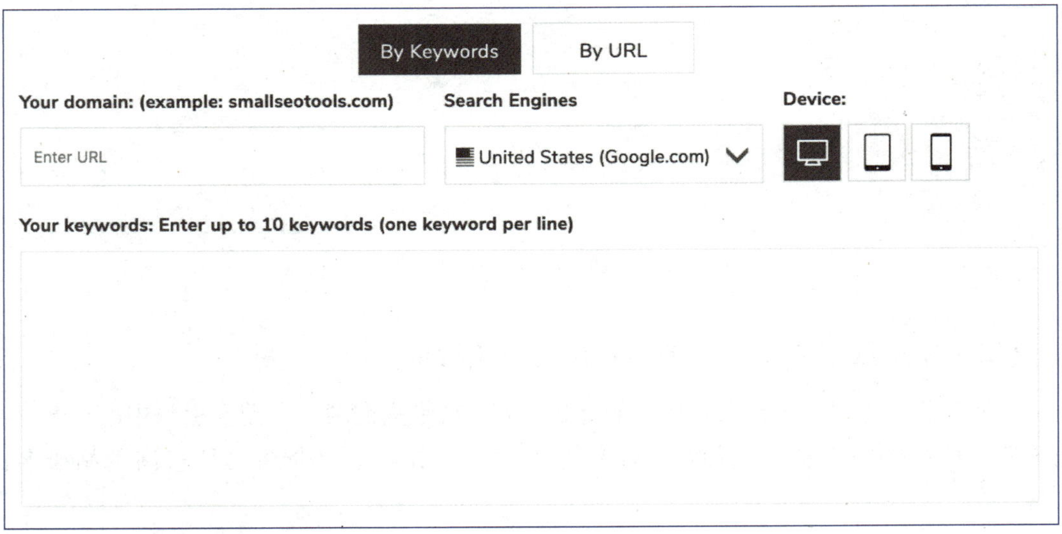

图 5-17 Small SEO Tools 页面

它的查询方式也是输入关键词和网址。但与 Moonsy 不同的是，Small SEO Tools 可以一次输入最多 10 个关键词，还可以选择在电脑端、平板端或者手机端查询。另外，它还可以查询很多国家的谷歌搜索排名。Small SEO Tools 的结果非常准确。

同步练习

一、单选题

1. 企业搜索引擎营销的推广渠道常见的有（　　）、品牌广告、竞价推广。

A. SEM　　B. 付费排名　　C. SEO　　D. 新闻软文

2. 确定搜索引擎推广所适用的人群的方法不包括以下哪一项？（　　）

A. 商品价格分析　　B. 消费者心理分析

C. 消费者上网习惯分析　　D. 消费者兴趣分析

3. 谷歌的业务包括互联网搜索、云计算、广告技术等，同时开发并提供大量基于互联网的产品与服务，其主要利润来自（　　）等广告服务。

A. rambler　　B. Yandex　　C. Looksmart　　D. AdWords

4. 下列哪一项不属于搜索引擎优化的主要步骤？（　　）

A. 优化网站结构　　B. 优化网站内容

C. 使用第三方工具查询排名　　D. 处理好搜索引擎对页面的抓取

5. Moonsy 的查询速度很快，但是它只显示（　　）名以内的排名。

A. 50　　B. 100　　C. 150　　D. 200

二、多选题

1. 衡量搜索引擎推广的效果需要综合哪些数据？（　　）

A. 网站点击率　　B. 网站排名　　C. 出单率　　D. 转化率

2. 美国主流搜索引擎网站有哪些？（　　）

A. Bing　　B. Rambler　　C. Yahoo!　　D. Fireball

3. 在 Google AdWords 上投放广告的主要目的有哪些？（　　）

A. 增加曝光　　B. 获得更多来电

C. 吸引更多用户光顾实体店　　D. 提高网站销售额或注册量

4. 如何优化谷歌搜索结果页面？（　　）

A. 更好地使用描述元标签　　B. 创建独特、准确的页面标题

C. 优化网站结构　　D. 优化网站内容

5. 如何优化网站图片？（　　）

A. 将图片统一保存在一个单独的目录下

B. 尽量使用普遍被支持的图片文件类型

C. 优化图片的 alt 属性

D. 将图片分散在很多目录或子目录下

三、判断题

1. 竞价推广即商家设定竞争价格，搜索引擎根据商家出价，在搜索结果位置展示推广信息，按点击收费，展示免费。（　　）

2. Bing 搜索的最大特点在于，与传统搜索引擎只是单独列出一个搜索列表不同，Bing 还会对返回的结果加以分类。（ ）

3. 搜索引擎优化主要从关键词、网站结构和搜索结果三个方面着手。（ ）

4. 长尾词是具有一定的搜索量，和商品密切相关的词。（ ）

5. “面包屑导航”是指在网页顶端或者底部放置的一排外部链接，它使用户可以方便地回到上一层结构中的网页或者根页面。（ ）

四、简答题

1. 适合企业进行搜索引擎营销的常见推广渠道有哪些？

2. 如何让网站更易于检索和浏览？

3. 如何利用 Small SEO Tools 查询网站排名或关键词排名？

五、综合实训

请以小组为单位，完成以下实训：

使用本书所介绍的数据分析工具进行关键词调研，为品牌内容创建合适的关键词列表。

学习任务六

视频营销

思维导图

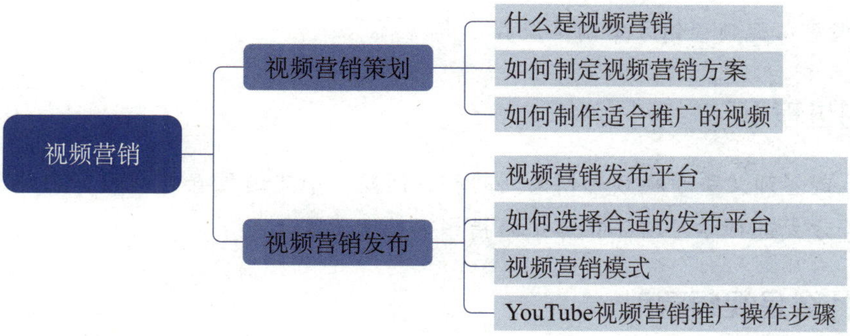

工作情境描述

Mayjoy电子商务有限公司在上个月做了一次YouTube推广，小艾发现公司的视频营销存在一定的问题，如点击率、浏览量较低，订阅人数较少，总体宣传效果不明显等。针对这些问题，小艾向师父小李请教如何系统性地完善公司的YouTube推广。师父小李向他提出了一些问题，让他边做边思考：

—你知道视频营销的特点吗？

—一个视频营销方案包括哪些内容？
—你知道有哪些视频营销发布平台吗？如何选择视频营销发布平台？
—视频营销有哪些模式？
—公司推广视频有哪些类型？怎么开展推广工作？
—怎么进行视频营销的数据分析？

工作流程与活动

学习活动一：视频营销策划
学习活动二：视频营销发布

学习活动一 视频营销策划

【学习目标】

1. 掌握视频营销的特点和优势。
2. 掌握基本视频营销方案制定流程。

【学习过程】

为了能回答师父关于视频营销策划的相关问题，小艾通过查询资料、向师父请教、与同事交流等方式进行学习，并在师父的指导下整理了笔记。

一、什么是视频营销

视频营销是指主要基于视频网站的营销，以内容为核心，以创意为导向，利用精心策划的视频内容实现产品营销与品牌传播的目的，是“视频”和“互联网”的结合，具备二者的优点。视频营销既具有电视短片的优点，如感染力强、形式内容多样、创意新颖等，又具有互联网营销的优势，如互动性好、传播速度快、成本低廉等。

视频包括电视广告、网络视频、宣传片、微电影等各种形式。归根到底，视频营销是一种营销活动，利用视频营销推广一定是为了更好地与企业的营销战略相配合，如宣传企业品牌、提高企业在海外市场的知名度、吸引新客户、增强客户黏性、提高转化率等。因此，成功的视频营销不仅要有高水准的视频制作，而且要发掘营销内容的亮点。

图 6－1 为海外主流视频平台。

图 6－1　海外主流视频平台

二、如何制定视频营销方案

第一步，确定推广目的。

根据推广目的的不同，推广的方式也各不相同。视频推广一般有宣传产品品牌、吸引新客户、为网站带来流量、树立品牌形象等目的。宣传产品品牌以及吸引新客户一般适用于刚刚开始开展海外业务的公司，视频营销能够带来较大的曝光量，精心制作的针对目标客户的视频往往能够快速地吸引新客户。在有了一定的市场基础后，视频营销的主要目的就是保证网站的流量稳定增长，并且提高转化率。在有了稳定的客源后，视频营销的主要目的可以向树立品牌形象转变。

第二步，选用营销视频。

视频本身是视频营销的重点，视频的内容一定是最重要的。卖家可以选择自制或者寻找可用的视频，在整个过程中，需要特别注意版权以及商用的各种规则。

虽然使用手机拍摄和利用编辑软件制作视频非常方便，但为了能够制作出更专业、更精美的视频，跨境电商企业会选择与专业的摄影师、视频编辑人员、后期处理人员和视频设计人员合作。

第三步，确定推广方式。

不同的推广目的需要匹配不同的推广方式，视频推广可以从视频本身或者结合其他营销方式两个方面来开展。

视频本身的推广是指对视频的内容、标题、描述、标签等进行优化，以提高视频在视频网站以及搜索引擎中的排名，提高视频的点击率。视频内容要与企业品牌形象紧密结合。运营人员需要时刻关注新闻、把握流行趋势，可借助一定的营销工具来进行视频推广，如 Google Trends、TubeBuddy 等。

视频营销还应该结合其他的营销推广方式，如节日促销、事件营销、网红营销、社交媒体营销等。在有了视频素材后，可以在海外各大社交媒体平台进行发布，增加曝光量；或与网红合作，借助他们的流量带动网站流量；或尝试与节日促销、事件营销结合，在某一节日或某一事件发生时制作专门的视频为品牌宣传。

第四步，检验推广效果。

每一个视频平台都会统计视频的数据，包括观看次数、评论数、账号关注粉丝数、频道订阅数、视频转发量等，这些数据就是检验推广效果最好的依据。如果企业还与平台合作投放了广告，那么平均每次观看费用（用户每观看一次视频广告时视频平台向广告客户收取的费用）也是一个非常重要的参考指标。

三、如何制作适合推广的视频

（一）基本标准

跨境电商卖家制作视频或者在已有作品中筛选视频的首要标准就是视频内容适合作为宣传产品投放，内容是原创的或有相应的商业使用权，并且不违反视频平台的规则。在证明视频使用权时，需要准备好相关证明文件，证实拥有其中所有音频和视频内容的商业使用权。视频平台的规则包括内容、服务等规则，如要在 YouTube 上发布视频，发布的内容就要符合 YouTube 合作伙伴计划政策、YouTube 服务条款以及社区准则。对于未能遵守规则的账号，YouTube 保留停用该账号的获利功能的权利。

（二）根据发布目的进行编辑

卖家需要根据具体的目的对视频进行编辑或分类。根据发布目的的不同，视频基本上可以分为“导入访问量”视频、“稳定阅读量”视频、“冲击点击量”视频三类。

“导入访问量”视频的目的是吸引目标用户点击视频。根据实际情况，教学类的视频往往能解答用户最常提出的行业问题，起到导入访问量的作用。制作此类视频时，可以先使用 Google Trends 或 YouTube Trends 定位所在领域的热门搜索话题，从中选择一个来制作视频，建立品牌在此话题上的权威形象，同时避免任何形式的推销元素，必要时可在视频后加入品牌推广元素。当然，也可邀请用户订阅频道，如使用“每周更新”之类的标语，就可吸引用户订阅。

“稳定阅读量”视频是品牌在其频道定期更新的视频，也是用户订阅或定期访问品牌频道的主要理由。因此，这类视频要有格式固定的系列视频，如视频的配音具有强烈的独特风格，在系列视频内容中会有一个具有品牌代表性的人物，频道整体的设计、视频描述、互动性环节及发布视频的日期都是明确且有规律的。

“冲击点击量”视频一般都与热门话题相关，结合之前学习任务中事件营销的借势，卖家可以使用 Google Trends 研究大众对于这一事件的关心程度，并通过一系列的巧妙设计让大众参与视频制作，如可以在视频内容的出演角色或者为视频内容投票这些环节让用户参与，那么在视频正式发布之前，参与过的用户或许已经在社交媒体上分享，自发地为视频造势了。另外，卖家也可以借助线下推广、网红营销、业内人士推荐等方式来冲击点击量。

学习活动二 视频营销发布

【学习目标】

1. 熟悉主要视频营销发布平台。
2. 掌握视频营销的基本模式。

【学习过程】

为了能回答师父关于视频营销发布的相关问题，小艾通过查询资料、向师父请教、与同事交流等方式进行学习，并在师父的指导下整理了笔记。

一、视频营销发布平台

现有的主流视频营销发布平台有 YouTube、Facebook、X（Twitter）、Instagram、TikTok 等。

（1）YouTube。YouTube 是世界上最大的视频网站之一，拥有大量的流量和观众，有超过 20 亿人使用。目前，YouTube 上每分钟有超过 500 小时的视频被上传。每天，YouTube 的用户观看超过 10 亿小时的视频内容，这使得 YouTube 成为人们日常生活中不可或缺的一部分。

（2）Facebook。Facebook 是美国热门的社交 App，用户可在自己的主页发布文字、图片、视频等。现在，Facebook 也开发出发布短视频的功能。

（3）X（Twitter）。X（Twitter）是美国一个提供在线社交和微博服务的网站，是众多用户了解时事的重要入口。在 X（Twitter）上发布推文时，可以附带几分钟的短视频。

（4）Instagram。Instagram 是一个提供在线照片、视频共享和社交网络服务的 App。Instagram Reels 功能允许用户制作、编辑和分享短视频。Instagram Reels 在用户界面上与其他 Instagram 内容无缝集成，吸引了大量的用户。

（5）TikTok。TikTok 是抖音国际版。强大的技术实力和良好的产品体验让抖音在海外多地进入当地人最受欢迎的 App 之列。第三方市场数据机构 App Annie 的统计显示，TikTok 不仅在越南，而且在日本、泰国、菲律宾、马来西亚、柬埔寨等国家都居于市场领先地位，均多次登顶当地 App Store 或 Google Play 总榜。

跨境电商卖家在制作视频前一定要预先设计好在哪个平台上发布，根据平台受欢迎的视频类型来设计和制作视频。

二、如何选择合适的发布平台

第一，要考虑目标受众喜欢登录哪个平台。应该把注意力放在目标受众聚集的地方，这样就可以吸引更多潜在客户。

第二，要考虑平台的竞争是否激烈。如果可能，尽量选择不拥挤、竞争不太激烈的平台。

第三，要考虑平台是否适合企业视频的形式。如果团队擅长制作精美的视频，那就要将注意力放在 YouTube 上，而不是游戏直播平台 Twitch 或者只允许上传十几秒视频的 Instagram 上。未经编辑的原始视频非常适合 Instagram，但是这种视频发布在 YouTube 上就不合适，YouTube 的观众期望看到的是精心编辑过的视频。

每个平台都有自己的特点，但也可以把同一个视频进行一些处理，再发布到其他平台上。例如：在 YouTube 上发布了一个视频，长度超过 10 分钟，无法在社交媒体上传播，但是其内容会吸引 X（Twitter）和 Instagram 上的粉丝，因此，可以提取视频中的重要片段，把它制作成适合在 X（Twitter）和 Instagram 上发布的视频。

三、视频营销模式

在选择了发布平台后，跨境电商卖家就可以选择适合自己的方式进行视频营销了。下面是一些主流的视频营销模式。

（一）YouTube 广告

1. Masthead 广告

打开 YouTube 首页，出现在最上方的较大型广告，就是 Masthead 广告，如图 6－2 所示。这种黄金位置的广告占据着首页最显眼的位置，需要通过与谷歌官方广告部门联系购买。

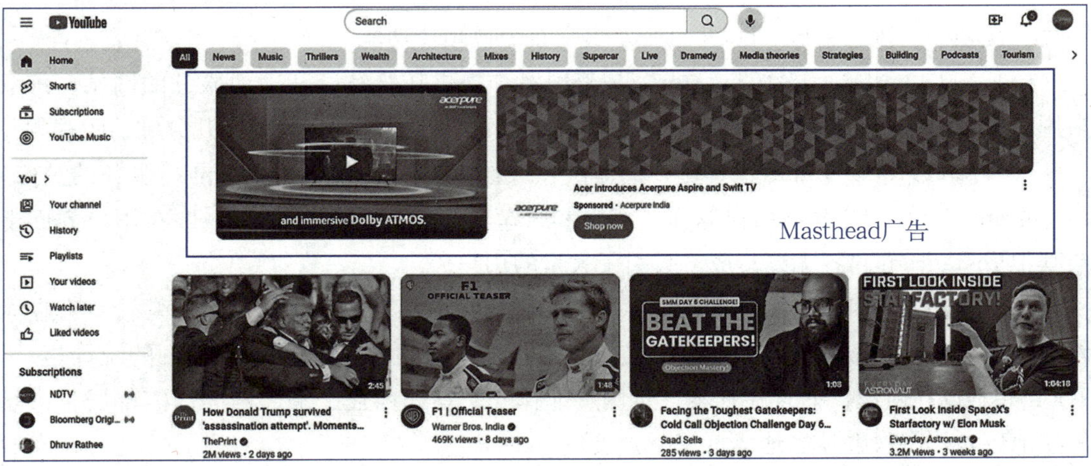

图 6－2　Masthead 广告

这个广告位非常昂贵，并且有一定的花费门槛，通常只有大型企业在推出新产品时才会考虑使用。当然，因为位置非常醒目，因此其能覆盖的人群也是最广的。

2. Bumper 广告

Bumper 广告是一种时长 6 秒的全新视频广告格式，出现在视频开始前、视频中和视频播放结束后，且不可跳过，能有效提升广告的覆盖范围和展示频率，如图 6－3 所示。

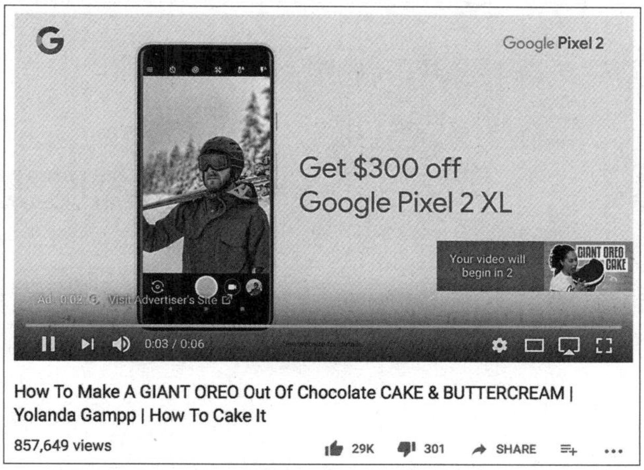

图 6－3　Bumper 广告

3. 可跳过式插播广告（Skippable In-stream Ads）

可跳过式插播广告会在 YouTube 视频播放之前、播放期间或播放之后播放，用户可以在 5 秒后点击“跳过”按钮跳过这些广告，如图 6－4 所示。这些广告会出现在桌面、电视屏幕和移动设备上，YouTube 会动态调整视频以适应每种设备类型。

可跳过式插播广告的一大优势是，广告商只需在观看者与视频互动或观看 30 秒及以上时间时付费；如果视频短于 30 秒且观看者观看了所有内容，广告商也需要付费。

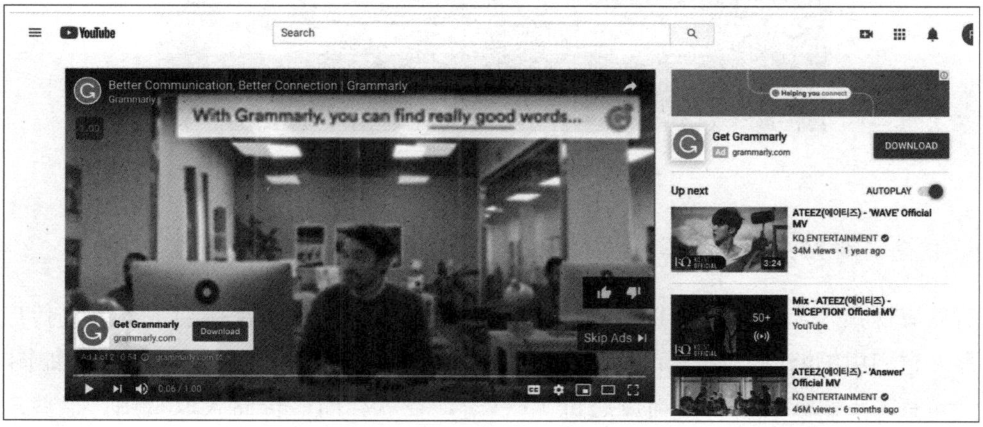

图 6－4　可跳过式插播广告

4. 不可跳过式插播广告（Non-skippable In-stream Ads）

与可跳过式插播广告一样，不可跳过式插播广告在 YouTube 视频播放之前、播放期间或播放之后播放，但顾名思义，观看者无法跳过它们，如图 6-5 所示。不可跳过式插播广告最长可达 15 秒，非常适合希望观看者观看整个视频的视频广告活动，适用于需要传递简洁而强烈信息的品牌宣传。

图 6-5　不可跳过式插播广告

5. 覆盖式贴片广告（Overlay Ads）

覆盖式贴片广告通常显示在视频下面，很显眼，用户可以点击右上角的按钮关闭，但仍会影响观看视频时的视觉效果，有时会比较令人讨厌，如图 6-6 所示。这就需要企业把握好度，只有在广告里展示有用的价值信息，才能减少观看者的消极反应。

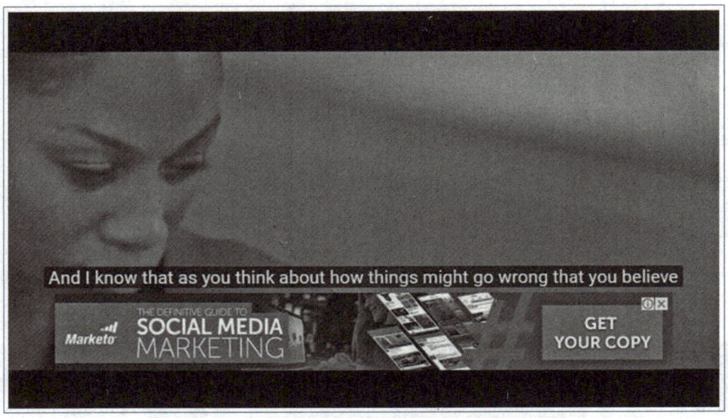

图 6-6　覆盖式贴片广告

6. 信息流视频广告（In-feed Video Ads）

信息流视频广告可在 YouTube 搜索结果、相关视频旁边以及移动主页上宣传广告商的内容。它们由缩略图、标题和简短文字组成，吸引用户点击观看完整视频，如图 6-7 所示。当有人点击或观看自动播放超过 10 秒时，谷歌会向广告商收取费用。这些广告可帮助广告商在投放相关 YouTube 内容的同时锁定品牌的受众。

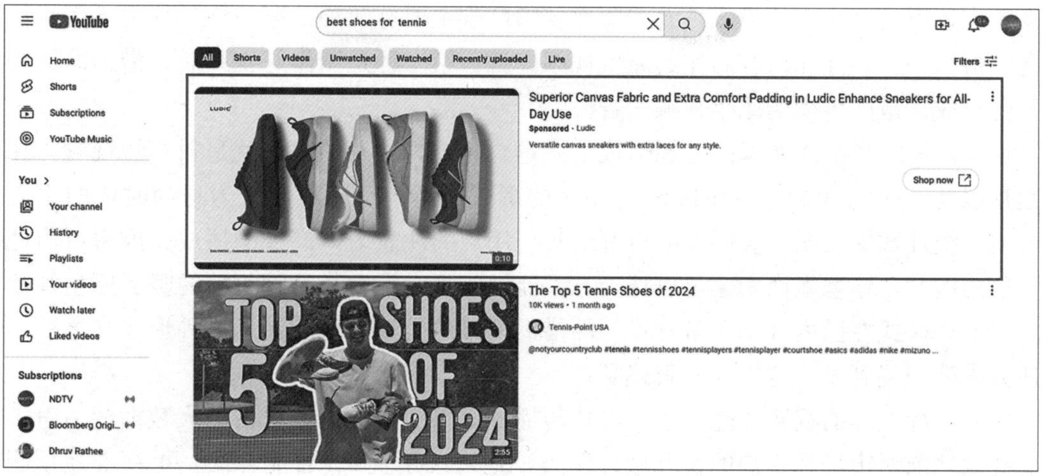

图 6-7　信息流视频广告

7. 购物广告（Shopping Ads）

购物广告是指在视频旁边显示产品卡片，用户可直接点击查看或购买的广告，如图 6-8 所示。购物广告适用于电商或品牌推广，可以直接推动销售。购物广告按点击收费，能为企业节约成本。

图 6-8　购物广告

（二）原生视频广告

原生视频广告是依据品牌的调性、特质、价值观等定制的视频广告，也是当下最流行的视频广告形式之一。从模式来看，原生视频广告主要有两种：第一种是依附于大流量的平台，根据平台调性和内容制作的原生视频广告；第二种是制作好视频后，借助网红和社交平台形成大范围传播的原生视频广告。

目前，第一种模式在国内已经形成了病毒式传播，最好的案例就是抖音短视频，在国外则是以 TikTok、Instagram 和 Snapchat 的形式流行。竖屏早已成为移动时代的主流使用习惯。统计数据表明，竖屏能够更好地吸引用户的注意力，广告的播放完成率可由此提高 9 倍。因此，跨境电商卖家可以选择在主流视频平台发布与品牌相关的竖屏原生视频广告。第二种模式在国内外都非常常见，即借助网红的力量进行营销。这种形式在之前的学习任务中已经提到过，这里就不赘述了。

另外，什么样的视频才能产生病毒式传播的效果呢？我们可以借助大数据的力量，在制作视频之前对市场和用户的喜好做好调查，还可以用上 AI 智能算法，更精准地预测和打造更多潜在爆款视频。

四、YouTube 视频营销推广操作步骤

第一步，准备适合 YouTube 的视频。

在上传视频前，除了制作内容精美的视频之外，还要注意是否准备好与 YouTube 规则相关的内容。

（1）命名视频标题。视频标题字数限制在 60 个字符以内。视频标题将直接影响点击率和排名，因此要确保视频标题既简洁又吸引人。

（2）制作视频描述。视频描述字数限制在 5 000 个字符以内。YouTube 只显示视频描述的前 2～3 行（约 1 200 个字符），剩下的部分需要用户单击才可展开，因此超过 1 200 个字符的下半部分基本上是多余的。建议尽可能让前 2～3 行的描述有吸引力，从而激励用户点击“展开”来了解更多视频信息以及企业信息。另外，视频描述中可以放上企业官网链接、产品主页链接，甚至企业合作案例的链接等，方便感兴趣的用户快速了解企业并取得联系。

（3）选择标签关键词。标签一般可有 10～12 个。标签用于对视频进行分类，是向受众和 YouTube 平台介绍视频内容的重要信息。产品关键词、行业关键词等相关的热点词汇都是标签的极佳选择。千万别妄想用不相关的标签来获取更多的浏览量，因为 YouTube 算法一旦识别出标签与视频内容不相关，将会影响视频流量。

（4）制作视频缩略图。缩略图要求像素大小为 1 280×720，长宽比为 16∶9。这是视频被点击前显示的图像，因此需要选择一个高质量的、有吸引力的封面来刺激用户点击以提高视频的排名。应为每个视频创建一个高质量的自定义缩略图，因为自定义缩略图往往要比上传视频过程中系统自动生成的缩略图更好。在缩略图上添加关键词也是很吸引眼球的方式。

（5）制作视频配套字幕。封闭式字幕是由搜索引擎抓取的，如果要将开放式字幕添加到视频中，就需要上传单独的字幕副本。建议自己上传字幕，YouTube 虽然提供自动字

幕，但准确率有待提高。

（6）运用终端屏幕。终端屏幕是显示在视频末尾的通知，可以用来推广品牌和内容，放上品牌在其他平台的 ID 不仅可将用户引流至品牌的其他社交平台上，还使内容显得非常规范。终端屏幕要求像素大小至少为 300×300。结束屏幕显示在视频的最后 5～20 秒，因此视频需要至少 25 秒才能有一个终端屏幕。

第二步，发布视频。

（1）注册 YouTube 账号后，点击右上角的个人账号，选择“您的频道”版块，如图 6－9 所示。

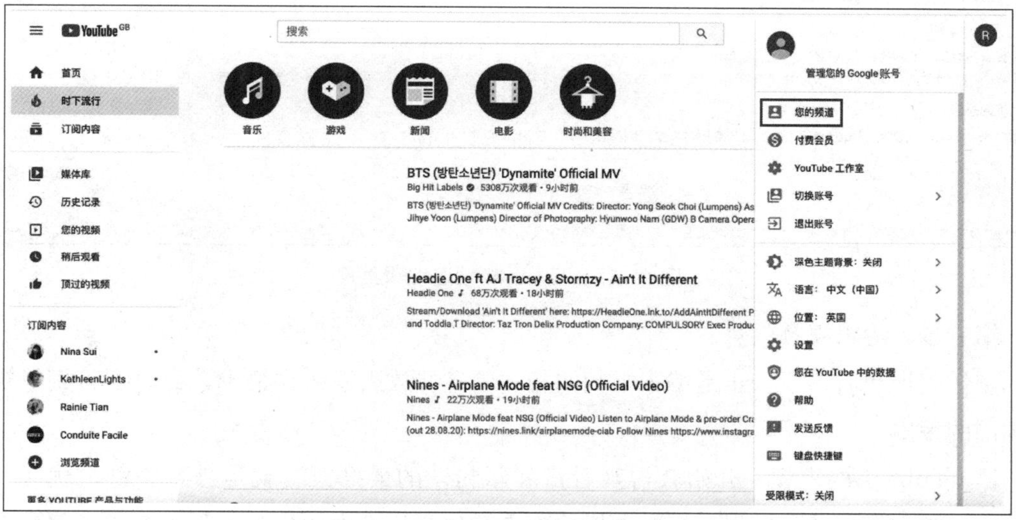

图 6－9　YouTube 个人账号页面

（2）进入频道页面后，可以直接点击“上传视频”，也可以建立自己的第一个频道，点击右上方的“自定义频道”即可，如图 6－10 所示。

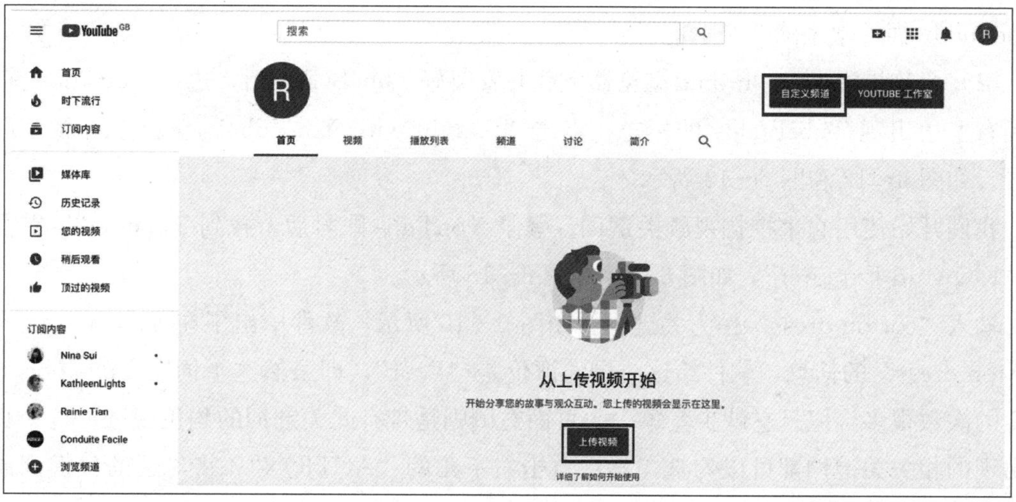

图 6－10　YouTube 频道页面

（3）进入自己的频道后，可以对每一个部分进行编辑，包括修改频道图片、撰写频道简介等，如图 6-11 所示。

图 6-11 YouTube 频道编辑页面

第三步，编辑视频信息。

制作完视频后，下一步是编辑视频的相关信息并放入视频详情中，此时要特别重视对关键词的编辑。

YouTube 上的视频一开始获得观看量和新粉丝的最好方法就是进行关键词优化。有价值的关键词和标签可以提升视频在播放列表和整个频道中的排名。而关键词不仅可以用作视频内容和频道的标签，还可以用作视频标题。

这里介绍一种分析视频关键词的辅助插件——TubeBuddy。TubeBuddy 是一款免费的浏览器扩展程序，它是 Premier YouTube 频道管理和视频优化工具包。下面简单介绍 TubeBuddy 插件常用的 3 个功能。

（1）标签扩展。在 Chrome 浏览器下载并安装好 TubeBuddy 后，进入 YouTube 首页，看到右上角出现 TubeBuddy 的标志，点击“Sign-in with YouTube”登录你的 YouTube 账号，如图 6-12 和图 6-13 所示。

我们开始使用它来挖掘视频关键词。登录 YouTube 账号后，找到 TubeBuddy 首页中的“Keyword Explorer”，如图 6-14 和图 6-15 所示。

输入“cotton dress”作为关键词。如图 6-16 所示，软件给出了在 YouTube 上有关“cotton dress”的信息，软件给这个词的评价是“Poor”，即虽然这个词在 YouTube 上被搜索的次数很多，但是它缺少竞争力。页面右侧则是带有此关键词的相关视频，这个页面中出现的相关关键词都可以勾选，然后点击右下角的“ACTION”，将勾选的关键词添加到自己的视频描述中。

图 6－12　TubeBuddy 图标

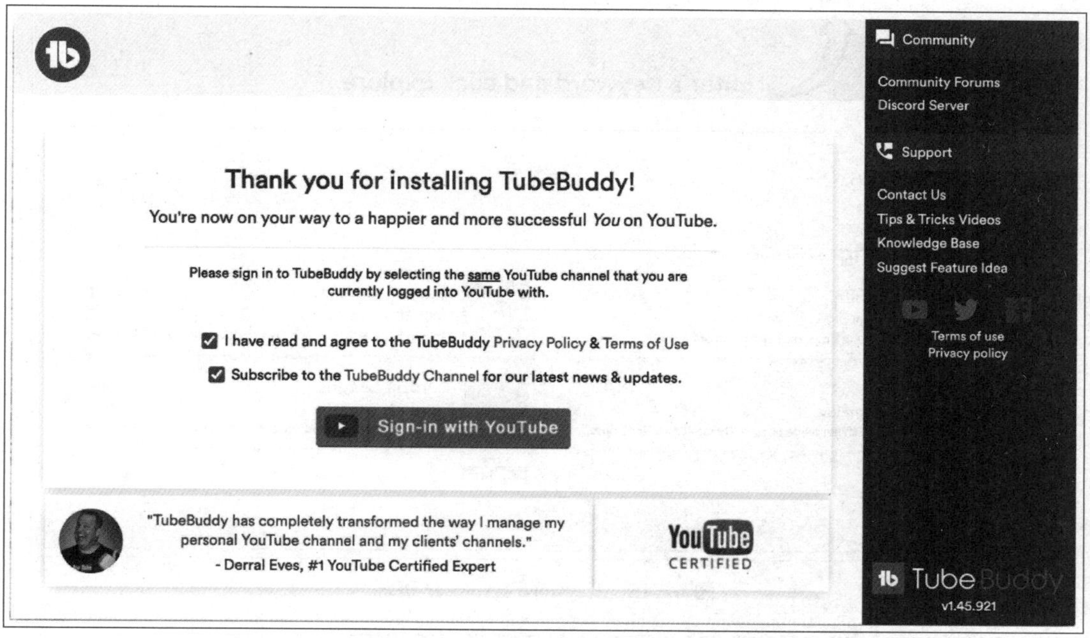

图 6－13　TubeBuddy 登录页面

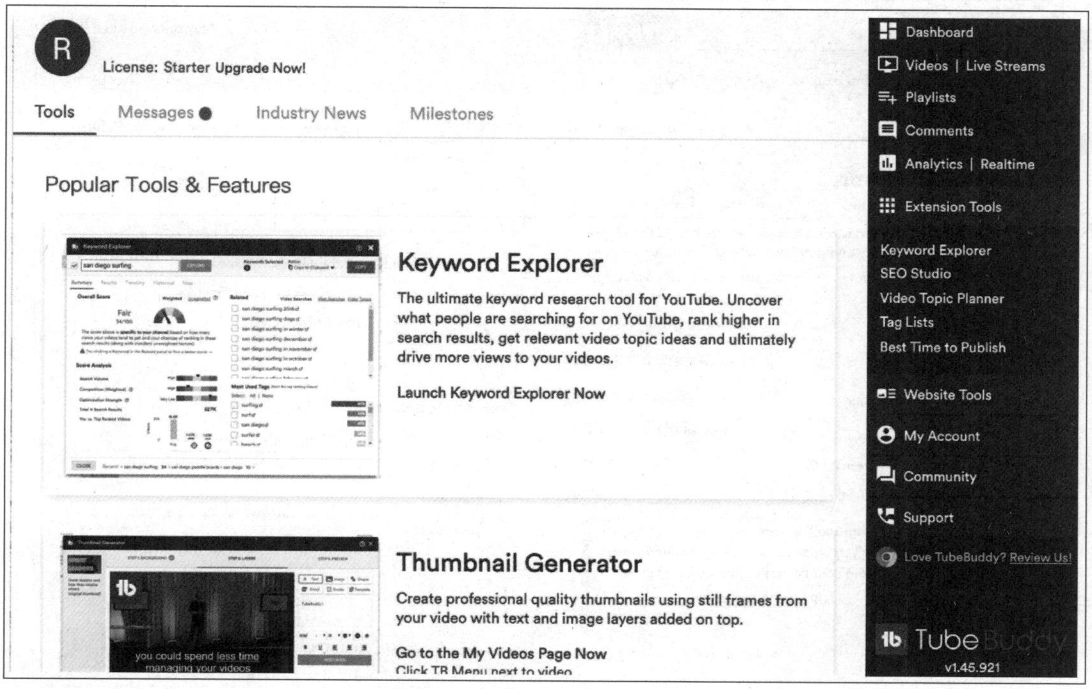

图 6－14　TubeBuddy 工具页面

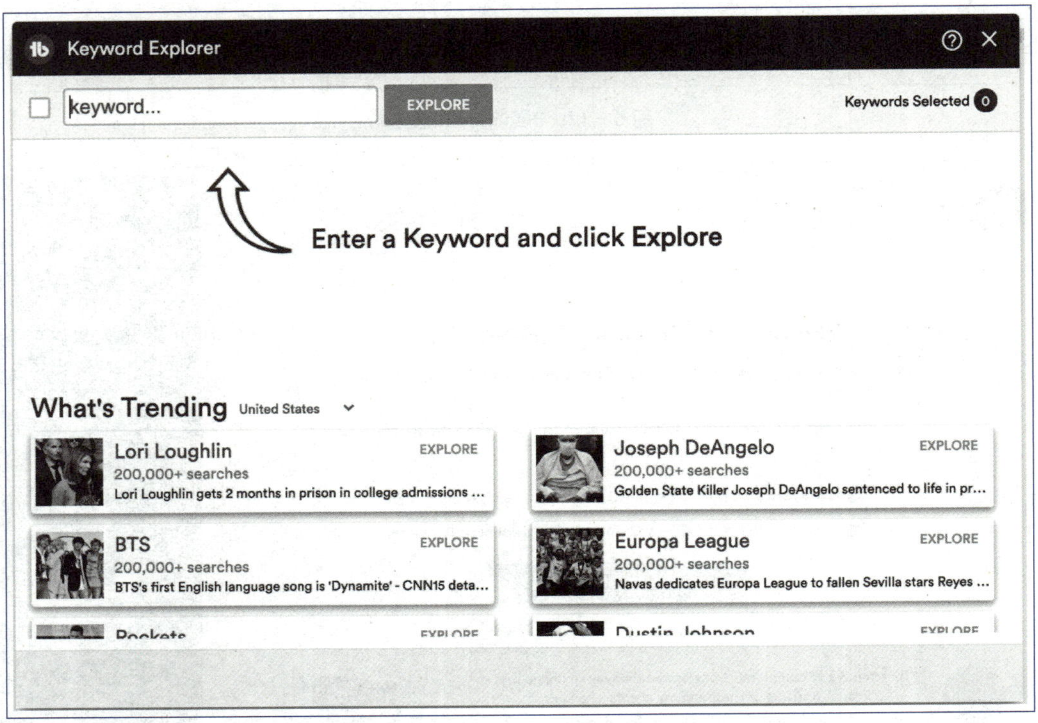

图 6－15　Keyword Explorer 页面

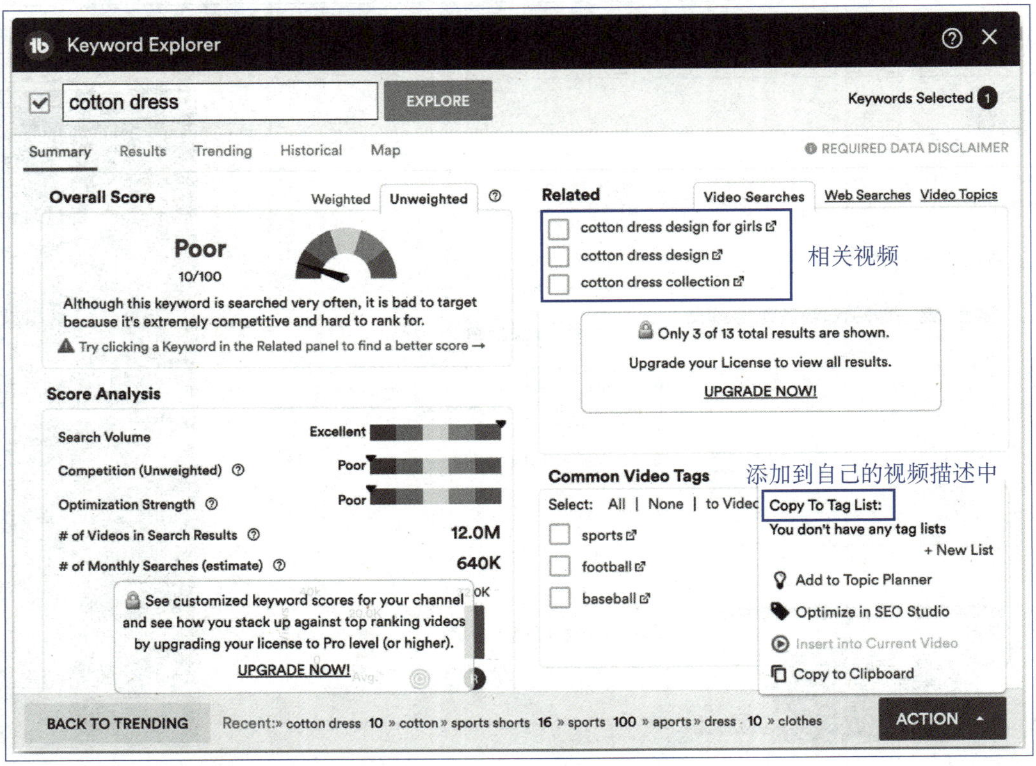

图 6－16　关键词报告页面

(2) 关键词挖掘。当进入其他用户的视频后，TubeBuddy 会给出关于视频的一个报告，如图 6-17 所示，包括视频的评论数、视频标签的排名、在其他平台被转载的次数和视频所使用的每个标签，标签后面的数字就是它的排名。可以将有用的标签直接复制到自己的视频描述中。

图 6-17　视频报告页面

(3) 视频信息优化。为视频撰写完美的基本信息是吸引用户点击视频的重要一步。

首先，在 TubeBuddy 首页找到 "SEO Studio" 工具，输入视频的关键词，如图 6-18 所示。这里还是以 "cotton dress" 为例。

图 6-18　SEO Studio 页面

其次，创建视频标题和视频描述。TubeBuddy 会给出对视频和描述的分数，分数越高，意味着视频可能会吸引越多的用户。另外，TubeBuddy 还会给出一些如何更好地创建标题和描述的建议，如图 6-19 所示。

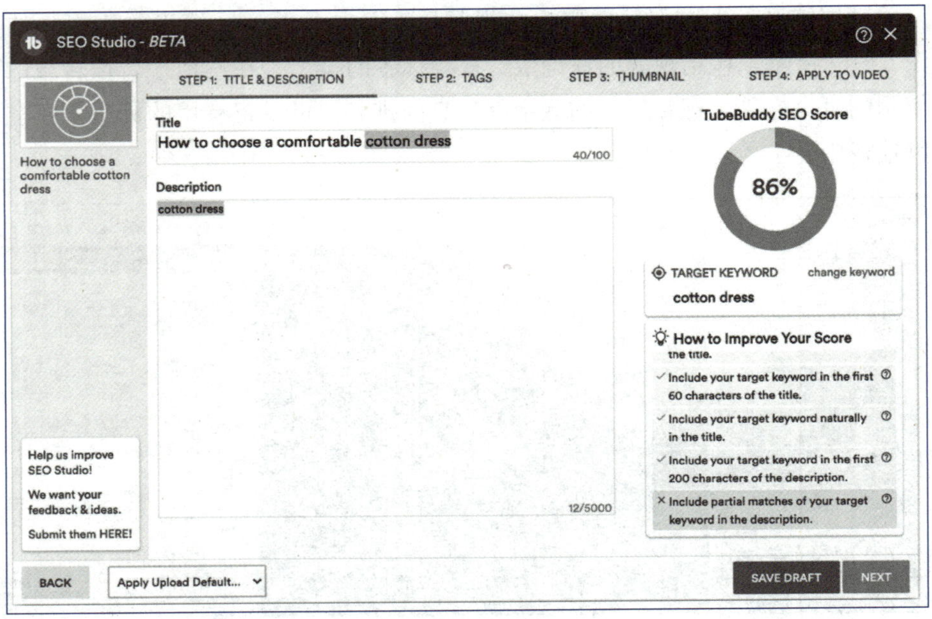

图 6－19　创建标题和描述页面

然后，在视频信息中添加标签。可以自己添加合适的标签，TubeBuddy 也会根据关键词给出一些相关的热门标签，点击加号即可将这些标签加入视频信息中，如图 6－20 所示。

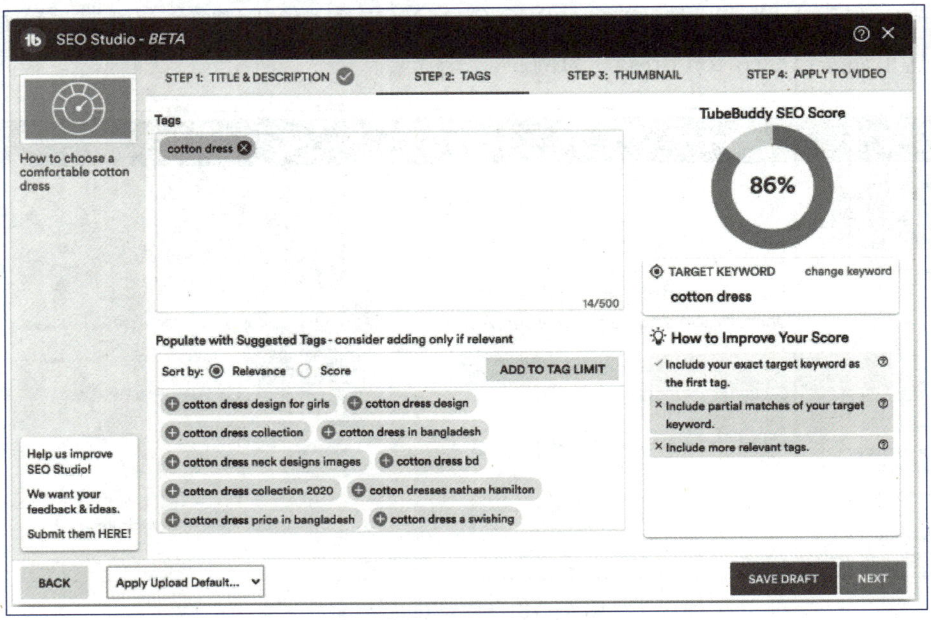

图 6－20　添加标签页面

最后，上传视频缩略图。点击“UPLOAD THUMBNAIL”上传视频的缩略图，如图 6－21 所示。缩略图虽然不会影响视频的排名，但是会影响用户是否点击视频观看。缩略图需要鲜艳的、能夺人眼球的图片，如果有文字的话也一定要清晰。

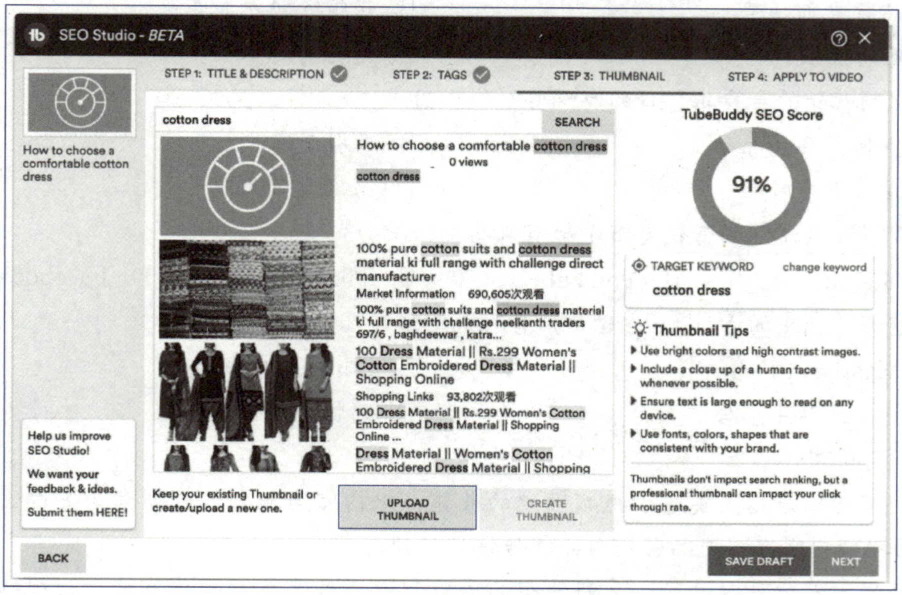

图 6-21　添加缩略图页面

设置完所有的视频信息后，就可以将这些描述应用到已有的视频中了。

同步练习

一、单选题

1. TubeBuddy 是一款免费的浏览器扩展程序，下列哪个不是它的主要功能？（　　）

A. 标签扩展　　B. 关键词挖掘　　C. 粉丝筛选　　D. 视频信息优化

2. 如果你的账户中没有投放广告，一般来说建议早上（　　）点左右发布视频，但是如果你现在已经投放 YouTube 广告，建议你的 YouTube 与 GA（Google Analytics）相关联，根据账户中的实际表现，找出点击和转化高的时间段投放广告。

A. 7　　B. 8　　C. 9　　D. 10

3. Instagram 允许用户即时上传（　　）秒左右的视频，并且只保留 24 小时。

A. 10　　B. 15　　C. 20　　D. 25

4. 以下哪项无法检验视频推广效果？（　　）

A. 观看次数　　B. 频道订阅数　　C. 视频制作成本　　D. 视频转发量

5. 可跳过式插播广告通常在（　　）之后可以跳过。

A. 5 秒　　B. 10 秒　　C. 1 分钟　　D. 2 分钟

二、多选题

1. 下列哪些属于视频营销的特点？（　　）

A. 投放精准　　B. 策划专业　　C. 目的性强　　D. 快者为王

2. 视频营销的优势有哪些？（　　）

A. 品牌更加强势　　B. 营销策划更加专业

C. 互动性强　　D. 更具有趣味性

3. 视频营销的主要推广目的有哪些？（　　）

A. 宣传产品和品牌　　B. 吸引新客户

C. 树立品牌形象　　D. 为网站带来流量

4. 现有的主流视频营销发布平台有哪些？（　　）

A. Google　　B. YouTube　　C. TikTok　　D. Facebook

5. 视频营销中的 YouTube 贴片广告有哪些形式？（　　）

A. Masthead 广告　　B. Bumper 广告

C. 覆盖式贴片广告　　D. 购物广告

三、判断题

1. 视频营销是指主要基于视频网站的营销，以内容为核心，以创意为导向，利用精心策划的视频内容实现产品营销与品牌传播的目的。（　　）

2. 视频营销中可以设定一系列的赠品策略刺激准顾客主动帮你宣传，让视频广告进行主动性的病毒式传播。（　　）

3. 在视频营销中，企业一定要自制视频。（　　）

4. “稳定阅读量”类型的视频一般都与热门话题相关，利用公众对热门事件的关心来增加点击量。（　　）

5. 当频道刚刚起步的时候，由于没有 YouTube 推荐量和订阅用户的观看量，获得观看量和新粉丝的最好方法就是进行关键词优化。（　　）

四、简答题

1. 视频营销的优势有哪些？

2. 如何选择最合适的视频发布平台？

五、综合实训

请以小组为单位，完成以下实训：

1. 针对你们的品牌或主营产品，设计视频营销的视频内容，完成一个视频脚本。视频内容可以是品牌故事、产品知识、制作流程、产品操作等。

2. 选择一款视频拍摄和编辑软件，根据视频脚本制作一个 3～5 分钟的推广视频。

学习任务七

社交媒体

思维导图

- 社交媒体
  - 主要社交媒体认知
    - 什么是社交媒体
    - 社交媒体的特点
    - 主要的社交媒体平台
    - 什么是社交媒体营销
    - 社交媒体营销的优势
  - Facebook注册和营销
    - 认识Facebook
    - 注册Facebook账号
    - 如何增加Facebook粉丝
    - Facebook营销
  - Instagram注册和营销
    - 认识Instagram
    - 注册Instagram账号
    - Instagram的功能
    - Instagram的用户特征
    - Instagram 营销
  - TikTok注册和营销
    - 认识TikTok
    - 注册TikTok账号
    - TikTok的基本功能
    - TikTok的用户特征
    - TikTok营销

工作情境描述

Mayjoy 电子商务有限公司计划在 Facebook 等社交媒体平台建立自己的账号并开展推广活动。师父小李让小艾先浏览 Facebook、Instagram、TikTok 等平台的内容，感受不同平台的风格，仔细观察粉丝量多的账号发布信息的特点。他向小艾提出了一些问题，让小艾边学边做：

—你知道什么是社交媒体吗？全球有哪些主要的社交媒体平台？

—你知道什么是社交媒体营销吗？这种营销有什么优势？

—怎么注册 Facebook 账号？

—怎么让你的 Facebook 账号增加粉丝并开展营销活动？

—怎么注册 Instagram 账号？

—Instagram 的用户有什么特征？如何针对用户开展营销活动？

—怎么注册 TikTok 账号？

—TikTok 的用户有什么特征？如何针对用户开展营销活动？

工作流程与活动

学习活动一：主要社交媒体认知

学习活动二：Facebook 注册和营销

学习活动三：Instagram 注册和营销

学习活动四：TikTok 注册和营销

学习活动一 主要社交媒体认知

【学习目标】

1. 掌握社交媒体和社交媒体营销的基本概念和特点。
2. 能分辨社交媒体营销方式相较于传统营销方式的优势。
3. 能列举全球主流的社交媒体平台。

【学习过程】

为了能回答师父关于社交媒体营销的一系列问题，小艾通过查询资料、向师父请教、与同事交流等方式进行学习，并在师父的指导下整理了笔记。

一、什么是社交媒体

社交媒体（Social Media），也称社会化媒体，又称 SNS（Social Networking Site）。其中，社交是指人与人之间的交互与沟通，而媒体是指用于存储和传送信息或数据的技术。所以社交媒体是一种基于计算机，通过虚拟网络和社群来促进观点、思想和信息分享的技术。社交媒体基于互联网，为用户提供了快速的电子交流渠道来分享内容，如个人信息、文件、视频和照片等。用户使用电脑、平板或智能手机，通过基于网络的软件或应用程序与社交媒体互动。根据维卓公司发布的《2024 社交媒体全球使用趋势报告》，截至 2023 年 4 月，全世界约有 51.8 亿社交媒体用户，约占全球总人口的 64.6%。

来自欧洲商学院的两位教授——安德里亚斯·卡普兰（Andreas Kaplan）和迈克尔·海恩莱因（Michael Haenlein）是这样认为的：社交媒体是指“A group of Internet-based applications that build on the ideological and technological foundations of Web 2.0，and that allow the creation and exchange of user-generated content”。其中，有两个重点的概念，即互联网 2.0 和用户生成内容。有别于传统的互联网 1.0，互联网 2.0 是一种由用户主导而生成的内容互联网产品模式。在社交媒体平台，内容是由用户自己生成的，所以社交媒体又叫作 CGM（Consumer-Generated Media），也就是通常所说的自媒体（We Media）。

根据皮尤研究中心（Pew Research Center）的数据，社交媒体用户正在变得更年轻。在 18 岁至 29 岁的人群中，近 90%的人至少使用一种社交媒体。此外，这些用户往往受过良好的教育，并且相对富裕。

二、社交媒体的特点

（一）自发性

用户在社交媒体注册账号、发布内容、评论和分享别人的内容，都是自发性行为，大部分是基于用户的兴趣。

（二）互动性

在过去以电视、广播、报纸、杂志为代表的传统媒体时代，信息的流动是单向的，即信息由企业、政府机构等流向个人消费者。这一切在社交媒体时代发生了本质的改变。社交媒体具有很强的互动性，信息的流动不再是单向的，而是双向的。在今天，任何一个普通的个人消费者都可以通过社交媒体向大型企业传递自己的观念和看法，甚至有时候还能得到企业官方的回应。

（三）多样性

在社交媒体上参与讨论的用户以及他们发布的内容都具有多样性，社交媒体上的话题几乎覆盖生活的方方面面，而来自全世界任何角落的任何人都可以通过社交媒体参与讨论，发表自己的看法。

（四）公开性

用户在社交媒体上发布的所有信息，除非设为仅自己可见或仅好友可见，均是公开在全世界范围内的，理论上全世界任何地方的人都能通过社交媒体账号看到某位用户对某一事件的评论或看法。

（五）即时性

在传统媒体时代，不管是电视新闻还是报纸新闻，都需要提前一天甚至更长的时间进行准备。等到我们打开电视或收到报纸，看到这一新闻的时候，其实看到的都已经是过去发生的事情了。而在社交媒体时代，传统媒体特别是纸媒的没落，正是由于它们无法赶上社交媒体的步伐。在社交媒体上，发生的一切都是即时的、实时更新的，这是它非常显著的一个特点。

三、主要的社交媒体平台

从事跨境电商营销，我们应当了解海外消费者日常使用的社交媒体平台。

在过去几年，世界范围内最流行的社交媒体平台经历了多次变迁。Facebook 仍然占据统治地位，月活跃用户（MAU）超过 30 亿，但 TikTok 见证了所有社交媒体平台中最快的增长速度。TikTok 这个基于短视频的社交媒体平台在 2017 年横空出世，截至 2025 年 4 月的月活跃用户超过 15 亿。与此同时，图片类社交媒体平台鼻祖 Instagram 的月活跃用户数量也有了惊人的增长。谷歌旗下的视频社交媒体平台 YouTube 以超过 20 亿的月活跃用户数量在全球社交媒体平台中排名靠前。WhatsApp 是一款流行的即时通信软件，也以超过 20 亿的月活跃用户数量在 MAU 榜单上排名靠前。Snapchat 是近年比较流行的一个图片社交媒体平台，特别是在 20 岁以下的青少年中相当盛行，主要特色为“阅后即焚”功能。LinkedIn（领英）则是在全世界范围内较为流行的一款职场社交媒体软件。以电子布告栏为特色的平台 Reddit、以瀑布流形式展示图片的平台 Pinterest 和老牌社交媒体平台 X（Twitter）同样进入 MAU 榜单前 15 名。

四、什么是社交媒体营销

社交媒体营销（Social Media Marketing）是指利用社会化网络、在线社区、博客或者其他互联网协作平台媒体来进行营销、公共关系维护和客户服务的一种方式。

五、社交媒体营销的优势

（一）占比大

十多年前，电视还在我们的生活中占据绝对的统治地位，而之后这一比例逐渐下降，随之而来的是社交媒体在我们生活中占比的快速提升。可以说，传统媒体与我们渐行渐远，社交媒体平台则百家争鸣。如今，社交媒体营销几乎已经成为品牌营销的“规定动作”。

如图 7-1 所示，在 16～44 岁人群的每日媒体花费时间中，社交媒体均处于第一位。而在 45～54 岁的人群中，每日在社交媒体所花费的时间几乎与电视持平。

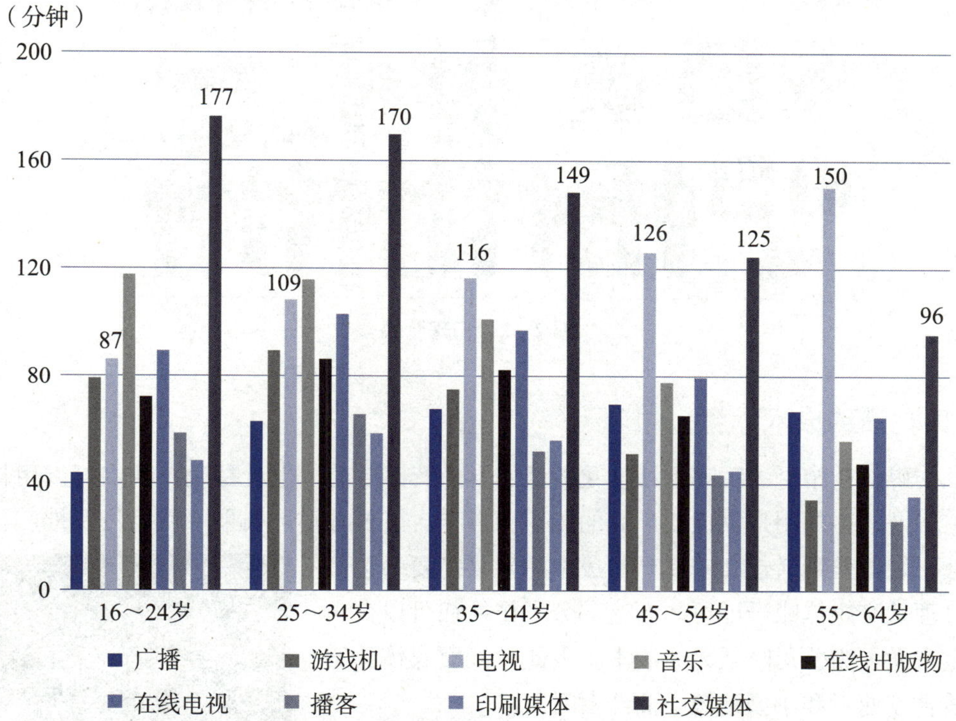

图 7-1 不同人群每日在不同媒体上所花费的时间

（二）定位精准

社交媒体营销是一种可以精准定位目标客户群体的营销方式，而这对于市场营销活动的成功与否来说是非常关键的。更加精准的客户定位，意味着可以花更少的预算触及更多真正有效的潜在客户，并带来更高的转化率。基于对大数据的分析，我们可以对社交媒体上的客户有更深入的了解。掌握更丰富的客户资料有助于更加精准地定位目标客户，提高营销活动的效率。而移动端社交媒体特有的 LBS（Location Based Service）服务，能更好地帮助一些本地企业和商户开展营销活动。

（三）可信度高

社交媒体营销属于“口碑营销”的一种（如图 7-2 所示），产品的好坏由社交媒体用户分享给他们的好友。这是一种“用户告诉用户”的熟人营销模式。相较于传统广告，口碑营销具有更高的可信度，能在更大程度上影响用户的购买决定。

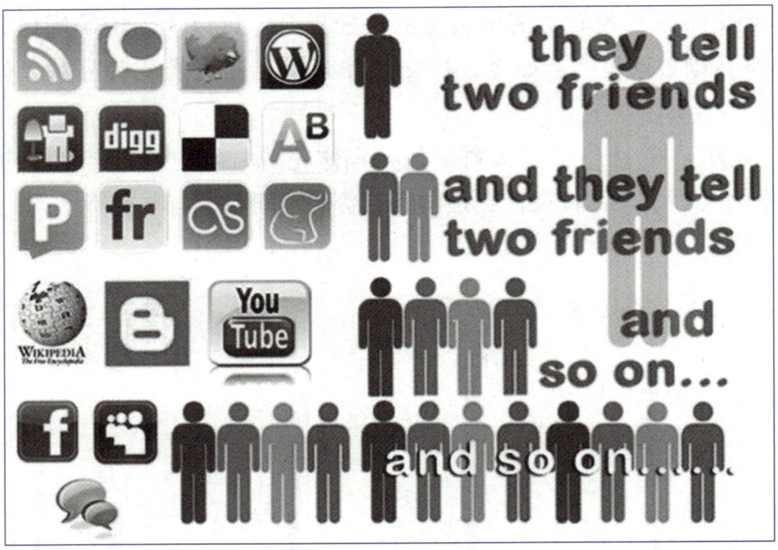

图 7-2　口碑营销

(四) 节约成本

社交媒体营销是一种高度社会化的低成本的营销活动，也就是说，我们可以用较少的预算，触及较多的用户，促成广泛的传播和影响。很多时候，如果不使用付费推广，那么开展社交媒体营销活动几乎就是零成本的，只需要一位员工来打理社交媒体账号即可。而这部分工作往往可以交由实习生来做，为公司降低人力成本。因此，社交媒体营销非常适合创业者和小型跨境电商经营者。

图 7-3　Facebook 和 Messenger 在 App Store 的排名

(五) 客服补充

当我们无法通过站内信等方式联系到跨境电商平台的买家时，社交媒体营销可以成为跨境电商平台自有客服体系的一个补充。例如：Facebook 在 App Store 社交类 App 排行榜位列第二，而 Facebook 旗下实现在线沟通功能的 Messenger 在 App Store 排行榜的排名也高达第五，如图 7-3 所示。可以说，那些我们无法通过站内信联系到的客户，在社交媒体上几乎“秒回”信息。所以，在社交媒体平台上与客户联系，不仅效率更高，而且能带来更好的客户体验。社交媒体也有利于商家对老客户进行非常便利的二次营销。商家可以通过社交媒体平台及时地通知店铺的任何上新或促销活动，为店铺吸引更多的流量，带来更多的订单。

学习活动二 Facebook 注册和营销

【学习目标】

1. 掌握 Facebook 的发展历程和特点。
2. 能分辨 Facebook 相较于其他社交媒体平台的优势。
3. 能完成 Facebook 账号注册，并通过各种途径来增加粉丝。
4. 熟悉 Facebook 营销的主要内容和方法，并能开展相关营销活动。

【学习过程】

为了能回答师父关于 Facebook 营销的一系列问题，小艾通过查询资料、向师父请教、与同事交流等方式进行学习，并在师父的指导下整理了笔记。

一、认识 Facebook

（一）Facebook 发展历程

2004 年 2 月 4 日，Facebook 上线。Facebook 的初始页面如图 7－4 所示。2010 年 3 月 13 日，Facebook 的周访问用户首次超越谷歌。2012 年 10 月，Facebook 的月活跃用户首次突破 10 亿大关。2017 年 6 月，Facebook 的月活跃用户达到 20 亿。截至 2024 年 1 月，Facebook 的月活跃用户约为 30.7 亿。这意味着，在全球约 51.8 亿社交媒体用户中，Facebook 的用户占比约为 60%。Facebook 稳坐全球社交媒体头把交椅。

2021 年 10 月 28 日，马克·扎克伯格宣布将公司名称改为“Meta”（如图 7－5 所示），以强调其“元宇宙”的愿景。Meta 是元宇宙 Metaverse 的前缀，意思是包含万物、无所不联。而社交媒体 Facebook 则保留原名称。

（二）Facebook 的优势

1. 流量大

根据 Similarweb 的数据，Facebook 网站的全球访问量在所有网站中排名第三（如图 7－6 所示），仅次于谷歌和 YouTube，在同类型网站中排名第一，拥有其他社交媒体平台无法比拟的巨大流量。

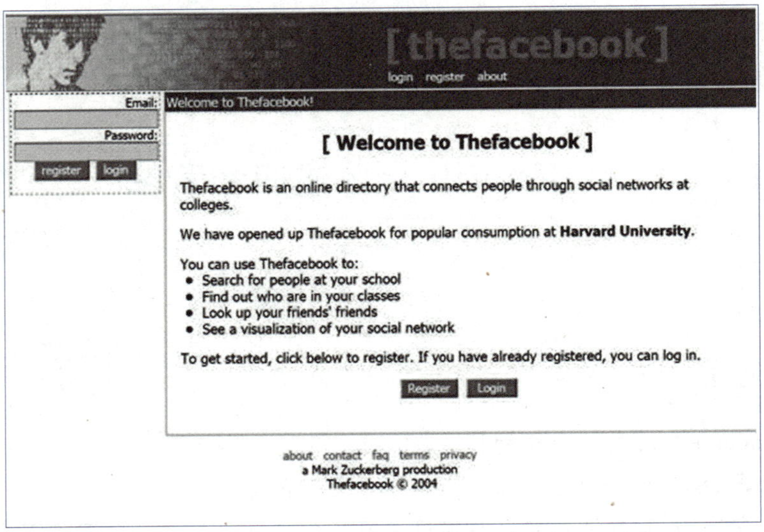

图 7-4 Facebook 的初始页面

图 7-5 Meta 公司的标志

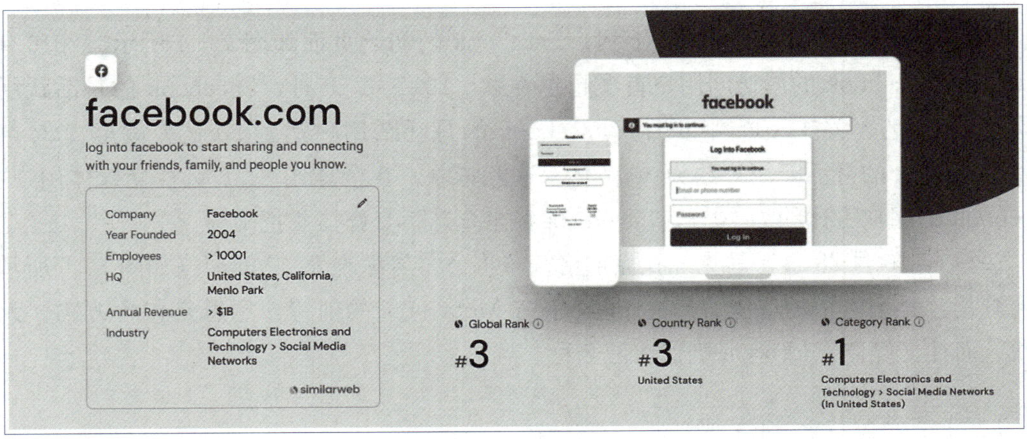

图 7-6 Facebook 的网站排名

2. 用户数多

图 7-7 为 2024 年全球用户数量最多的 10 个社交媒体平台，Facebook 毫无疑问是用户数量最多的社交媒体平台。

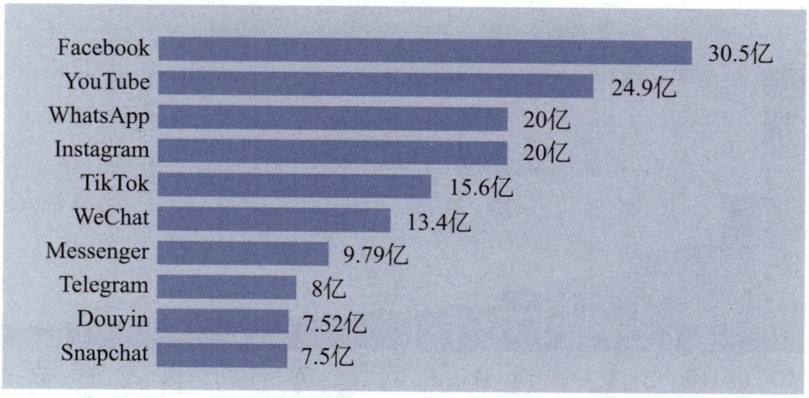

图 7-7 2024 年全球用户数量最多的 10 个社交媒体平台

资料来源：DataReportal.

3. 触及率高

根据 Facebook 官方公布的数据，2020 年，Facebook 触及 59%的互联网用户，如图 7-8 所示。也就是说，每 10 个网民中，就有约 6 个网民使用 Facebook。

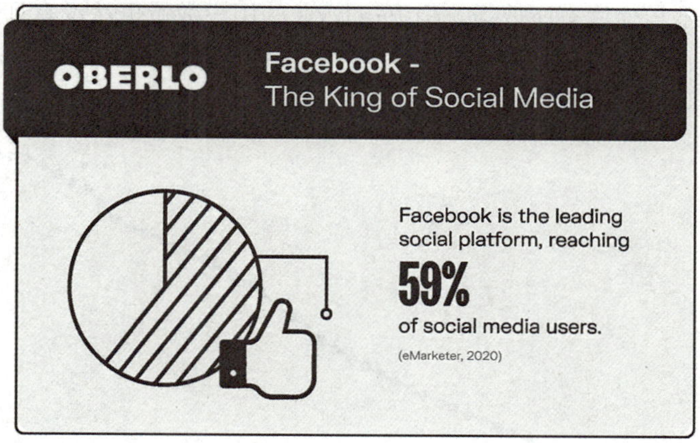

图 7-8 Facebook 的触及率

4. 在新兴市场国家流行

与很多人想象的不同，拥有 Facebook 用户数量最多的国家并不是美国，而是印度。印度拥有超过 3.1 亿的 Facebook 用户，而美国的 Facebook 用户数量为 1.75 亿。在全球 Facebook 用户数量最多的 10 个国家中，除了美国之外，其余国家均为新兴市场国家。排名第三到第十的国家分别是印度尼西亚、巴西、墨西哥、菲律宾、越南、泰国、孟加拉国和埃及，如图 7-9 所示。而这些国家正是全球速卖通等跨境电商平台主要的目标市场国，所以 Facebook 是非常适合开展跨境电商营销的一个社交媒体平台。

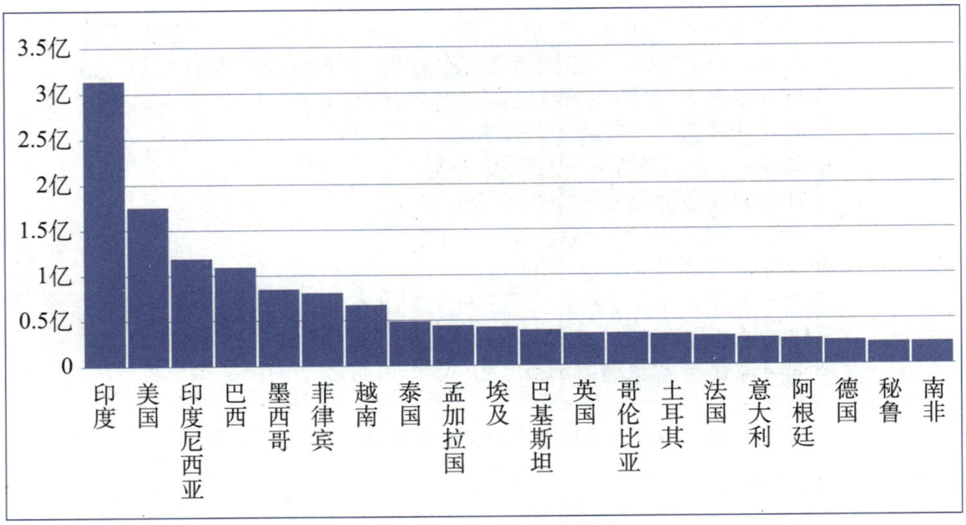

图 7-9　Facebook 用户数量最多的 20 个国家

5. 用户数量依然在增长

虽然已经拥有最多的月活跃用户，但 Facebook 的用户数量依然在快速增长，如图 7-10 所示。虽然近年来增长速度有所放缓，但 Facebook 的用户数量仍然没有到达增长上限。

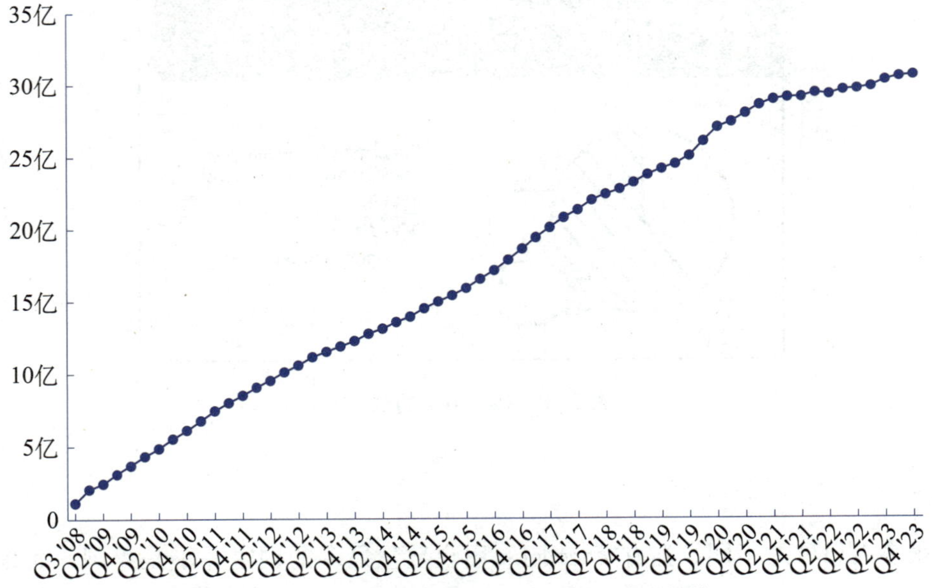

图 7-10　2008—2023 年 Facebook 的用户增长情况

6. 高度商业化

Facebook 是一个高度商业化的社交媒体平台，超过 10 亿的 Facebook 用户会访问商业主页，而 Facebook 占据整个网络广告市场 75%的市场份额。2023 年 Facebook 的广告收入为 1 537.6 亿美元，如图 7－11 所示。

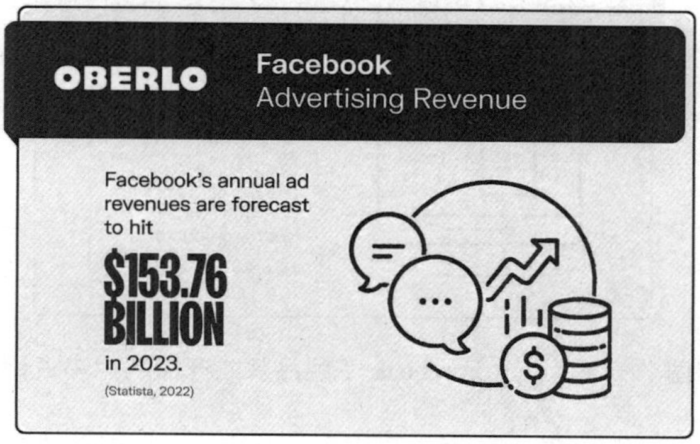

图 7－11　Facebook 的广告收入

截至 2021 年，有超过 2 亿家小型企业使用 Facebook 商业主页进行营销推广活动，如图 7－12 所示。

图 7－12　Facebook 的小型企业用户数量

在全球，有接近九成的营销人员使用 Facebook 来推广产品，如图 7－13 所示。

图 7－13　使用 Facebook 推广产品的营销人员占比

而有超过一半的用户表示，他们通过 Facebook 来了解想要购买的品牌或产品，如图 7－14 所示。

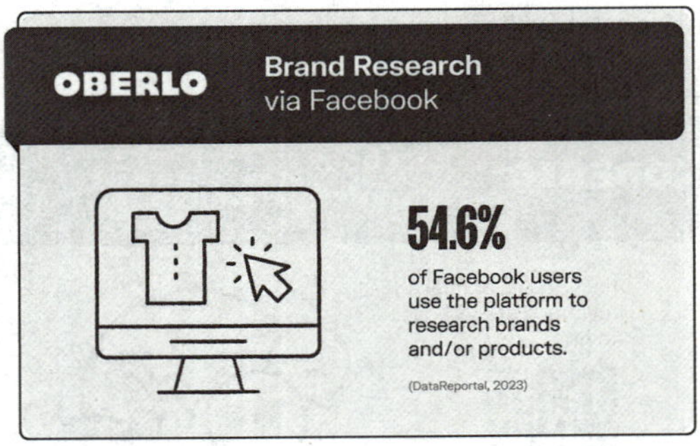

图 7-14 通过 Facebook 了解品牌或产品的用户占比

7. 渗透率高

根据 2021 年的一项调查，用户平均每月花费在 Facebook 上的时间为 19.5 个小时，如图 7-15 所示。

图 7-15 用户平均每月花费在 Facebook 上的时间

8. 在年轻人中受欢迎

如今，Facebook 仍然是年轻成年人主要使用的社交媒体平台之一。58%的 Facebook 用户年龄在 35 岁以下，这意味着他们属于千禧一代或 Z 世代，如图 7-16 所示。而这部分人群正是当下跨境电商的主力购买人群。

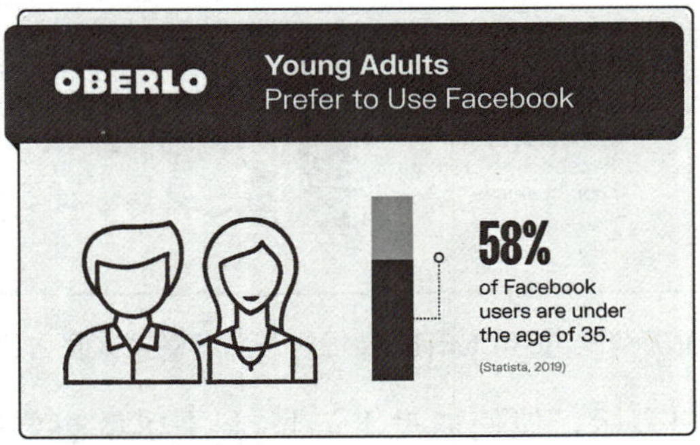

图 7-16 Facebook 受到年轻人的欢迎

二、注册 Facebook 账号

图 7－17　注册 Facebook 账号

（一）注册 Facebook 个人账号

（1）打开 Facebook 官方网站，网址为 www.facebook.com。

（2）选择“注册账号”。

（3）填写主要信息，包括姓名、手机号或邮箱、密码、出生日期等，如图 7－17 所示。需要注意的是，应实名注册，保证信息准确；最好添加手机号码，以防账号被封，方便找回账号。

在注册 Facebook 账号时，除了英文姓名外，还可以选择添加其他语言姓名，如中文姓名，如图 7－18 所示。因为 Facebook 采用实名注册制度，所以一旦账号发生风险，可以选择通过提交身份证明文件找回账号，而此时平台所显示的姓名必须与证件所显示的姓名一致。

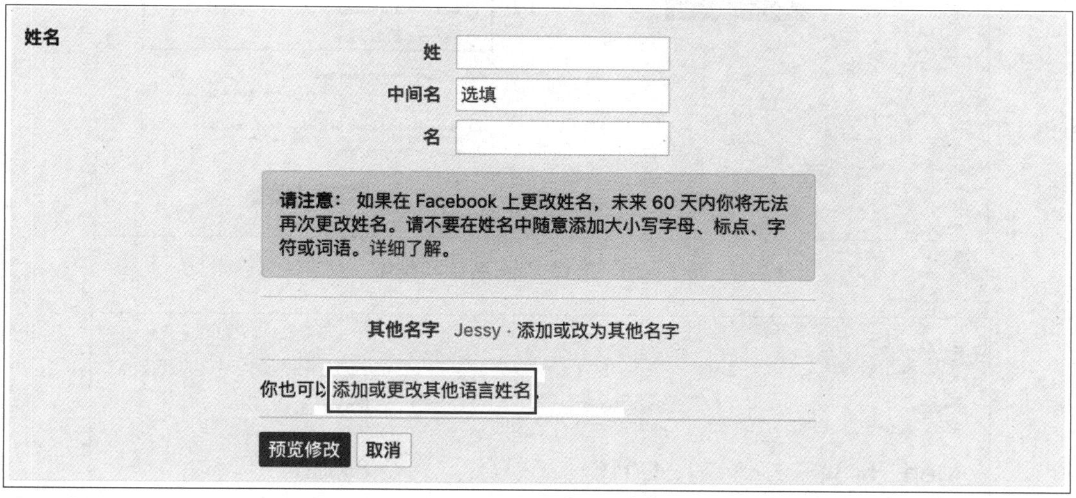

图 7－18　其他语言姓名

（二）注册 Facebook Page

（1）根据指示，选择“Create Page”，如图 7－19 所示。

（2）选择 Page 名称和类型，一般可以选择“Local Business”“Brand，product，or organization”“Artist，band，or pubic figure”，如图 7－20 所示。

（3）完成注册后，可以通过 Facebook 后台查看每天的实时数据，包括粉丝构成、浏览量、触及率等，并及时调整营销策略，如图 7－21 和图 7－22 所示。

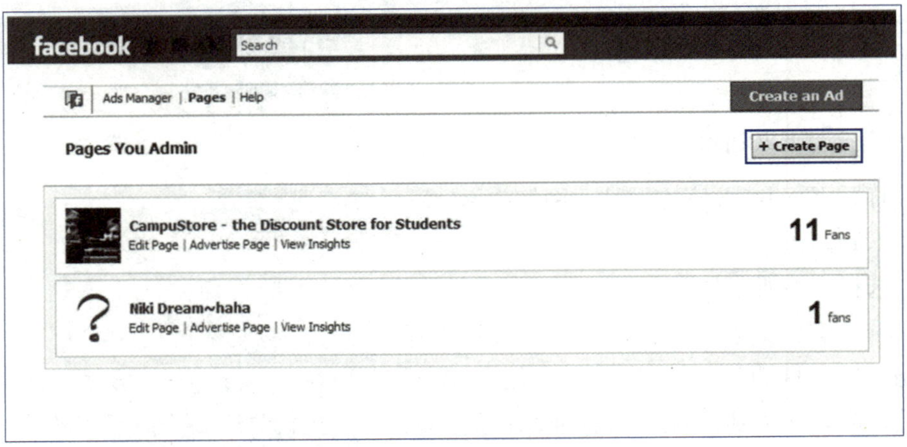

图 7 - 19　注册 Facebook Page

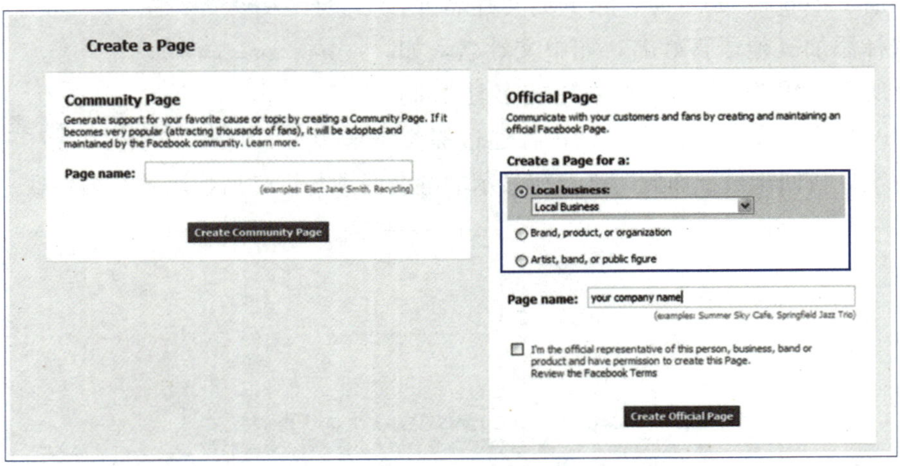

图 7 - 20　选择 Page 名称和类型

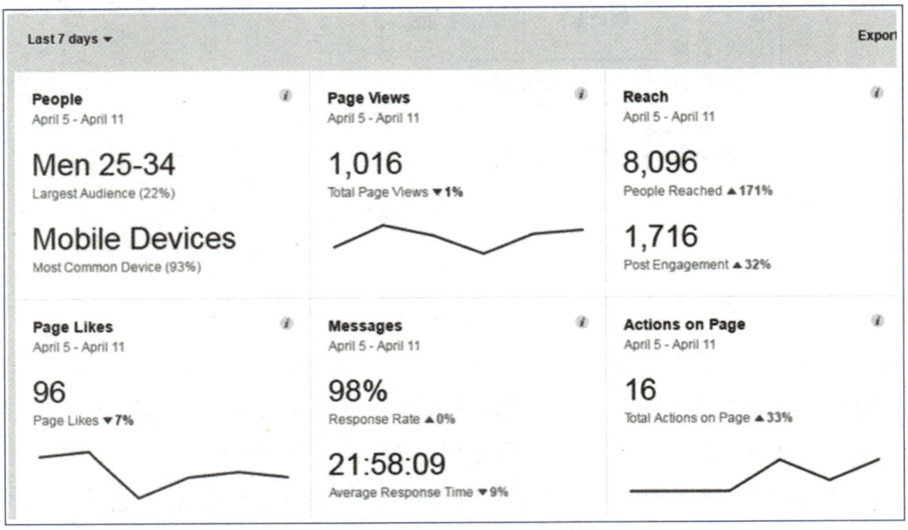

图 7 - 21　Facebook Page 数据（1）

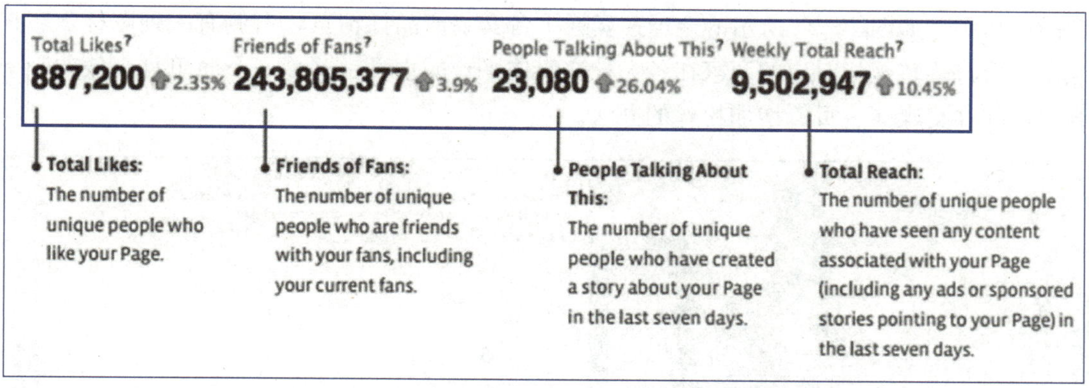

图 7-22　Facebook Page 数据（2）

三、如何增加 Facebook 粉丝

在完成 Facebook 的账号注册之后，下一步就是学习如何增加 Facebook 的粉丝。有一些途径有助于吸引更多的客户关注。

（一）利用已有渠道或网页

目前，绝大部分的购物类网站都会在显眼位置摆放几大社交媒体平台的图标，方便客户点击并跳转至社交媒体平台的主页，如图 7-23 所示。

图 7-23　利用已有渠道或网页

如果我们选择在跨境电商第三方平台开店，就可以把主要的社交媒体平台链接添加到

产品详情页。如图 7－24 所示的全球速卖通平台女装产品详情页，右侧有一列图标，客户点击之后将跳转至相对应的商家在各大社交媒体平台的主页。这是一个简单且有效的吸引客户访问社交媒体主页、增加粉丝的办法。

图 7－24　全球速卖通平台女装产品详情页

（二）在邮件中设置“社交签名”

在进行邮件营销时，特别是对老客户进行二次营销时，过去一般会在邮件的签名位置放置一些基本联络信息，如姓名、职务，以及公司名称、网站、电话和邮箱地址等。而在“互联网＋”时代，除了上述基本信息外，最常见的做法是在每一封邮件签名处添加一行“社交签名”（如图 7－25 所示），即几大主要社交媒体的主页链接。客户只需点击链接，就会跳转至公司的社交媒体主页，这有助于吸引访客、增加粉丝。

图 7－25　在邮件中设置“社交签名”

（三）在线下宣传 Facebook 主页

有非常多的跨境电商卖家会在寄出的产品中放上一张感谢卡，这张卡可以是手写的，也可以是印刷的，主要作用是表达卖家的感谢并请求客户能够给予好评（如图 7－26 所示）。卖家可以在这张卡片上放置 Facebook 或其他社交媒体平台主页的网址，来吸引客户访问并成为粉丝。在此之前，最好能够将公司的 Facebook 或其他社交媒体平台主页的网址个性化为店铺名称，方便客户访问以及记忆。

图 7－26　感谢卡

四、Facebook 营销

企业在吸引了一些客户访问 Facebook 页面后，除了日常发布帖子、状态和图片等，还可以利用一些营销手段来推广产品和店铺。

（一）Facebook Ads

Facebook Ads 是一种常见的营销推广方法，这是一种付费推广方式，且个人账号无法使用该功能，所以对于跨境电商卖家特别是小卖家来说，门槛较高。

图 7－27 是 Facebook Ads 的展示情况，在用户名下方有一行小字写着“赞助内容”，这一内容会以新鲜事的形式随机推送到 Facebook 用户的首页。而当客户点击链接时，就会直接跳转至产品页面，客户可以直接浏览和下单，如图 7－28 所示。

图 7－27　Facebook Ads 的展示情况

图 7－28　跳转至产品页面

一个 Facebook Ads 由四部分组成，分别是标题（Title）、文案（Body）、链接（URL）和图片（Image），如图 7-29 所示。

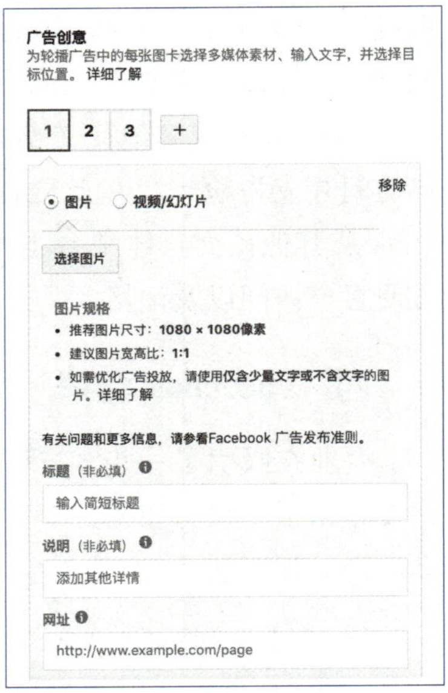

图 7-29 Facebook Ads 的构成

在正式开始设计 Facebook Ads 之前，首先，要明确目标，是提升品牌知名度，还是吸引更多的访客。不同的目标决定了我们如何设计 Facebook Ads 的每一个部分。其次，需要给 Facebook Ads 设计吸引人的标题、文案和配图。标题不宜过长，应做到简洁明了。根据经验，问题式的标题更能吸引访客点击进来一探究竟。文案同样需要做到简洁明了，广告语的简洁是一种美，但在最后记得要加上一句行为召唤，如"click the link and order now to enjoy the special discount"。广告的配图同样需要吸引人，精美的配图对广告来说很重要。最后，一定要确认插入的是正确的产品链接或店铺链接，并且与文案是相关的。

我们还可以为 Facebook Ads 选择不同的格式，如轮播、单图片或视频，以及精品栏，即用全屏移动体验来呈现一组商品，如图 7-30 所示。

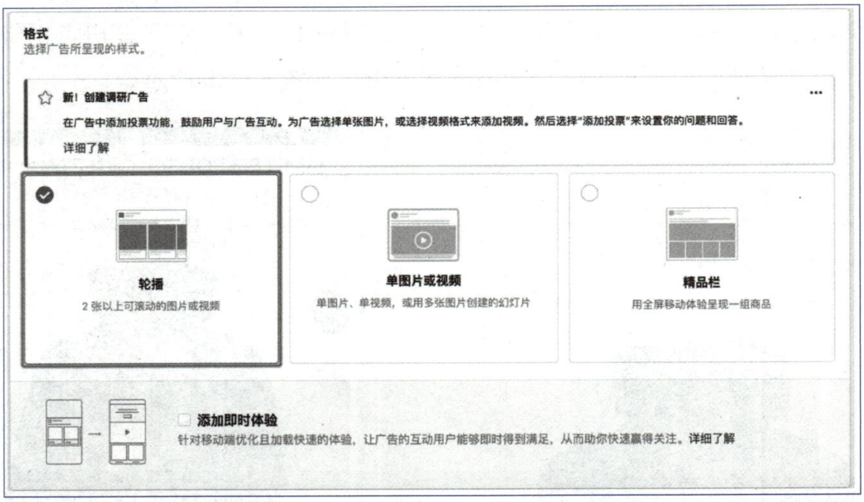

图 7-30 选择广告格式

设计好 Facebook Ads 的内容之后，就要为其选择合适的目标受众了。Facebook Ads 可以帮助我们精准定位到目标受众，这是 Facebook Ads 最大的优势之一。除了最浅层的地域（location）和人口（demographics）因素之外，我们还可以通过用户的兴趣（interests）、行为（behaviors）等来进行目标受众的精准定位。在选择完所有的受众条件之后，我们可以看到一个预估的受众规模，也就是大约有多少符合条件的人能看见我们的广告，如图 7-31 所示。这个数字并不是越大越好，因为只有那些真正的潜在客户看见广告，才能提高广告效率。

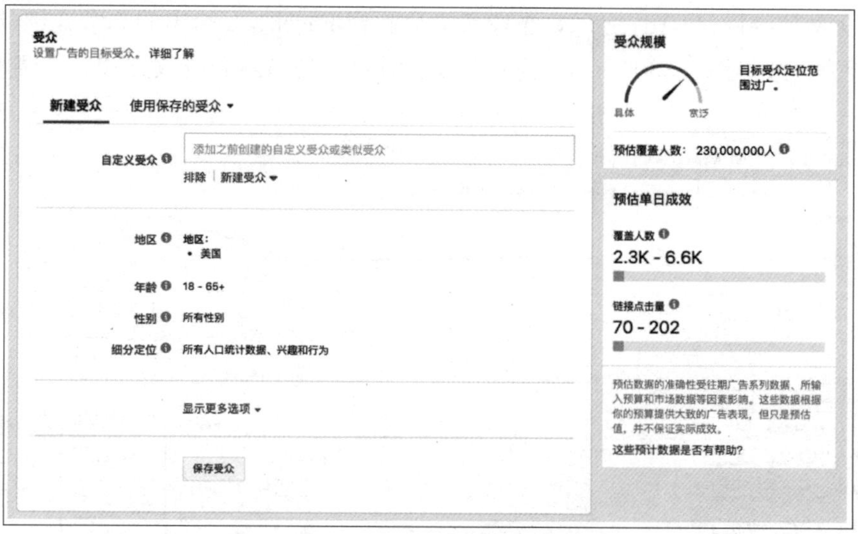

图 7 - 31　确定广告目标受众

另外，我们需要为 Facebook Ads 选择合适的预算和出价方式，如图 7 - 32 所示。我们可以为广告设置一个每日预算（daily budget）上限，从而更好地控制广告成本。Facebook Ads 的出价方式主要有两种，分别是 CPM（Cost Per Mille）和 CPC（Cost Per Click），一般选择后者，也就是只有当有人点击链接时，Facebook 才会收费。这是一种更为高效和经济的出价方式。选择完出价方式之后，我们还需设置最大金额（max bid），也就是愿意为每一次点击付费的上限。Facebook 会给出一个建议的范围，我们只需在建议范围内出价即可。

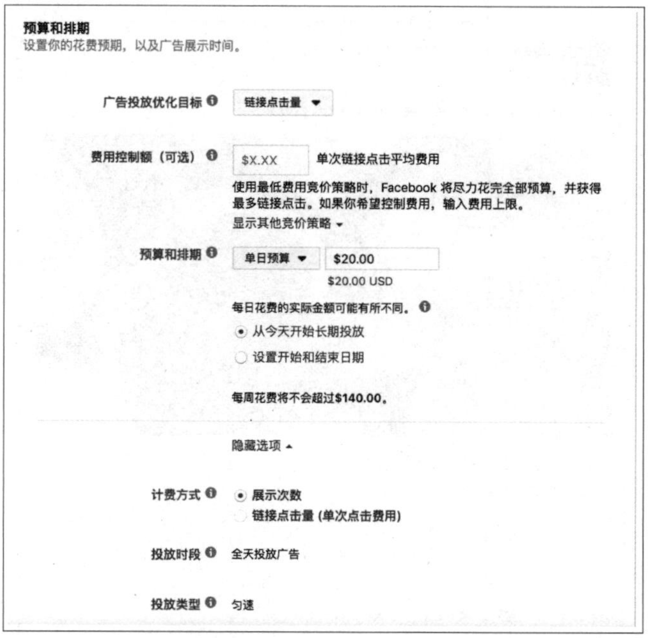

图 7 - 32　设置预算和排期

正式投放 Facebook Ads 之后，企业每天会收到 Facebook 给出的非常详细的反馈。根据反馈的数据（如图 7－33 所示），企业可以及时对广告内容和投放方式进行调整和优化。

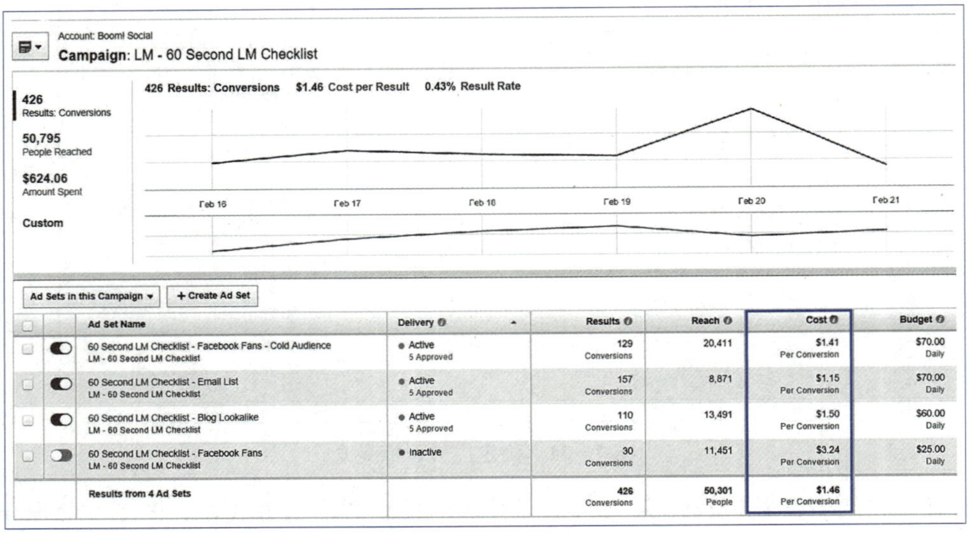

图 7－33 Facebook Ads 反馈数据

（二）Facebook Offer

Facebook Offer 是 Facebook 的另一个营销工具，其创建过程和 Facebook Ads 类似。Facebook Offer 一般以优惠券的形式发布在用户的主页，发布之后其好友可以通过点击“Get Offer”得到特定的优惠，如图 7－34 所示。

图 7－34 Facebook Offer

Facebook Offer 有三种类型，分别是：仅供实体店使用的优惠，可在网上或店内兑换的优惠，在线优惠。企业可以通过第三种类型的 Facebook Offer 给粉丝提供一些可在跨境电商店铺使用的专属优惠。

投放 Facebook Offer 有一个前提条件，即广告主在 Facebook 上的主页（Facebook Page）的点赞数（Like）需达到 400 以上。

（三）Facebook Page

利用 Facebook Page 活动功能创建活动并面向受众推广，可以吸引更多用户参加活动和提高销量，如图 7－35 所示。据统计，每月有 7 亿用户使用 Facebook 活动来进行推广，每天有 3 500 万用户在 Facebook 查看公开活动。

Facebook 对商家的用途主要有：（1）提升店面或网站的客流量；（2）搭建与社群联系的桥梁；（3）与粉丝分享信息。

图 7－35　Facebook Page

（四）Facebook Group

企业可以通过加入与行业相关的 Facebook Group（社群），积极参与讨论并分享有价值的内容，来建立关系并扩展自身的品牌影响力，如图 7－36 所示。

图 7－36　卖家可以加入相关社群

（1）寻找相关社群。在 Facebook 上搜索与我们的业务或产品相关的社群，并加入那些与我们的目标受众密切相关的社群。这些社群可以是行业相关的、产品相关的社群，或者是特定兴趣或主题的社群。

（2）提供有价值的内容。在社群中分享有价值的内容，例如行业见解、解决方案、提示和建议，以及与业务相关的新闻和信息。确保内容能够吸引用户的兴趣并提供实际价值，从而建立在社群中的专业声誉和影响力。

（3）积极参与讨论。在社群中积极参与讨论，回答其他成员的问题，提供帮助和支持。与其他成员建立联系，并尝试成为社群中的权威人士，这样可以增加其他成员对我们的信任度，并促进我们与他们的交流和互动。

（4）分享我们的内容和产品。在适当的时候，我们可以分享自己的产品、服务或促销活动，并与社群成员分享自己的业务故事和成功案例。但要确保宣传不要显得过于直接，而是以提供价值为主，避免过度推销而引起其他成员的反感。

（5）定期参与和更新。定期参与社群活动，与成员保持联系，并定期更新我们的内容和信息，以保持受众的兴趣和参与度。

（五）Promote Post

Promote Post 是一种门槛相对较低的营销方式。无论是 Facebook Page 用户还是个人用户，都可以使用这一方法来进行营销推广。

首先，企业需要在 Facebook 主页发布一个帖子或状态，分享一个产品或店铺的链接，如图 7－37 所示。接下来，企业可以对这个帖子进行付费推广，如图 7－38 所示。和 Facebook Ads 类似，可以为帖子选择特定的目标受众，如地域、性别、年龄等，并为付费推广设定每日预算，以便更好地控制营销成本。进行了付费推广后，这个帖子会以赞助内容的形式随机出现在目标受众的 Facebook 首页新鲜事上。一旦有人点击链接，Facebook 将会收费。进行付费推广后，企业同样会收到每日的反馈数据，并可以根据数据及时对营销方案进行调整和优化，如图 7－39 所示。

图 7－37　Promote Post（1）

图 7－38　Promote Post（2）

图 7－39　Promote Post 推广效果

学习活动三　Instagram 注册和营销

【学习目标】

1. 掌握 Instagram 的发展历程、主要特点和基本功能。
2. 能分辨 Instagram 的用户特征和适宜开展营销的产品类型。
3. 能进行 Instagram 账号注册，并通过各种途径增加粉丝。
4. 熟悉 Instagram 营销的主要内容和方法，并能开展营销活动。

【学习过程】

为了能回答师父关于 Instagram 营销的一系列问题，小艾通过查询资料、向师父请教、与同事交流等方式进行学习，并在师父的指导下整理了笔记。

一、认识 Instagram

Instagram 是图片社交软件的鼻祖，其名称源自柯达公司一款名为“Instamatic”的相机（如图 7-40 所示）。

图 7-40 Instamatic 相机

Instagram 于 2010 年 10 月正式在 App Store 上线，在推出的初期只有 iOS 版本。上线仅仅一周，Instagram 就拥有了 10 万注册用户。2012 年 9 月，Facebook 以 7.15 亿美元的价格收购 Instagram。2014 年 12 月，Instagram 全球活跃用户数突破 3 亿。目前，Instagram 拥有超过 20 亿月活跃用户。

二、注册 Instagram 账号

要在 Instagram 上开展营销活动，需要先做好必要的准备工作。接下来，我们来了解一下如何注册 Instagram 账号。

Instagram 的用户基本上都是通过移动端访问，我们可以在 App Store 或其他的应用商店搜索“Instagram”找到软件并下载（如图 7-41 所示）。

下载完成后，打开软件即可开始注册步骤。注册 Instagram 账号有三种方式，分别为：直接用 Facebook 账号登录，使用邮箱注册，使用手机号注册（如图 7-42 所示）。我们可以根据自己的情况任意选择一种方式进行注册。

如果直接用 Facebook 账号登录，就可以同步我们在 Facebook 上的个人信息和资料。但为了防止日后忘记用户名等，建议首先使用邮箱或手机号注册（如图 7-43 所示），注册完成后再关联 Facebook 账号。关联 Facebook 账号后，我们可以很容易地找到 Facebook 好友中也在使用 Instagram 的人，帮助我们迅速获得第一批粉丝。

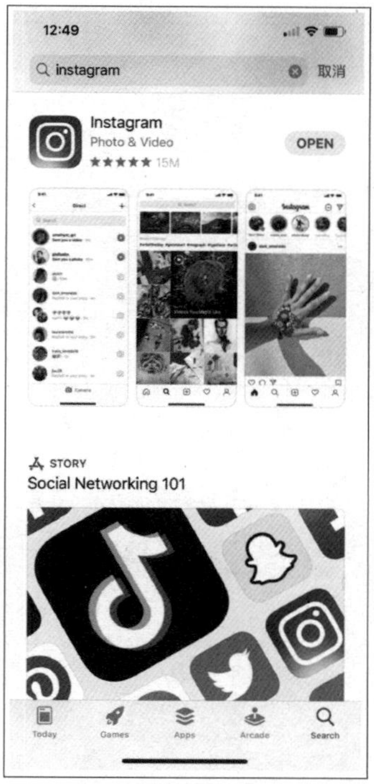

图 7 - 41　搜索 Instagram

图 7 - 42　注册 Instagram

图 7 - 43　输入手机号或邮箱

选择使用邮箱或手机号注册后，我们需要添加姓名（如图 7 - 44 所示），使其他用户可以通过搜索姓名找到我们。在 Instagram 个人主页，姓名也显示在最显眼的位置，所以，为 Instagram 账号创建一个便于记忆的姓名很关键，最好与店铺或品牌名称有关联，更方便客户加深记忆。

根据提示创建密码（如图 7 - 45 所示）、添加生日（如图 7 - 46 所示）之后，Instagram 账号就注册完成了（如图 7 - 47 所示）。

注册完成后，可以通过关联 Facebook 账号和搜索通讯录来寻找好友（如图 7 - 48 和图 7 - 49 所示），这些正在使用 Instagram 的好友可以成为我们的第一批粉丝。

另外，我们还需要选择一张照片作为头像（如图 7 - 50 所示）。虽然后续还可以更改，但头像是其他用户看见的第一张照片，所以要谨慎选择。一般可以用企业的标识或者产品图片来作为头像，头像图片的像素不能太低。

一个全新注册的 Instagram 账号的关注列表暂时是空的，但 Instagram 会推荐一些账号供选择关注（如图 7 - 51 所示）。建议大家首先关注 Instagram 的官方账号，以便及时获知平台的一些最新信息和动态。同时，从 Instagram 官方账号发布的帖子中，我们可以获知目前的图片风格流行趋势，以便更好地处理自己的图片。另外，我们也可以根据店铺和产品类型，选择关注一些相关的账号。

设置完成后，点击页面底部中间的加号图标（如图 7 - 52 所示），就可以开启 Instagram 图片之旅了。

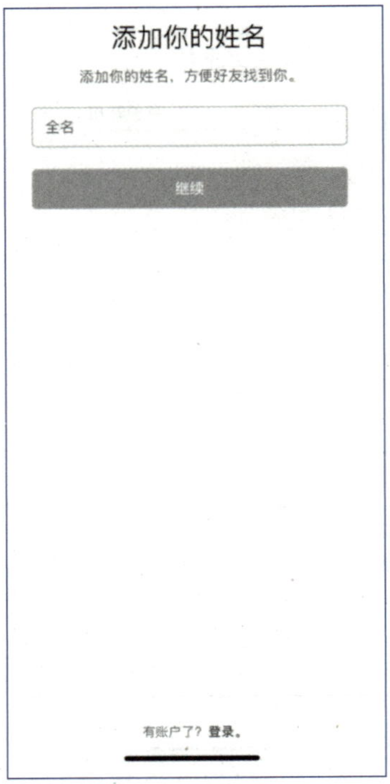

图 7-44 添加姓名

图 7-45 创建密码

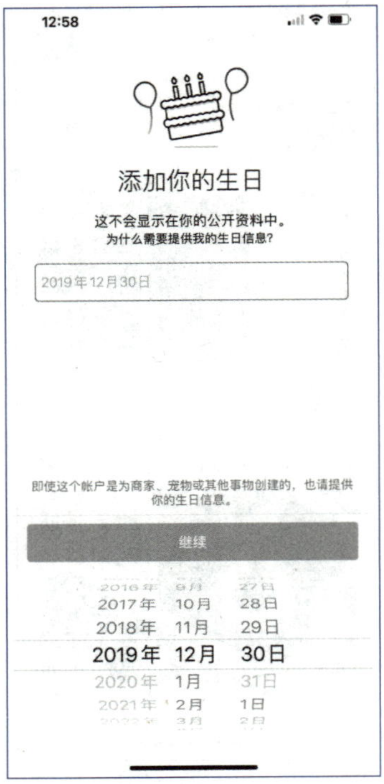

图 7-46 添加生日

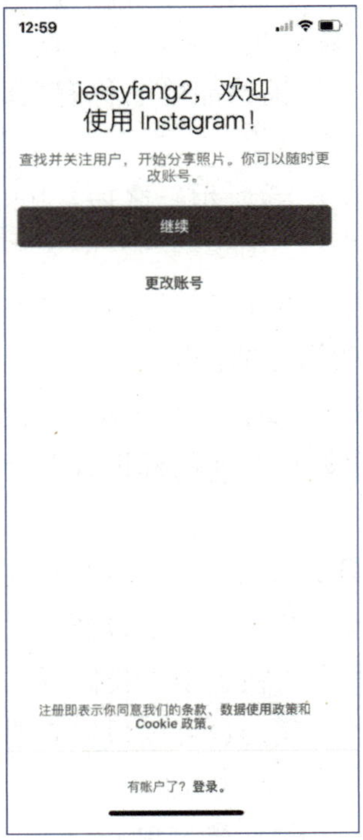

图 7-47 注册完成

图 7-48 查找 Facebook 好友

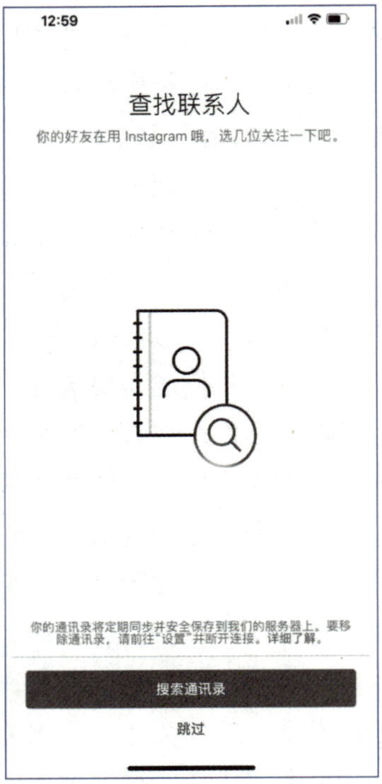

图 7-49 查找联系人

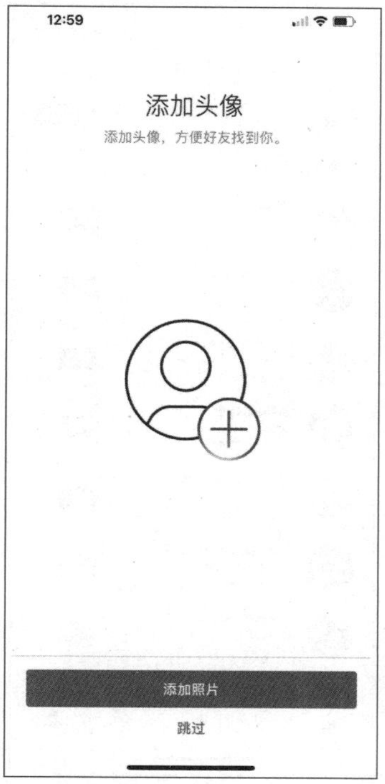

图 7-50　添加头像

图 7-51　发现用户

图 7-52　开始使用 Instagram

三、Instagram 的功能

完成注册之后，就可以利用 Instagram 平台来开展营销活动了。Instagram 的功能主要包括如下几个。

(一) 基本功能

首先，Instagram 的一个帖子由精美的图片和简短的文字组成，其中，图片是最主要、占比最大的部分。用户可以对帖子进行点赞、评论或分享（如图 7-53 所示）。由于 Instagram 是一个图片社交网站，因此图片的精美程度非常重要，而对图片的文字说明一般都非常简洁，长篇的文字在 Instagram 是不流行的。

其次，在 Instagram 的发现页面，可以搜索感兴趣的内容，搜索的内容可以是用户、话题或任何你感兴趣的东西；也可以根据不同的类别发现感兴趣的内容，如购物、动物、影视、科技、大自然等。同时，该页面还会根据浏览和互动记录推送“可能感兴趣的内容”（如图 7-54 所示），因此，每一位 Instagram 用户看到的内容是不一样的。不同于 Facebook，Instagram 是一个基于兴趣的社交媒体平台。

最后，在 Instagram 上还可以寻找“熟人”。通过关联 Facebook 账号，我们可以找到正在使用 Instagram 的 Facebook 好友；通过关联通讯录，我们可以在 Instagram 上找到现实生活中的朋友。Instagram 也会根据我们的账号信息和浏览记录等，向我们推荐我们可能认识和可能感兴趣的人（如图 7-55 所示）。

图 7-53　Instagram 帖子

图 7-54　发现页面

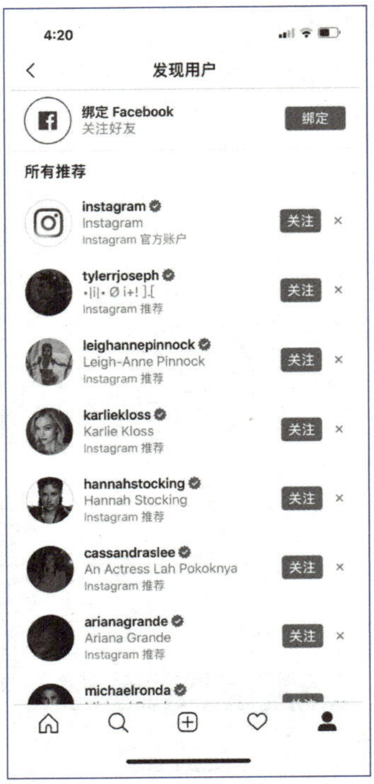

图 7-55　发现用户

菜单栏最中间的加号就是 Instagram 的发布按键，按下后可以发布照片或视频。作为图片社交软件的鼻祖，Instagram 提供多种精美的滤镜供用户选择（如图 7-56 所示）。Instagram 还提供强大的图片编辑功能，用户可以通过调整亮度、对比度、结构等，对图片进行更高级的编辑（如图 7-57 所示）。

图 7-56　添加滤镜

图 7-57　高级编辑功能

（二）限时动态故事

2016 年，Instagram 推出“Stories”限时动态故事功能，用户可将过去 24 小时的照片与影片剪辑成一段可轻松浏览的 15 秒短片，该短片会在发布 24 小时后自动从个人档案与动态上消失。Stories 没有点赞及公开评论功能，鼓励大家更轻松自在地分享每天的生活片段。

Instagram 动态页上方会显示追踪对象。有动态更新时，其头像照片外围就会出现彩色圆圈，点按即可观看对方最近 24 小时的生活故事剪辑，往左滑则可看下一个人的动态故事（如图 7－58 所示）。

如果想要制作自己的限时动态故事，只要按下 Instagram 左上角的相机符号，就可拍摄照片或短片了，当然，也可以从手机相册中选取最近 24 小时的照片或短片。使用者可尽情发挥个人创意，在照片或短片上加上涂鸦、表情贴图及对白字幕（如图 7－59 所示）。

Stories 的隐私设定与账号原设定相同，如果设定为不公开账号，那么就只有粉丝才能看到 Stories。另外，也可针对用户隐藏动态。浏览自己的动态时，往上滑动就可知道有谁看过照片或短片。如果特别想凸显 Stories 其中某些部分，则可将其直接贴到自己的个人档案中。

图 7－58　限时动态故事（1）

图 7－59　限时动态故事（2）

（三）Reels

2020 年，Instagram 宣布上线新频道 Reels（如图 7－60 所示）。2022 年，Reels 允许用户拍摄、编辑、剪辑并分享不超过 90 秒的短视频。这些变化是 Instagram 努力提供更多沉浸式和全屏体验的一部分。Instagram 还将整合用户档案中的视频和 Reels 标签。

根据官方数据，目前 Instagram 上超过 30%的时间被 Reels 占据。同时，Reels 也是 Instagram 平台上触及率最高的内容形式，其平均触及率为 30.81%，如图 7－61 所示。

图 7－60　Instagram Reels 页面

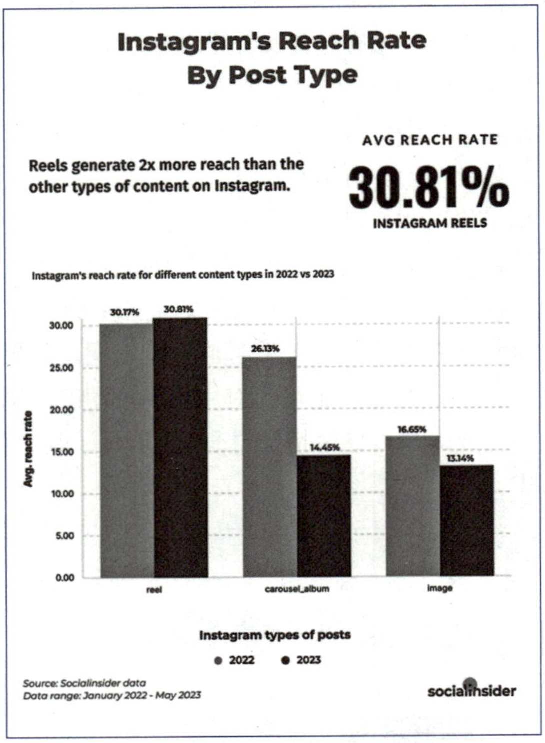

图 7－61　Instagram Reels 的触及率

四、Instagram 的用户特征

在 Instagram 的注册用户中，约 52%为男性用户，约 48%为女性用户；其中，超过 60%的 Instagram 用户年龄在 18～34 岁（如图 7－62 所示）。从国家分布来看，印度是全球拥有 Instagram 用户最多的国家，其拥有 2.3 亿 Instagram 用户，美国以 1.5 亿用户紧随其后。Instagram 内部数据显示，70%的购物者会在该平台上寻找下一次购物的目标，这意味着人们会在这里寻找购物灵感并发现新产品。Instagram 对于年轻人的购买选择有着非常大的影响力。调查显示，超过 50%的千禧一代认为 Instagram 对他们网购选择商品的影响力是最大的。在该项调查中，只有 30%的受访者选择了 Facebook，而选择 X（Twitter）的只有 10%。

由以上用户特征可以看出，Instagram 用户的性别比例几乎相等，因此该平台并不天然更适合某一特定性别而不适合另一性别。虽然面对激烈的竞争，但是 Instagram 仍然是 18～34 岁的年轻人最爱使用的社交媒体软件之一。如果你的目标受众主要是年轻人，那么 Instagram 是一个理想的营销推广平台。

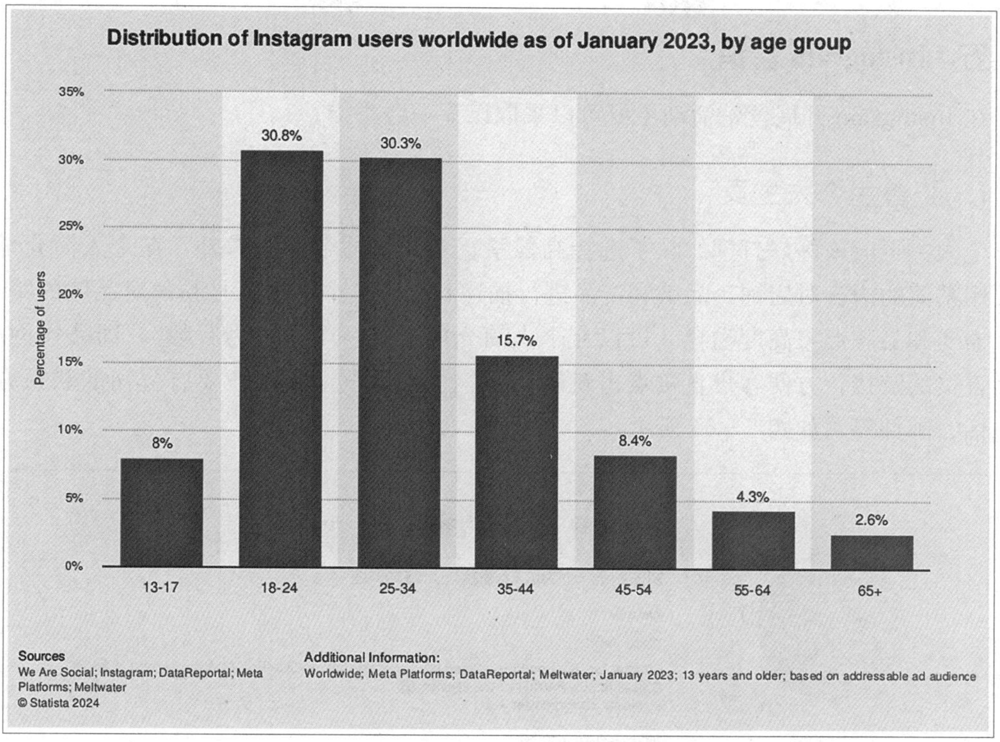

图 7－62　Instagram 用户的年龄分布

虽然在主流社交媒体平台中，Instagram 的用户数不是最多的，但根据 Hootsuite 的调查，在零售行业，Instagram 的互动率为 1.58%，高于 Facebook、X（Twitter）和 TikTok 等其他主流社交媒体平台（如图 7－63 所示）。事实上，在发布的所有行业中，Instagram 的互动率几乎在每一个行业都取得了领先地位。事实证明，Instagram 仍然是企业寻求建立活跃社交追随者的最佳社交媒体平台之一。

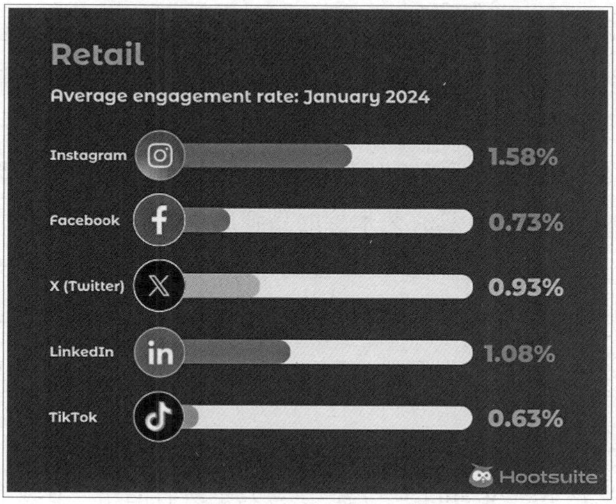

图 7－63　零售行业社交媒体平台互动率

五、Instagram 营销

在 Instagram 开展营销活动主要可以采取以下一些举措。

（一）善用个人主页

个人主页应该好好打理。除了选择高像素、专业并适合的头像外，在个人简介部分，也要用精简的语言对店铺、品牌和产品进行描述和介绍。个人主页是粉丝对品牌的第一印象，需要和品牌形象高度吻合。可以在个人简介中放上一个“行为召唤”，即公司网站或店铺首页的链接，方便客户直接点击跳转访问。个人主页上最好还要有公司的联系方式，如电话、邮件等（如图 7－64 所示）。

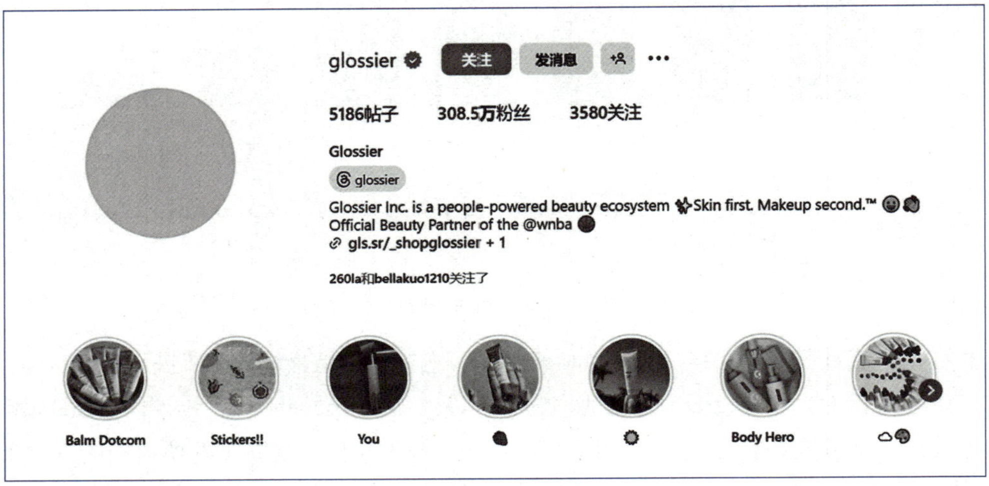

图 7－64　个人主页

（二）拍摄精美图片

由于 Instagram 是一款图片社交软件，因此发布的图片一定要非常精美，让图片来为我们说话。

Instagram 里有各种滤镜来改善图片的色调。图片色调要适合品牌风格，与品牌保持一致。用颜色和图案创造独特且具有艺术感的品牌形象，有利于提高品牌的辨识度。研究显示，在 Instagram 的用户中，Mayfair 滤镜的平均使用率最高；明亮的图案比灰暗的图片更受欢迎；蓝色主调的图片比红色主调的图片更吸引人，能得到更多的赞；单色调比多色调更受人喜爱。

（三）巧用标签

标签（hashtag）是 Instagram 的一大特色，几乎所有的用户在发布帖子时都会在文字部分之后加上一些标签（以“＃”加关键词的形式呈现）。用户可以通过搜索标签，找到感兴趣的内容。研究发现，88%的品牌帖子至少包含一个主题标签。包含至少一个标签的帖子平均比没有标签的帖子互动率高出12.6%。

我们可以通过以下几种方法添加标签：(1) 联想与品牌或产品相关的标签，如"#clothes""#food""#makeup"等；(2) 搜索时髦、受欢迎的标签，注意不要添加与所发布内容完全无关的标签，哪怕它非常流行；(3) 创建自己的标签，可以是品牌和店铺的名称，或是专属的活动名称，来和粉丝形成良好的互动。

注意，不要添加过多的标签，否则会影响粉丝浏览帖子时候的体验。虽然在Instagram上，一个帖子平均配有10.7个标签，但调查显示，当帖子使用的标签达到6个以上时，互动率就会开始下降。因此，给每个帖子选择5个左右的标签是最合适的。

图7-65为2024年Instagram十大最受欢迎标签。

图7-65　2024年Instagram十大最受欢迎标签

(四) 举办粉丝活动

Instagram是一个互动率非常高的社交媒体平台。开展多种形式的粉丝活动，能够有效地帮助企业增加粉丝、增强用户黏性，从而提升店铺访客数和成交额。

主要的粉丝活动类型有：点赞参与 (like to win)，评论参与 (comment to win)，转发参与 (share to win)，抽奖参与 (enter to win)，发布带有特定标签的帖子参与 (post to win with #) 等。

(五) 发布限时动态故事

Instagram上的"限时动态故事"版块已经成为一个人气颇高的版块，不仅普通用户可以上传实时内容，广告商也可以发布一些目标精准的广告内容 (如图7-66所示)。但很重要的一点是，为了提高广告的转化率，出现在"限时动态故事"中的广告图片必须呈现一流的设计和外观，给人眼前一亮的感觉，它们必须在第一时间就吸引到目标受众的注意。

我们还可以在发布的限时动态故事中设置"see more on..."的链接，这样用户就可以直接点击链接购买产品了 (如图7-67所示)。

图 7-66　“限时动态故事”广告

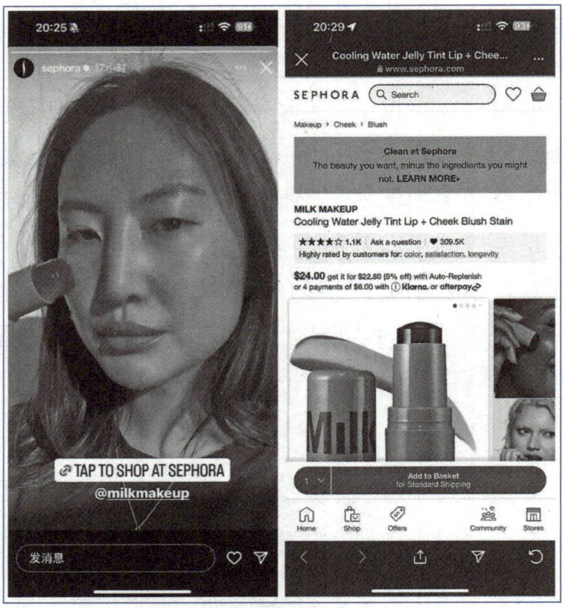

图 7-67　点击链接购买产品

（六）利用 Reels 短视频

通过 Reels 短视频开展营销活动，可以帮助品牌和卖家与粉丝进行良好的互动，顺应当下的潮流，并带来更高的触及率和潜在的病毒式传播。随着 Instagram 用户在 Reels 短视频上所花费的时间越来越多，目前大部分品牌和商家已经开始利用 Reels 短视频来营销产品和品牌。除了需要构思有创意、互动性强的视频内容，我们还需要给 Reels 短视频选择流行的配乐和特效，并合理使用标签和视频标题。常见的视频内容包括产品性能的展示、产品的使用方法介绍和产品开箱等。我们也可以通过和网红合作或鼓励用户参与来产生更多的用户生成内容。比如，美国快餐品牌 chipotle 经常通过 Reels 发布一些幕后视频，向粉丝展示食物的制作过程，以此来提高透明度并获得粉丝的信任（如图 7-68 所示）。

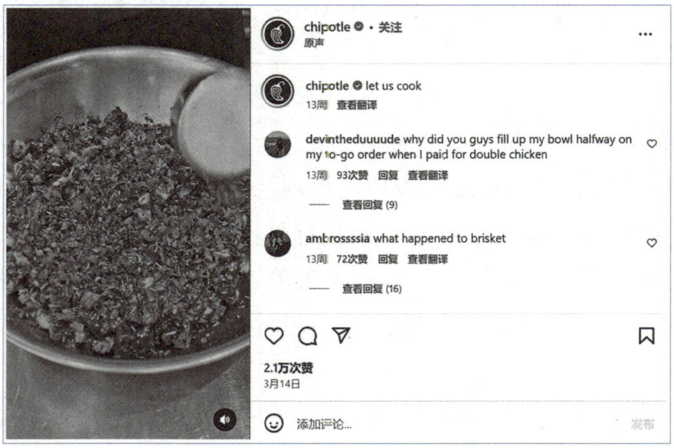

图 7-68　chipotle 发布的 Reels 视频

（七）和 Instagram 网红合作

与大部分国内的社交媒体类似，Instagram 上也有不少活跃的网红，也就是 KOL（Key Opinion Leader）。通过与网红合作来帮助推广产品，也是一个行之有效的方法。在选择网红时，要特别注意网红与产品的相关性。

（八）开设 Instagram 商店

将 Instagram 账号切换为商业账号后，我们可以在 Instagram 上开设店铺（Instagram Shop），更生动、直观地向粉丝展示我们的产品，也让粉丝能够更方便地购买。开通了 Instagram 商店后，我们可以在主页增加“去逛逛”按钮（如图 7 - 69 所示）。用户点击后就可以直达商店页面（如图 7 - 70 所示）。

图 7 - 69 首页增加商店标签

图 7 - 70 Instagram 商店页面

商家还可以在发布的帖子中带上商品 tag，它不仅可以出现在限时动态故事中，也可以以静态图片的形式出现在普通的帖子中（如图 7 - 71 所示）。在这些帖子中，有一个购物袋的图标，用户只需要轻轻一点，就可以直接到达网店进行购买。每张照片最多可以 tag 5 个商品。

（九）投放付费广告（Instagram Ads）

Instagram 也提供付费广告功能（Instagram Ads）。付费广告会以赞助内容的形式随机出现在 Instagram 用户的主页新鲜事、限时动态故事或 Reels 页面上（如图 7－72 所示）。想要使用付费广告功能，用户必须首先将账户转换为商业账户。作为 Meta 家族的一员，用户可以在 Facebook Ads Manager 中创建广告，并在 Instagram 上投放。

图 7－71 带有商品 tag 的帖子

图 7－72 Instagram 付费广告

学习活动四 TikTok 注册和营销

【学习目标】

1. 掌握 TikTok 的发展历程、主要特点和基本功能。
2. 能分辨 TikTok 的用户特征和适合开展营销的产品类型。
3. 能完成 TikTok 账号注册，并通过各种途径来增加粉丝。
4. 熟悉 TikTok 营销的主要内容和方法，并能开展相关营销活动。

【学习过程】

为了能回答师父关于 TikTok 营销的一系列问题，小艾通过查询资料、向师父请教、与同事交流等方式进行学习，并在师父的指导下整理了笔记。

一、认识 TikTok

TikTok 是一个专注于短视频内容创作和传播的平台，其前身是字节跳动公司于 2016 年 9 月推出的抖音，抖音主要面向中国市场。2017 年，字节跳动推出了抖音的国际版——TikTok，并开始在海外市场推广。2018 年，字节跳动收购了美国短视频应用 Musical. ly，并将其用户和内容整合到 TikTok 平台上。这一举措大大增加了 TikTok 在北美市场的用户基础。自此，TikTok 的用户数量迅速增长，特别是在年轻人中受到了热烈欢迎。

如图 7－73 和图 7－74 所示，TikTok 达成月活跃用户数超 10 亿这一成就仅仅花了 4 年，速度超过 Facebook、Instagram、WhatsApp 等其他主流社交媒体平台。截至 2025 年 4 月，TikTok 在全球的月活跃用户已经超过 15 亿，成为世界上最受欢迎的社交媒体平台之一。其用户群体遍布各个年龄段，但以年轻人为主。

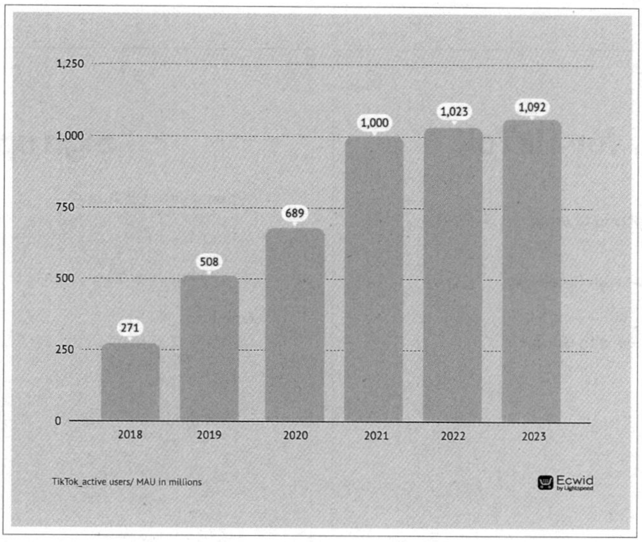

图 7－73 TikTok 月活跃用户增长情况（单位：百万）

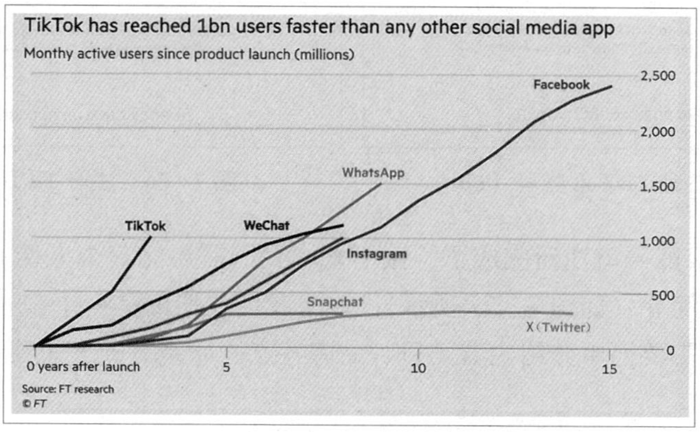

图 7－74 主要社交媒体月活跃用户增长情况

二、注册 TikTok 账号

要在 TikTok 上开展营销活动，需要先做好必要的准备工作。首先，我们来了解一下如何注册 TikTok 账号。我们可以通过下载 TikTok 的 App 或访问 TikTok 网站来进行注册。

注册 TikTok 账号主要有两种方法：通过手机号或电子邮箱注册；或通过现有的其他社交媒体账号登录，如 Facebook、谷歌账号等（如图 7－75 所示）。

和 Instagram 类似，虽然通过其他社交媒体账号登录比较便捷，但还是建议先通过手机号或电子邮箱进行注册，之后再与其他社交媒体账号进行关联，以便日后找回账号。

选择使用手机号或电子邮箱注册后，我们需要填写出生年月日（TikTok 要求注册用户必须年满 13 周岁）、手机号或电子邮箱，创建用户名和密码，并接收和输入 6 位验证码（如图 7－76 所示）。

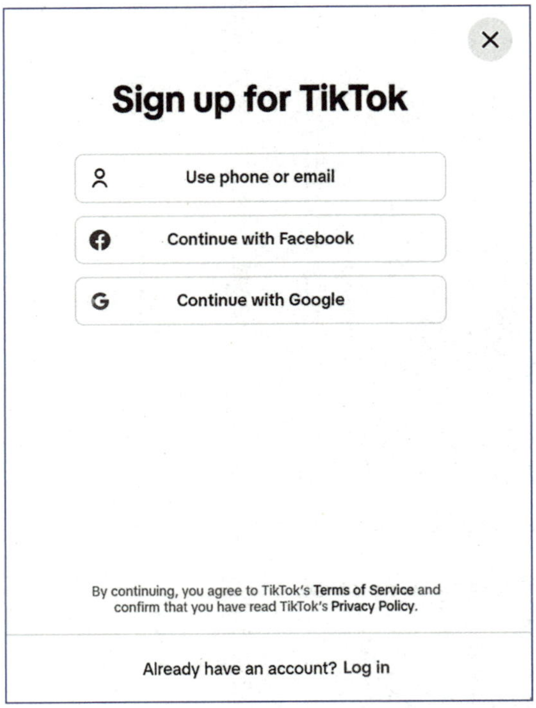

图 7－75　注册 TikTok 账号（1）

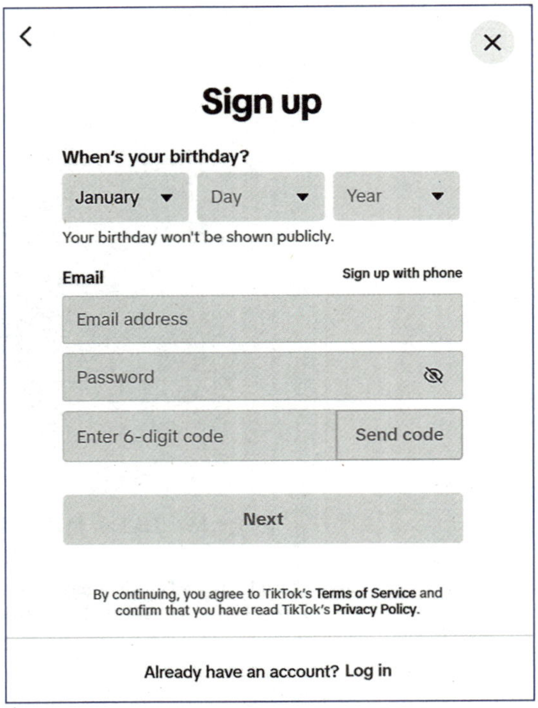

图 7－76　注册 TikTok 账号（2）

至此，TikTok 账号就注册完成了。接下来，我们需要完善个人档案（Profile），包括头像、名字和个人简介（如图 7－77 所示）。如果我们注册的是一个公司账号或品牌账号，记住在个人简介中需要简单介绍主营类目、品牌特点、联系方式等主要信息。

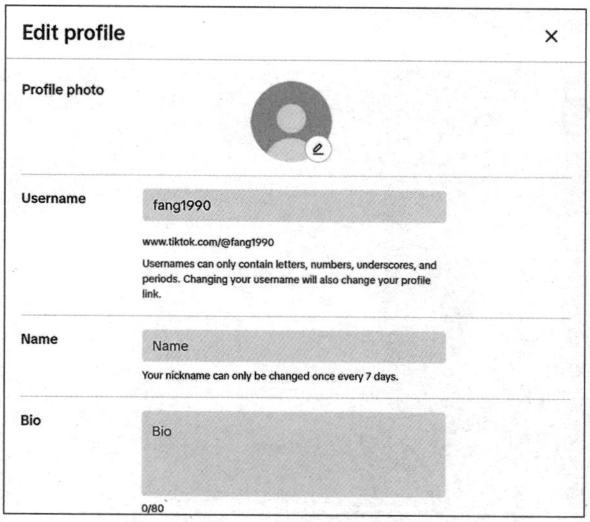

图 7-77 完善个人档案

三、TikTok 的基本功能

完成注册之后，就可以利用 TikTok 平台来开展营销活动了。但在正式开展营销活动前，应先了解 TikTok 的基本功能。

(一) 视频创作和编辑

TikTok 用户可以制作和分享时长为 15 秒到 3 分钟的短视频。这些视频涵盖广泛的主题，包括音乐、舞蹈、喜剧、运动、日常生活、动画漫画、游戏、美食、穿搭等。TikTok 应用内置丰富的视频编辑工具，包括滤镜、特效、文字和贴纸等，可以帮助用户制作出创意十足的视频。

(二) 音乐库和声音库

TikTok 的一大特色是其丰富的音乐库和音效库，用户可以将其融入自己的视频中。这一特色促成了许多歌曲和音频的病毒式传播，也使 TikTok 成为推广音乐和流行文化的重要平台。

(三) 推荐页面 (For You Page)

推荐页面（For You Page）是 TikTok 上的主要信息流，算法根据用户的观看历史、点赞和分享行为，个性化推荐用户可能感兴趣的视频内容。因此，TikTok 也是一个“千人千面”的平台，不同用户在首页看到的内容是不一样的。

(四) 合拍 (Duet) 和画面拼贴 (Stitch)

(1) 合拍（Duet）：TikTok 用户可以与其他用户的视频进行对唱或对话，生成一个并排显示的双屏视频，增加互动性（如图 7－78 所示）。

图 7－78　TikTok 合拍（Duet）

（2）画面拼贴（Stitch）：TikTok 用户可以剪辑其他用户视频的一部分，并将其与自己的新内容拼接在一起，进行创意再创作（如图 7－79 所示）。

图 7－79　选择分享视频，可看见合拍和画面拼贴选项

（五）直播（Live Streaming）

TikTok 用户可以进行实时直播，与观众互动。直播期间，观众可以发送礼物、评论

和提问，以增强实时互动体验（如图 7 - 80 所示）。

图 7 - 80　TikTok 直播

（六）挑战和趋势

TikTok 以其丰富的挑战和趋势而闻名，用户可以参与由其他用户或平台发起的挑战，通过特定的标签（#）发布相关视频，增加互动和曝光（如图 7 - 81 所示）。

图 7 - 81　TikTok 舞蹈挑战

（七）标签和话题

用户可以在视频中添加标签和话题，这有助于视频被更多用户发现和参与特定的内容主题（如图 7 - 82 所示）。热门标签和话题经常出现在 For You Page 的顶部。

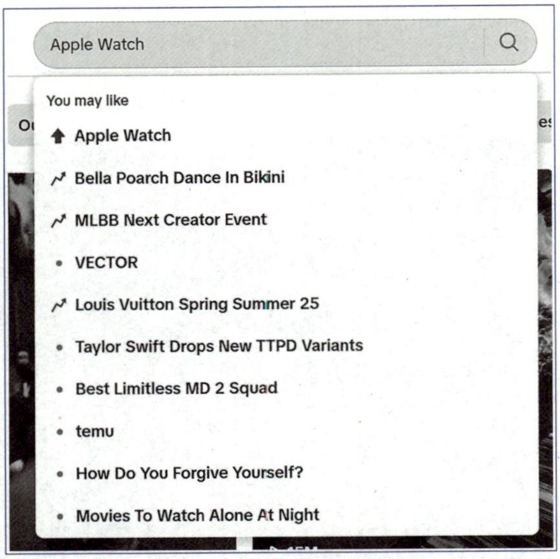

图 7-82　搜索栏出现的热门标签/话题

四、TikTok 的用户特征

TikTok 平台的用户具有多样性，吸引了全球范围内的用户。

（一）性别比例

TikTok 的性别分布相对均衡，但女性用户略多于男性用户。约 51%的 TikTok 用户为女性，约 49%的 TikTok 用户为男性（如图 7-83 所示）。

图 7-83　TikTok 用户性别分布

（二）年龄分布

TikTok 是一个年轻化的平台，将近一半的 TikTok 用户年龄在 30 岁以下，其中有 1/4 的 TikTok 用户年龄在 20 岁以下。18～24 岁用户是 TikTok 上占比最大的一个年龄段，约占用户总数的 37.3%；接下来是 25～34 岁人群，约占用户总数的 32.9%（如图 7-84 所示）。

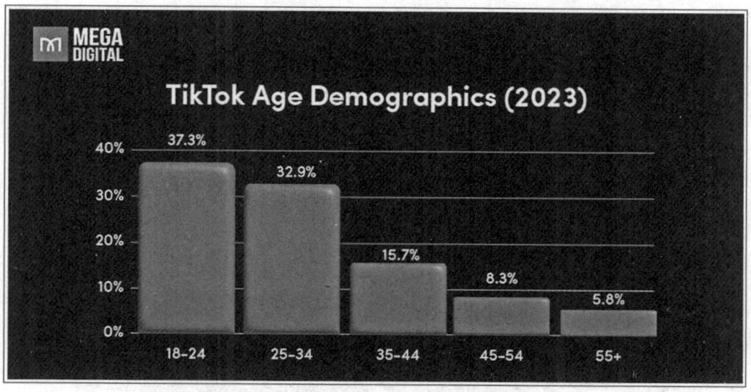

图 7-84　TikTok 用户年龄分布

综上所述，TikTok 的用户中有接近 20%为 18～24 岁的年轻女性，这一用户群体也是 TikTok 最主要的用户群体。如果你的公司或品牌目标客户为年轻女性，TikTok 是不容错过的营销平台。

（三）地域分布

如图 7-85 所示，从地域分布来看，1.165 亿的用户数量使美国成为 TikTok 用户数量最多的国家；紧随其后的是印度尼西亚，TikTok 用户数量同样超过 1.1 亿；排在第三到第十位的国家分别是巴西、墨西哥、俄罗斯、越南、菲律宾、泰国、土耳其和沙特阿拉伯。

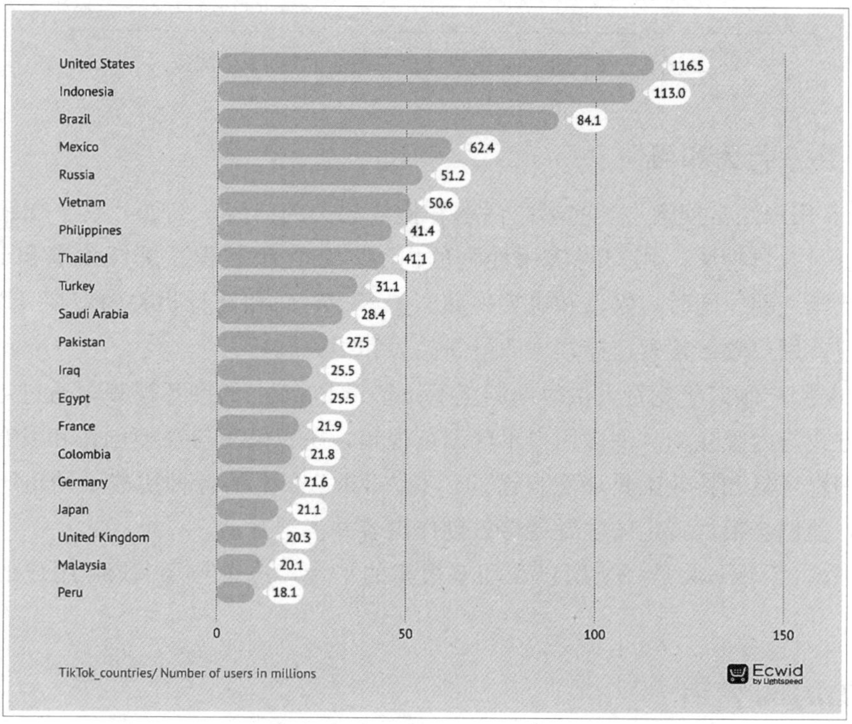

图 7-85　TikTok 用户数量（单位：百万）最多的前 20 个国家

如图 7-86 所示，从渗透率来看，接近一半的泰国社交媒体用户使用 TikTok，这使得泰国成为 TikTok 渗透率最高的国家。紧随其后的是美国、越南、墨西哥、巴西、英国、法国、西班牙、德国和阿根廷。

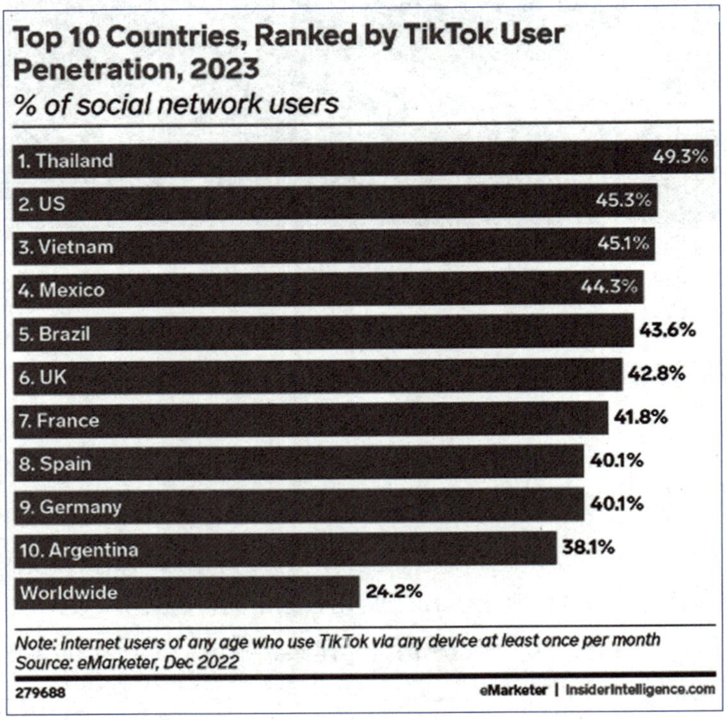

图 7-86　TikTok 用户渗透率最高的前 10 个国家

（四）用户行为和习惯

TikTok 用户经常搜索与当前热门话题和挑战相关的内容。例如，某个舞蹈挑战或热门音乐会吸引大量搜索。用户对实用性强的内容，如化妆教程、烹饪食谱和 DIY 项目，均表现出浓厚兴趣。同时，娱乐和搞笑视频、美容、时尚和健身相关内容在 TikTok 上也非常受欢迎，用户频繁搜索这些领域的最新趋势和相关技巧。

TikTok 用户倾向于花费大量时间浏览 For You Page 上的推荐视频，通过点赞、评论和分享等方式与内容互动。许多用户不仅浏览视频，还积极参与视频创作和发布，利用平台提供的编辑工具和特效工具展示自己的创意。TikTok 上的各种挑战活动也吸引了大量用户参与，他们会根据特定的主题或标签创作内容并参与互动。

整体来说，TikTok 是一个用户互动率很高的平台，这也与 TikTok 用户的特征有一定的关系。

五、TikTok 营销

在 TikTok 开展营销活动主要有以下一些举措。

(一) 创建品牌官方账号

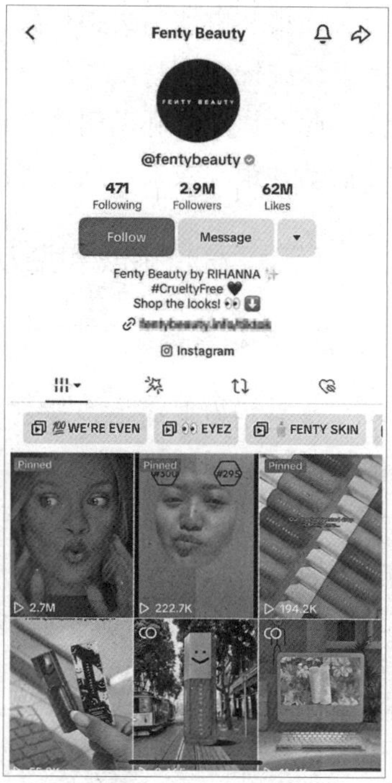

图 7－87 Fenty Beauty 的 TikTok 主页

首先，要完善品牌官方账号的个人档案，使其符合店铺、产品或品牌形象和定位。图 7－87 是由某知名歌手创建的美妆品牌 Fenty Beauty 在 TikTok 的主页，就与该品牌时尚前卫和创新的品牌形象较为相符。

在主页的个人简介部分，除了简单介绍店铺或品牌，也要放上店铺主页的链接，便于用户点击访问和购买，最好还要放上店铺在 Facebook、X（Twitter）、Instagram 等其他社交媒体平台的主页链接，把 TikTok 上的粉丝引流到其他平台。

其次，创建好品牌官方账号后，要定期发布与品牌相关的内容，包括产品展示、使用教程、客户评价等。内容应尽量生动有趣，符合 TikTok 用户的偏好。商家也可以通过短视频讲述品牌故事、企业文化和背后的理念，让用户了解品牌的背景和价值观。

(二) 利用网红进行营销

与国内的社交媒体平台类似，TikTok 上也活跃着大量网红，他们在某些特定领域有着重要的影响力。商家可以找到与品牌定位和产品类别相匹配的 TikTok 网红或 KOL（关键意见领袖），与他们合作推广产品（如图 7－88 所示）。

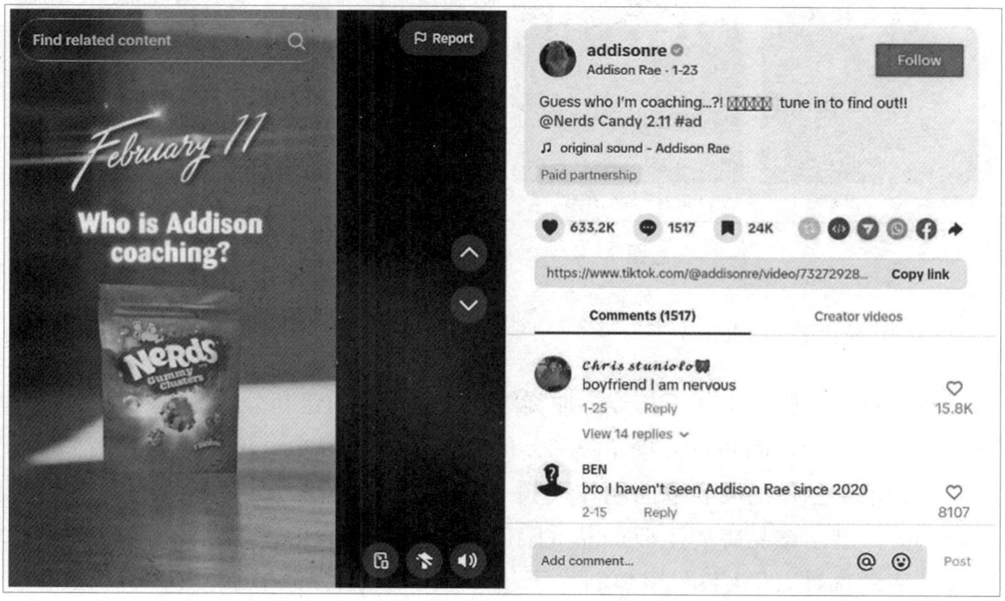

图 7－88 糖果品牌 Nerds Candy 和 TikTok 网红 Addison Rae 合作的短片

如果商家能与表现良好且受欢迎的 TikTok 网红建立和谐的关系，并且他们的关注者的人口统计数据与商家的目标受众相匹配，那么这不失为一种传播信息颇具成本效益的方式。此外，商家利用网红营销平台可以提供一种简化的方法来与合适的网红建立联系，优化活动并跟踪效果，从而提高 TikTok 营销策略的整体效果。

(三) 发起挑战和活动

1. 品牌挑战

这是指发起带有品牌标签的挑战活动，鼓励用户参与并发布相关内容，如推出独特的舞蹈、有创意地使用产品的方式或有趣的互动活动。例如，美国快餐品牌 chipotle 曾经在全美牛油果日（7 月 31 日）发起一个名为“guacdance”的挑战，鼓励人们跟着“鳄梨酱之歌”跳舞（如图 7－89 所示）。这一挑战成功吸引了超过 15 万人参加，相关的标签＃guacdance 产生了超过 11 亿次的浏览，当天 chipotle 的鳄梨酱相关产品销量增长了 65%。

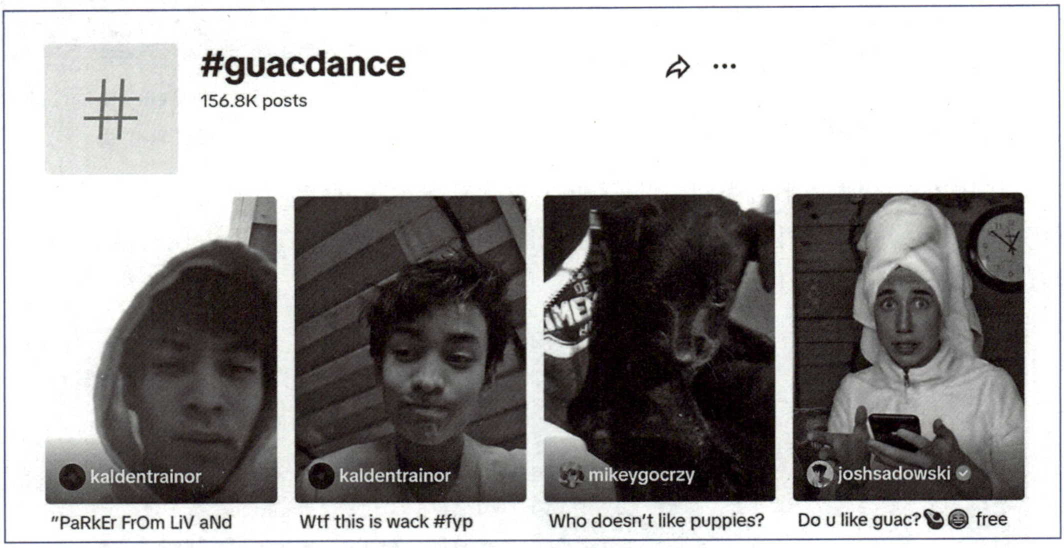

图 7－89 ＃guacdance 挑战

2. 用户生成内容（UGC）

这是指通过奖励机制（如折扣券、抽奖等）鼓励用户创建和分享品牌相关内容，增加品牌曝光和用户互动。例如，美妆品牌 e. l. f. 曾经发起 ＃EyesLipsFace 挑战，鼓励用户使用专门为该活动创作的同名歌曲制作视频（如图 7－90 所示）。挑战的重点是以有趣且引人入胜的方式展示该品牌的主要产品（眼部、唇部和面部化妆品）。这一挑战赛成为病毒式传播的轰动事件，TikTok 用户制作了超过 500 万个视频，观看次数达到数十亿次，获得数百万个赞、分享和评论，使得 e. l. f. 的品牌知名度和认知度大幅提升。

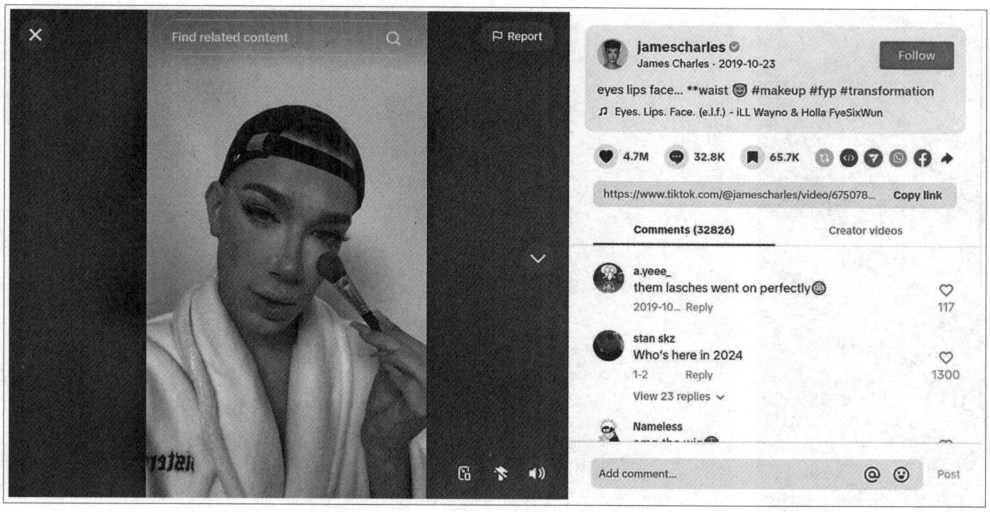

图 7－90　＃EyesLipsFace 挑战

（四）投放广告

TikTok 提供了多种广告类型，帮助品牌在平台上进行有效的营销推广。以下是 TikTok 广告的主要类型。

1. 信息流广告（In-feed Ads）

（1）展示位置：出现在用户的 For You Page 中，混合在用户生成的内容中。

（2）特点：广告可以是短视频形式，通常为 15 秒至 60 秒，用户可以点赞、评论、分享和关注广告内容。

（3）优势：原生广告格式，能够吸引用户自然互动。

信息流广告如图 7－91 所示。

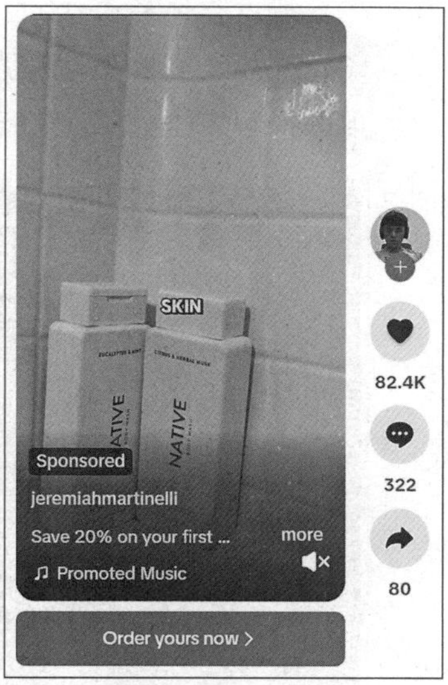

图 7－91　信息流广告

2. 品牌接管广告（Brand Takeover Ads）

（1）展示位置：用户首次打开 TikTok 应用时显示的全屏广告。

（2）特点：广告通常为 3 秒到 5 秒的视频或静态图像，可以包含外部链接，导向品牌网站或应用下载页面。

（3）优势：曝光率高，一天只有一个品牌会出现在品牌接管广告中，适用于重大活动或新品发布。

品牌接管广告如图 7－92 所示。

3. 顶部视频广告（Top View Ads）

（1）展示位置：用户打开应用后第一个看到的视频广告，占据屏幕顶部的位置。

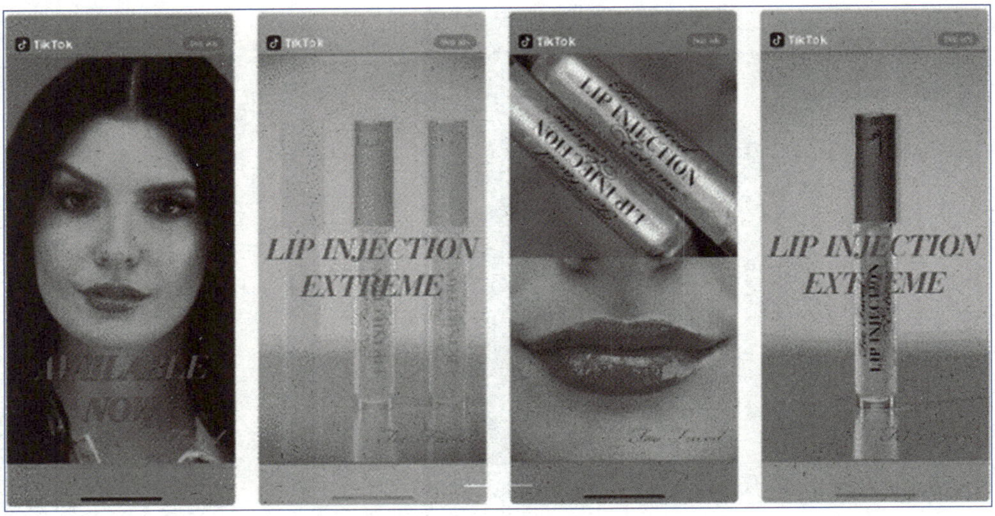

图 7－92　品牌接管广告

（2）特点：最长可达 60 秒，包含声音和视觉效果。

（3）优势：高可见性和强制观看，能有效提高品牌曝光率和用户参与度。

顶部视频广告如图 7－93 所示。

图 7－93　顶部视频广告

4. 品牌效果广告（Brand Effects Ads）

（1）展示位置：用户可以在视频中使用品牌定制的特效、滤镜、贴纸等。

（2）特点：品牌可以设计独特的视觉效果供用户在其视频中使用，增强互动性和创意性。

（3）优势：鼓励用户生成品牌相关内容，提升品牌参与度和用户创造力。

品牌效果广告如图 7－94 所示。

图 7－94 品牌效果广告

5. 定向广告（Targeted Ads）

（1）展示位置：通过 TikTok 广告管理平台投放的各种广告形式。

（2）特点：品牌可以根据用户的兴趣、行为、地理位置、人口统计数据等进行定向投放，提高广告的精准度和效果。

（3）优势：精确定位目标受众，提高广告的转化率和投资回报率。

6. 动态展示广告（Dynamic Showcase Ads）

（1）展示位置：信息流广告中，根据用户的行为和兴趣自动生成个性化的广告内容。

（2）特点：使用机器学习和数据分析技术，自动生成最符合用户兴趣的广告，提高相关性和点击率。

（3）优势：高度个性化，能够提高用户的互动率和广告效果。

（五）利用 TikTok 购物功能

TikTok 不仅是一个社交媒体平台，也正在成为一个强大的电子商务工具，可以帮助品牌方和商家在全球市场上扩大影响力和销售额。

1. TikTok Shopping

TikTok Shopping 是一项全面的购物解决方案，允许品牌方在 TikTok 上创建和管理自己的在线店铺，直接向用户展示和销售产品。品牌方可以在 TikTok 上展示产品列表，用户可以浏览和点击查看详细信息。用户可以通过 TikTok 直接进行购买，无须离开应用程序。它支持多种支付方式，方便用户完成交易。

2. 购物标签（Shopping Tags）

购物标签允许品牌方在视频中添加产品标签，用户点击标签即可查看产品详情并购买。它可以提高购物体验的无缝性，也能提高转化率。

3. 直播购物（Live Shopping）

直播购物功能允许品牌方和创作者在直播过程中展示和销售产品，用户可以实时观看和购买。用户可以在直播期间与品牌方或创作者互动、提问和获取更多产品信息。直播过程中展示的产品可以直接通过直播窗口进行购买，增强即时性和互动性。品牌方还可以在直播中提供限时折扣或特惠，刺激用户购买。

4. TikTok 小店（TikTok Small Shops）

TikTok 小店是面向中小型商家的购物功能，帮助他们在 TikTok 平台上开设店铺并销售产品。商家可以轻松创建和管理产品列表、订单和库存。用户可以在 TikTok 内浏览和购买小店中的产品，无须跳转到外部网站。

5. 品牌链接（Brand Links）

品牌方可以在视频描述或个人资料中添加链接，直接引导用户访问品牌的独立站、第三方平台店铺首页或特定产品页面。品牌方可以根据营销活动需求随时更改和更新链接。

6. TikTok 商品橱窗（Product Showcase）

品牌方可以在 TikTok 主页上设置商品橱窗，展示多个商品，并提供直接购买链接。这可以增强品牌方主页的购物功能，使用户可以直接从品牌方主页浏览和购买商品。品牌方通过橱窗集中展示多个商品，也增加了用户浏览和购买的机会。

（六）优化内容

（1）趋势内容：紧跟 TikTok 上的热门话题和趋势，制作相关内容，增加品牌曝光机会。

（2）多语言支持：针对不同市场的用户，提供多语言版本的内容，提升用户体验，扩大覆盖面。

（3）互动和反馈：积极与用户互动，回复评论和私信，收集用户反馈并优化产品和服务。

同步练习

一、单选题

1. 社交媒体的核心是（　　）。

A. 互联网技术　　B. 实名注册　　C. 付费广告　　D. 用户生成内容

2. 在全球拥有用户数量最多的社交媒体平台是（　　）。

A. Facebook　　B. X（Twitter）　　C. YouTube　　D. Instagram

3. Instagram 根据（　　）为每位用户推荐“可能感兴趣的内容”。

A. 年龄　　B. 性别　　C. 地域　　D. 浏览和互动记录

4. 在 Instagram 的注册用户中，超过（　　）的用户为年龄在 18～34 岁的用户。

A. 60%　　B. 50%　　C. 40%　　D. 30%

5. TikTok 是我国 App（　　）的海外版。

A. 微信　　B. 小红书　　C. 微博　　D. 抖音

二、多选题

1. Facebook 的优势包括（　　）。

A. 用户数多　　B. 用户数量依然在快速增长

C. 流量大　　D. 渗透率高

2. 增加 Facebook 粉丝的方法包括（　　）。

A. 利用已有渠道或网页　　B. 在邮件中设置“社交签名”

C. 在线下宣传 Facebook 主页　　D. 购买粉丝

3. Instagram 的用户特征包括（　　）。

A. 男女用户比例差不多

B. 大部分用户年龄在 18～34 岁

C. 美国是 Instagram 用户数量最多的国家

D. 对消费者的购买选择有非常大的影响力

4. 一般来说，我们可以通过以下（　　）方法添加 Instagram 标签。

A. 联想与品牌或产品相关的标签　　B. 搜索时髦、受欢迎的标签

C. 创建你自己的标签　　D. 照抄竞争对手的标签

5. TikTok 的广告类型包括（　　）。

A. 信息流广告　　B. 品牌接管广告

C. 顶部视图广告　　D. 品牌效果广告

三、判断题

1. 社交媒体营销属于口碑营销的一种，具有更高的可信度。（　　）

2. Facebook 采用实名注册制，要确保所填资料的准确性。（　　）

3. 多样且精美的滤镜是 Instagram 的一大特色。（　　）

4. Instagram 上的标签添加得越多越好。 （ ）

5. TikTok 只是一个单纯的社交媒体平台，商业化程度很低。 （ ）

四、简答题

1. 什么是社交媒体？

2. 社交媒体的特点有哪些？

3. 你知道哪些主要的社交媒体平台？

4. 社交媒体营销的优势是什么？

五、综合实训

请以小组为单位，完成以下实训：

1. 为你公司的主推产品或品牌形象，制作一条 Facebook 广告，包含标题、正文、图片和网址。

2. 为你公司的主推产品或品牌形象，制作一条 Instagram 帖文，包含图片、文案和标签。

学习任务八

跨境电商企业品牌出海

思维导图

- 跨境电商企业品牌出海
  - 跨境电商企业品牌出海认知
    - 什么是跨境电商企业品牌出海
    - 跨境电商企业品牌出海的常见误区
  - 跨境电商企业品牌出海机遇分析
    - 跨境电商企业品牌出海的机遇
    - 跨境电商企业为什么要走品牌出海之路
  - 跨境电商企业品牌出海路径
    - 跨境电商企业品牌定位
    - 跨境电商企业品牌塑造
    - 跨境电商企业品牌传播

工作情境描述

Mayjoy 电子商务有限公司在海外的销量已经达到一定规模，公司计划全面推行品牌出海战略，因此需要在原有营销部的基础上，对营销专员安排品牌出海的专业培训。小艾也参加了这次培训。师父小李为了让小艾更好地吸收、运用培训的知识，向他提出了几个问题，让他边学习边回答：

—你知道什么是跨境电商企业品牌出海吗？

—为什么跨境电商企业要进行品牌出海？

—跨境电商企业如何进行品牌出海？

工作流程与活动

学习活动一：跨境电商企业品牌出海认知

学习活动二：跨境电商企业品牌出海机遇分析

学习活动三：跨境电商企业品牌出海路径

学习活动一 跨境电商企业品牌出海认知

【学习目标】

1. 掌握跨境电商企业品牌出海的概念。
2. 能分辨跨境电商企业品牌出海的常见误区。

【学习过程】

为了能回答师父关于跨境电商品牌出海的问题，小艾查询资料、认真参加培训，并在师父的指导下整理了笔记。

一、什么是跨境电商企业品牌出海

（一）什么是品牌

品牌是连接跨境电商企业和客户的纽带和桥梁。建立品牌是一个抢占客户心智的过程。

广义的品牌是具有经济价值的无形资产，是指用抽象化的、特有的、能识别的心智概念来表现其差异性，从而在人们的意识中占据一定位置的综合反应。

狭义的品牌是一种拥有对内对外两面性的“标准”或“规则”，是指通过对理念、行为、视觉、听觉四方面进行标准化、规则化，使之具备特有性、价值性、长期性、认知性的一种识别系统的总称。

（二）什么是 DTC 品牌

在品牌出海的过程中，我们经常会听到 DTC 品牌，这是电子商务蓬勃发展的产物，是一种轻体量品牌运营模式。

DTC（Direct to Consumer），简单地理解，就是直接面向消费者。DTC 起源于互联网，通过线上官网向消费者直接贩卖、寄送商品。由于没有中间商，因此这些品牌的产品售价往往低于市场价格。在降低价格的同时，DTC 品牌还会在产品上做优化或者创新，使其质量同于或高于市场上已有的产品。在市场营销环节，这些品牌会抓住社交媒体，鼓励明星、消费者分享使用体验，从而带动口碑营销，并通过反馈数据改良产品和服务。

DTC 品牌与传统品牌的对比如表 8-1 所示。

表 8-1　DTC 品牌与传统品牌的对比

对比项目	DTC 品牌	传统品牌
销售路径	以互联网官网直销为主	以经销商与零售门店为主
传播渠道	垂直媒体/社交媒体 （互动沟通，精准小众）	大众媒体/明星代言 （单向传播，广泛受众）
定价策略	经济（节约中间成本）	昂贵（大量中间成本）
品牌信任度	高	低
品牌发展速度	快速	缓慢

（三）什么是品牌出海

品牌出海是国内跨境电商企业抢占海外客户心智的过程。因为地域、文化等方面的不同，所以品牌出海比在国内打造品牌难很多。

中国品牌在进入海外目标市场时会受到原产地形象的影响，往往需要进行本土化的适应。互联网的应用降低了企业的贸易壁垒，扩大了贸易机会，但同时加剧了本土品牌与海外品牌之间的竞争。面对复杂的海外市场，从事跨境电商业务的中小型企业品牌发展往往面临困境。针对当前中国品牌海外认知度低，缺乏核心竞争力的现状，为中国企业，尤其是为广大中小型企业的品牌出海提供思路和解决方案，系统打造品牌出海能力规范性指标，就显得尤为重要。

我们应坚持面向数字化、面向全球化、面向未来，树立全局观、资源观和生态观，将品牌出海置身于整个国际市场生态系统中来考察，综合考虑品牌出海的自身能力水平和外部综合环境，提炼跨境电商企业品牌出海“五力”指标体系，即战略力、产品力、营销力、服务力和保障力（如图 8-1 所示）。

具体说明如下：

（1）战略力是企业对品牌出海战略层面的思想和态度，是对品牌出海全局的把握和谋划，是品牌出海的顶层设计，是品牌出海得以持续健康、有序发展的基础。

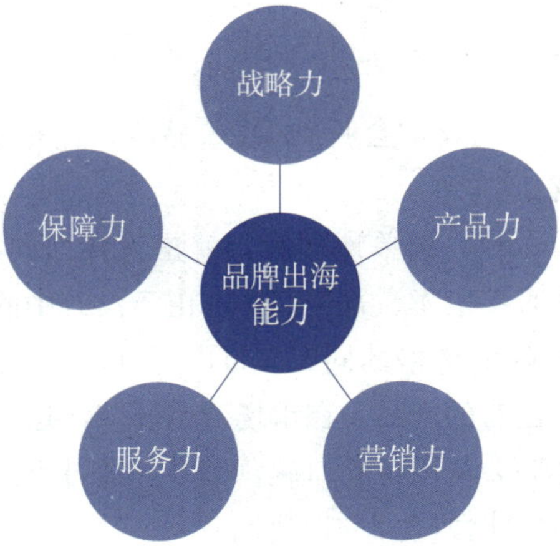

图 8-1　品牌出海能力“五力”指标体系

（2）产品力是品牌出海保持旺盛生命力的源泉。海外产品是品牌出海的物质媒介，必须保证海外产品的高品质以及具有适销性、创新性和独特性等特点。

（3）营销力是推动品牌出海的重要手段。差异化的营销能够帮助品牌迅速进入市场，建立与海外用户之间的紧密联结和认知关系，进而提高品牌美誉度和品牌忠诚度。

（4）服务力是增强客户黏性的重要途径。必须建立以海外目标客户为中心的组织文化，制定具体、可衡量、可实现的服务流程和标准，缩短响应时间，不断提高海外客户的满意度和忠诚度。

（5）保障力是海外品牌在发展过程中的反馈诊断机制，能够为海外品牌的持续健康发展提供助力和保障。

WPP、凯度华通明略联合谷歌，从 2017 年开始推出“中国出海品牌 50 强”评选，2020 年升级为“中国全球化品牌 50 强”评选，根据谷歌问卷调研计算每个品牌的“有意义”和“差异化”得分，根据问卷调研和品牌搜索指数计算每个品牌的“突出性”。2020 年的调研发现，前 10 强品牌始终如一地从交互设计、客户互动、倾听客户反馈及简化产品或服务购买流程等方面优化客户体验、与消费者建立情感联系，在“有意义”的品牌指标中得分领先，收获了较高的客户忠诚度，同时造就了出色的品牌力（如图 8-2 所示）。

二、跨境电商企业品牌出海的常见误区

误区一：在国际品牌林立的今天，中国品牌是没有机会的。

全球最大的市场研究和咨询公司之一益普索于 2024 年 12 月发布了《2024 中国品牌全球信任指数 GTI®》报告（以下简称《报告》)。《报告》调研了来自 20 个海外市场的共计 16 000 名消费者，了解他们对于各国品牌和标杆中国品牌的信任现状和驱动因素，针对中国重点出海行业和头部标杆品牌在认知、信任、购买意愿以及品牌竞争力等方面的表现开展深入分析。

《报告》指出，从全球范围来看，欧美品牌虽仍居信任度领先地位，但已连续多年停

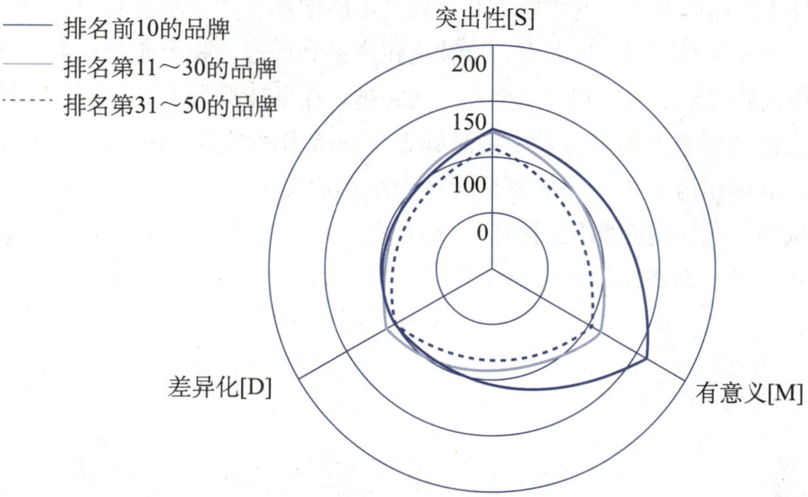

图 8－2　2020 年“中国全球化品牌 50 强”品牌资产对比

滞甚至下滑。与之形成鲜明对比的是，中国品牌信任指数呈稳步上升态势。其中，英美市场对中国品牌信任度大幅上升，美国有 42％的受访者表示非常信任和比较信任中国品牌，较 2021 年增长 5 个百分点；英国受访者的这一比例更是从 2021 年的 29％飙升至 2024 年的 39％。新兴市场方面，中国品牌的表现则更加抢眼，尼日利亚、阿联酋、墨西哥等市场上升幅度尤为显著，中国品牌在新兴市场上的整体影响力和信任指数显著增强。

《报告》还发现，2024 年被调研标杆中国品牌全球信任度平均表现达到了 61.6％，比肩品牌强国的水平；中国品牌全球信任度（整体感知）上升至 20％（如图 8－3 所示）。这一巨大提升的背后离不开标杆品牌的正向推动作用。

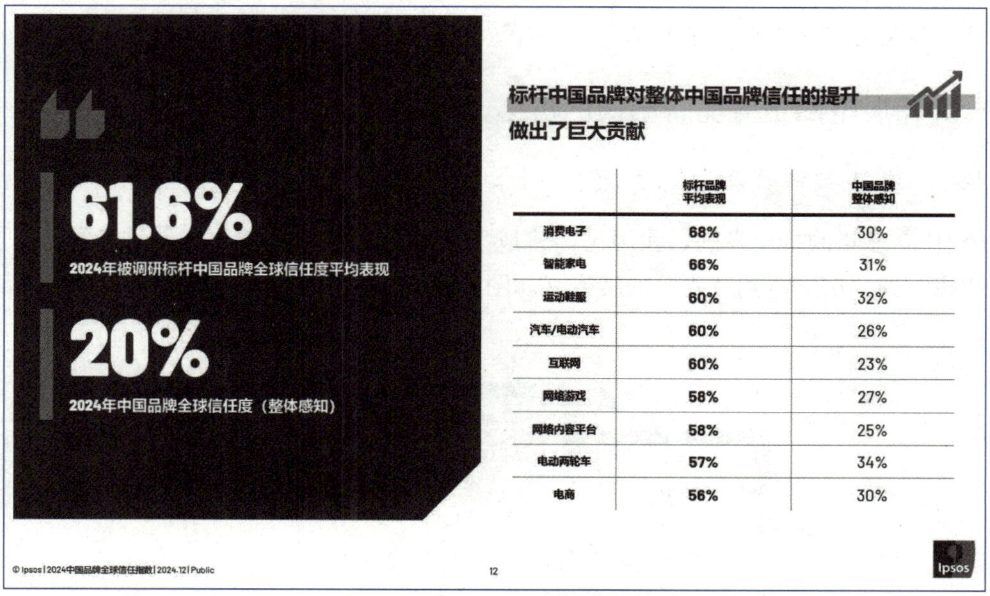

	标杆品牌平均表现	中国品牌整体感知
消费电子	68%	30%
智能家电	66%	31%
运动鞋服	60%	32%
汽车/电动汽车	60%	26%
互联网	60%	23%
网络游戏	58%	27%
网络内容平台	58%	25%
电动两轮车	57%	34%
电商	56%	30%

图 8－3　标杆中国品牌对中国品牌信任度提升的巨大贡献

随着标杆中国品牌在海外的影响力和信任度不断增加，越来越多的中国品牌正在抓住全球市场机遇，深入洞察不同市场需求，持续优化产品和服务，积极履行社会责任，讲好品牌故事，最终实现从“走出去”到“走上去”的跨越，在全球舞台上绽放更加耀眼的光芒。

因此，无论从哪个方面来说，中国品牌走出一条出海之路，还是非常有机会的。

误区二：品牌出海是大公司的事情，和中小企业无关。

许多人认为，凡是能走出国门的应该都是大公司、大品牌，实际上，很多中小企业尽管在国内默默无名，却在出海后闯出了自己的一片天。

学习活动二 跨境电商企业品牌出海机遇分析

【学习目标】

1. 能正确了解跨境电商企业品牌出海的机遇。
2. 能正确认识跨境电商企业走品牌出海之路的意义。

【学习过程】

为了能回答师父关于跨境电商品牌出海机遇相关的问题，小艾查询资料、认真参加培训，并在师父的指导下整理了笔记。

一、跨境电商企业品牌出海的机遇

（一）具备完善的制造业体系

经过40多年的持续发展，我国已经建成了全球最成熟、最完善的制造业体系，经历了从“找”到“造”再到“创”的转变（如图8-4所示）。

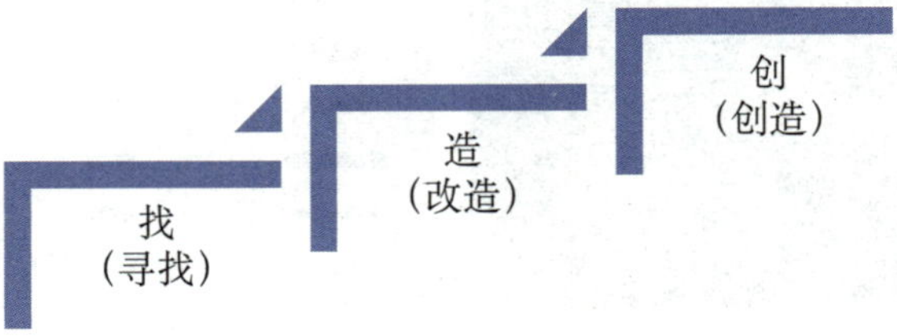

图8-4 跨境电商企业品牌出海的机遇

曾经，企业主每天思考的是“我如何‘找’到一款畅销的产品，可以迅速推向市场，获得巨大利润”等问题。有些企业主还会在某个展会上“找”到一些好的产品，“简单粗暴”地抄袭一下。“找”的背后，依然是“销货思维”，即找到好的货源，然后销售出去。

“造”是指在现有产品的基础上进行改造、改良，做出相对于目前的产品更符合消费者需求、带有一定创新性的产品。这个过程增加了对消费者需求的思考，增加了对产品价值的思考，同时给中小制造业带来了更大的挑战。

“创”是指根据客户需求，创造出一种产品形态。拥有这种意识、能力的企业往往具备足够的研发能力，对客户需求也有深入的研究。

不管处于哪个阶段，我国制造业在全球的重要性依然非常突出。过硬的产品和完善的供应链体系是企业尝试做自有品牌的基础。

（二）具备完善的基础设施

我国外贸出口和跨境电商产业链蓬勃发展，品牌出海的基础设施日趋完善。

海关总署 2025 年 1 月 13 日发布的数据显示，2024 年我国货物贸易进出口总值达 43.85 万亿元，同比增长 5%。其中，出口规模达到 25.45 万亿元，同比增长 7.1%。出口产品结构不断优化升级。

与此同时，跨境电商呈现出强劲的发展势头，2024 年我国跨境电商进出口总额为 2.63 万亿元，同比增长 10.8%，增速高于同期我国外贸整体增速，占整个进出口总额的比重提升到了 6%。

2015 年，国务院批复同意在杭州设立国家级跨境电子商务综合试验区。截至 2025 年 3 月，全国已设立 165 个跨境电子商务综合试验区，覆盖 31 个省、自治区、直辖市。

国务院在 2025 年 4 月 25 日发布批复，同意在海南全岛和秦皇岛等 15 个城市（地区）设立跨境电子商务综合试验区，同时撤销在海口市、三亚市、阿拉山口市设立的跨境电子商务综合试验区，跨境电商“买全球、卖全球”的优势持续发挥。

如图 8－5 所示，我国跨境电商发展经历了四个阶段，具体为：跨境电商 1.0 阶段——以信息服务、交易撮合为主；跨境电商 2.0 阶段——以外贸综合服务为主；跨境电商 3.0 阶段——线上交易闭环、线下生态系统；跨境电商 4.0 阶段——自主品牌助力跨境新零售。

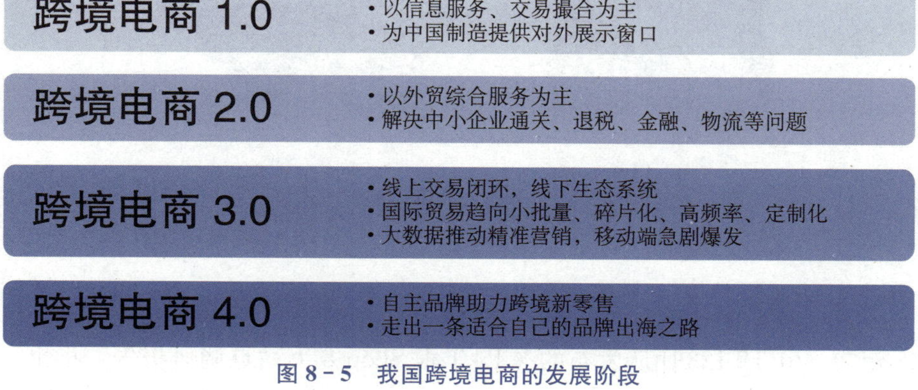

图 8－5　我国跨境电商的发展阶段

（三）具备品牌认同基础

跨境电商的主要目标客户群体在年龄、行为习惯等方面发生了变化，对于品牌有了新的认知，更乐于接受自己喜欢的垂直领域的小众品牌。

1. 海外B端买家的变化趋势

据阿里巴巴国际站分析，阿里巴巴国际站乃至全球或海外B2B类采购商的变化趋势如下。

（1）年轻化趋势。千禧一代已经成为海外B端采购人群中规模最大的群体。相较于“70后”人群，新一代采购群体有两个特征：第一，他们更喜欢通过互联网渠道进行采购；第二，他们更喜欢直接去上游进行采购。过去，很多大订单客户实际上不是终端销售者，而是批发商或者贸易商；而今天，组货的人多是下游的终端零售商，这会导致碎片化订单的出现。

（2）更喜欢使用移动端工具。现在的用户更喜欢用App或移动端网页进行采购，这是因为他们更希望能够及时得到商家的反馈和回复。阿里巴巴国际站的监控数据显示，地球另一端的很多买家在线时间越来越偏向于北京时间的早上，也就是海外时间的晚上。这些买家在晚上用手机发送询盘函，并期待卖家快速回复。

（3）采购人群多元化。采购商既可能是创业者，也可能是各种身份的人。因此，跨境B2B的采购人群不再只是过去的批发商、贸易商、进出口商和买手，各种各样的人都开始通过跨境电商这种低门槛的方式给予自己生意上的支持，这也使得买家画像变得越来越宏观。

谷歌调查也显示，近年来，B2B目标客户群体的人口结构发生了巨大变化。早在2012年，各个年龄段的人群都非常均衡，如图8－6（1）所示。然而近些年，18～34岁的人占了所有调研对象的近一半，如图8－6（2）所示。

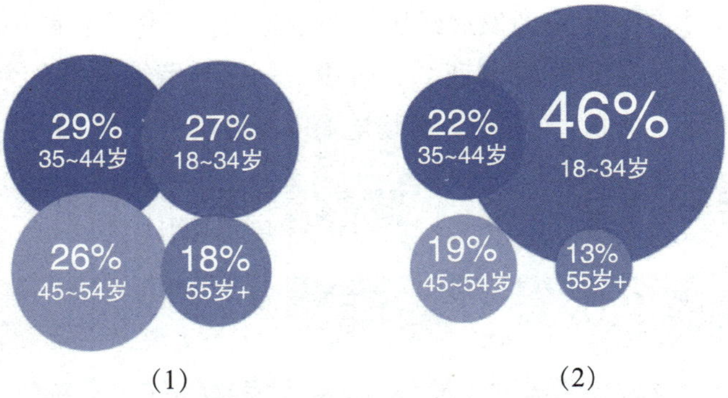

图8－6　B2B目标客户群体的人口结构

2. 海外C端买家的变化趋势

2025年初，由TT123团队发布的《TikTok Shop 8大站点调研报告》指出，从年龄分布维度剖析，TikTok Shop 的核心用户群集中于千禧一代及更年轻的 Z 世代。具体而言，16～24 岁年龄段的用户群体占比高达 36%，位居第一；紧随其后的是 25～34 岁的用户群体，占比达 31%。

不可忽视的是，年轻群体对 TikTok Shop 的发展有着很大的推动力。在 GlobalWebIndex 的一项数据调查中，以印度尼西亚市场为例，印度尼西亚千禧一代被认为是 TikTok 潮流的引领者，这一群体展现出对新鲜事物的高度开放性，对搞笑、运动、游戏和萌宠等短视频内容表现出浓厚的兴趣。在消费行为上，约四分之一的千禧一代会在新科技产品发布之初便迅速完成购买，另有 44%的人喜欢成为 TikTok Shop 上第一个吃螃蟹的人。他们积极接触和分享新兴商品，对塑造消费趋势有着极大的影响力。

比千禧一代更为年轻的 Z 世代参与度更高，他们一出生就接触了数字科技，TikTok 的出现更是给 Z 世代开启了一扇表达自己的新大门。据统计，Z 世代用户平均每天在 TikTok 上的视频观看量达到了 220 条，这一使用时长相较于其他年龄层的用户而言，显著高出 22%，表现出对平台的高度黏性。

市场研究公司 Numerator 发布的《2023 年亚马逊购物者报告》显示，80%的美国购物者从亚马逊购买了商品。虽然亚马逊购物者的渗透率低于沃尔玛（95%），但其客户的复购率非常高，达到 99%。按照年龄划分，亚马逊平台 7%的购物者为 Z 世代，27%的购物者为千禧一代，32%的购物者为 X 世代。按收入划分，48%的亚马逊购物者年收入在 4 万至 8 万美元。年收入在 4 万美元以下的购物者占 24%，为第二大群体。年收入超过 8 万美元的购物者占 28%，为第三大群体。从性别上看，2023 年亚马逊平台购物者中，女性占比达到 75%。

（四）具备品牌国际化基础

作为跨境电商消费者的主要信息获取渠道，互联网极大地缩小了新兴品牌和海外传统知名品牌的推广鸿沟，近几年中众多中国品牌通过互联网渠道成为世界品牌。

2025 年 4 月 29 日，中国跨境电商代表性品牌——安克创新发布 2024 年度报告。报告显示，2024 年公司实现营业总收入 247.10 亿元，同比增长 41.14%；归属于上市公司股东的净利润为 21.14 亿元，同比增长 30.93%，经营质量稳中向好。从渠道结构来看，线上渠道依然是公司营收主力，2024 年贡献营收 176 亿元，同比增长 43.01%。其中，亚马逊平台实现营收 131.47 亿元，同比增长 34.23%；与此同时，安克创新旗下七大独立站（Anker、Anker SOLIX、eufy、soundcore、Nebula、AnkerWork、eufyMake）合计实现收入 25.04 亿元，同比增长高达 101.34%，成为新的增长引擎。

Dreametech（追觅科技）是一个主营家庭清洁和时尚个护的 DTC 品牌，成立于 2017 年，以欧美为主打市场，定位中端客群，产品价格保持在 299～599 美元，近年来发展迅猛，年均增长速度高达 100%，占据近 80%的海外市场。Dreametech 在海外社媒有三个主要的运营账号，X（Twitter）、Facebook、Instagram。Dreametech 曾在 Facebook 上发起过一次 #houseworkhero（家务英雄）活动。Dreametech 让大家分享他们想送谁一台吸尘器，以及吸尘器会对这个人的生活产生什么影响。这次活动的反响极为热烈，Dreametech收到了很多感人至深的故事，不仅拉近了与受众的关系，也清晰地感受到了企业为社会带来的积极影响和责任。

这些中国品牌通过互联网推广，迅速聚拢了目标客户。传统知名品牌花了很长时间和很大财力取得的成果，今天在互联网上变得触手可及。

二、跨境电商企业为什么要走品牌出海之路

（一）跨境电商企业发展现状

我国传统的跨境电商企业一直做着整条外贸链底端的事情——代加工、代生产，也就是我们经常提到的 OEM，不仅没有自己的品牌和技术，而且随着人工、环保、管理等各项成本上涨，压力倍增，生存空间越来越小。再加上生产制造链不断向东南亚转移，我国跨境电商企业发展遇到瓶颈。

近几年，很多跨境电商企业开始意识到品牌化的重要性，并开始做一些尝试，但仍会遇到以下几个方面的阻力：

（1）大部分的传统跨境企业长期习惯于 OEM 模式，对品牌出海有顾虑。代工制造工厂虽然有一定的硬实力，但缺少转型所需的软实力，如企业文化、组织管理等。外贸工厂转型为品牌工厂，在获得潜在高利润的同时也面临较高的风险，二者之间的思维转变也难以逾越。

（2）传统跨境电商企业与终端客户脱节，缺少对海外目标市场的调研能力，对终端客户的需求把握不足。

（3）由于国际化品牌策划和运营人才严重缺乏，因此跨境电商企业通常会陷入完全依赖策划公司的处境，缺乏对企业自身产品、技术层面等的理解，最终导致品牌策划方案未能深入企业“骨髓”，亦不能体现产品的精华所在。

（4）一个品牌从注册商标到真正地被市场认可和获得品牌溢价需要时间和市场沉淀，这个过程离不开充足的海外宣传投入，中小跨境电商企业对此力不从心。

（二）跨境电商企业走品牌出海之路带来的机会

虽然困难重重，但是跨境电商企业走品牌出海之路的尝试一直没有中断过。据广交会官方统计的数据，截至 2024 年秋季，广交会的品牌企业数量已超过 5 500 家，品牌展位数量约 1.45 万个，既有一批发展稳定、实力强的老企业，也吸纳了不少“新鲜血液”。

品牌对跨境电商企业而言意味着什么？从单一的 OEM 到“OEM＋品牌”两条腿走路，品牌给跨境电商企业带来了以下机会。

（1）定价权的机会。在 OEM 模式下，跨境电商企业对商品是没有定价权的，面对日趋激烈的竞争，跨境电商企业得到的利润非常微薄。有了自有品牌后，跨境电商企业在海外会寻找品牌代理商，按照市场行情进行商品定价，再由代理商进行销售，或者直接通过

跨境电商B2C业务卖给海外终端消费者，在定价上拥有了主动权。

（2）自由选择市场的机会。以前的跨境电商企业只负责生产环节，终端卖到什么国家、什么市场，是由海外采购商决定的。拥有自有品牌后，跨境电商企业可以决定在哪些市场重点推广自有品牌。在一些“一带一路”共建国家，很多跨境电商企业找到了商机。

（3）新兴企业“弯道超车”的机会。在每一届“中国全球化品牌50强”（“中国出海品牌50强”）的评选结果中，我们都能看到很多年轻的企业，有的上榜时成立时间只有短短几年。品牌出海为新兴企业创造了“弯道超车”的机会。

（4）中国匠人们做自己想做的产品的机会。中国匠人们希望制造具有匠心精神的产品，但是在OEM模式下，产品设计、材质、样式都是由海外采购商指定的。如今，自有品牌让这些企业家有了充足的发挥空间，他们可以按照自己的想法，结合市场和客户的需求，制造出自己想做的产品。

学习活动三　跨境电商企业品牌出海路径

【学习目标】

1. 能完成对跨境电商企业品牌定位的学习。
2. 能完成对跨境电商企业品牌塑造的学习。
3. 能完成对跨境电商企业品牌传播的学习。

【学习过程】

为了能回答师父关于跨境电商企业品牌出海路径相关的问题，小艾查询资料、认真参加培训，并在师父的指导下整理了笔记。

一、跨境电商企业品牌定位

（一）品牌定位的重要性

定位就是让品牌在消费者的心智中占据最有利的位置，使品牌成为某个类别或某种特性的代表品牌。这样当消费者产生相关需求时，便会将定位品牌作为首选，也就是说这个品牌占据了这个定位。

品牌定位就是准确分析该跨境电商企业产品或服务的竞争对手，内容涉及产品或服务的优势与劣势，产品或服务的消费者群体年龄、性别、喜好等方面。只有找准品牌定位，跨境电商企业才能制定一个明确的市场目标，生产并制造相关产品，从而在市场上拥有一定的竞争力。如果品牌定位发生偏差，那么企业也会面临严峻的考验。

跨境电商企业的目标客户群在海外，分布非常广泛，因此品牌定位就显得更为重要。对于目标市场和客户的精准分析，需要结合当地不同的风俗习惯、人文特性。这对跨境电商企业而言，挑战非常大。

（二）定位理论

定位理论是由美国著名营销专家艾·里斯（Al Ries）与杰克·特劳特（Jack Trout）于20世纪70年代提出的。定位理论的四个步骤如图8-7所示。

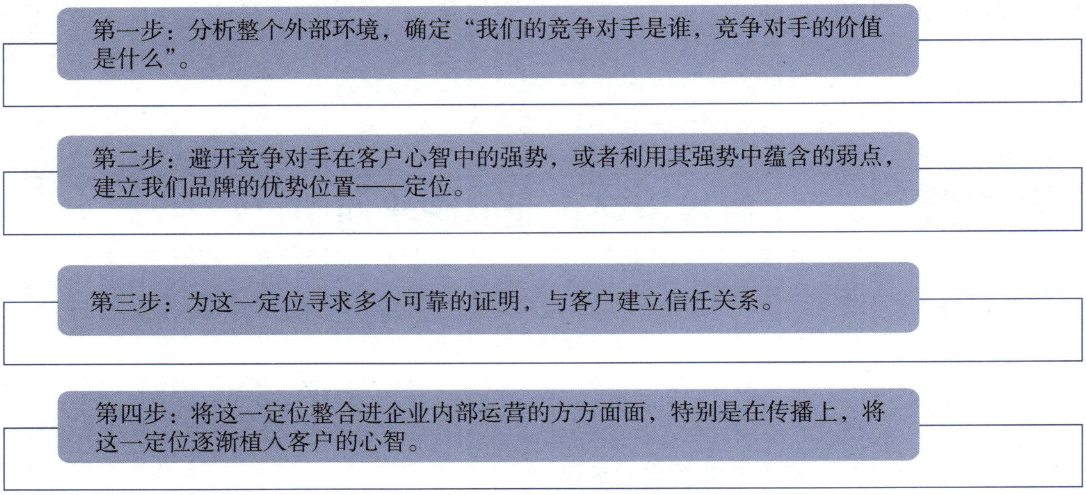

图8-7　定位理论的四个步骤

其中，第一步和第二步是品牌定位的方法，第三步是围绕品牌定位建设配称的过程，第四步是品牌传播。这和我们谈到的跨境电商企业品牌出海的实施路径是一致的。

（三）如何进行品牌定位

对于跨境电商企业来说，目标客户群在海外，应该如何进行品牌定位呢？

1. 研究你的目标市场

确定目标市场是有效进行品牌定位的关键一步。它可以帮助你缩小关注范围，从而更好地满足客户的需求。研究市场，最主要的是综观市场全局、把握市场体量、摸清市场情况。对于跨境电商企业来说，通过大数据工具了解潜在市场，开拓新商机，然后结合实地调研，是一项很重要的工作。

例如，谷歌大数据工具——谷歌趋势（Google Trends）就是一个不错的工具。谷歌趋势是谷歌推出的一款基于搜索日志分析的应用产品，它通过分析谷歌全球数以十亿计的搜索结果，告诉用户某一搜索关键词各个时期在谷歌被搜索的频率和相关统计数据。举个例子，通过谷歌趋势搜索产品相关英文关键词“sunglasses”，查看该关键词在一段时间内（过去 5 年）在一定范围内（全球）的热度趋势，依据曲线波动情况判断产品具备高热度潜力（平均热度为 75，每年最高热度为 100，搜索群体庞大），如图 8－8 所示。

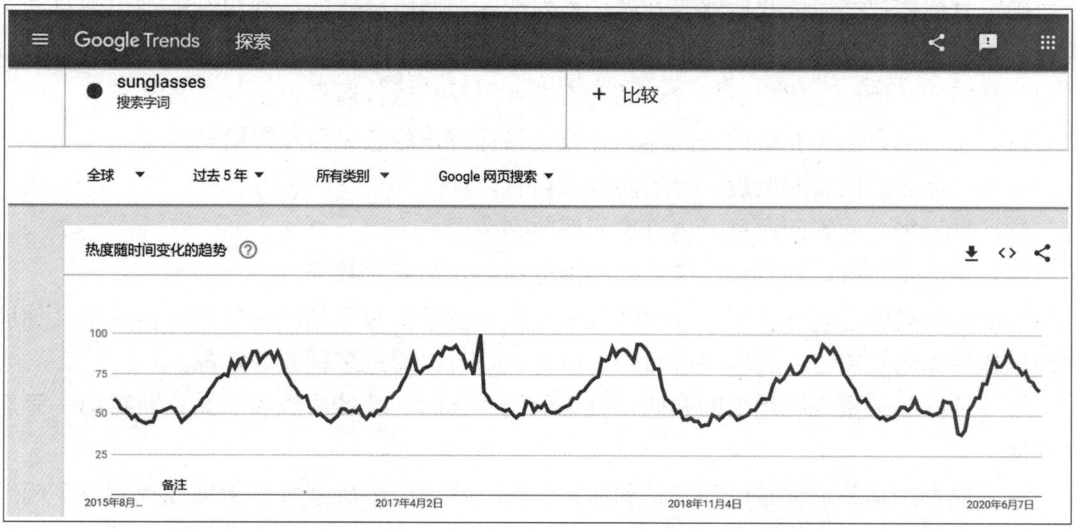

图 8－8　关键词“sunglasses”谷歌趋势搜索结果

同时，通过谷歌趋势的搜索结果还可以查看关键词“sunglasses”搜索热度排名靠前的国家，如阿尔巴尼亚、澳大利亚、美国、英国、新西兰等，那么这些国家就可以作为品牌出海重点评估的海外潜在市场了，如图 8－9 所示。

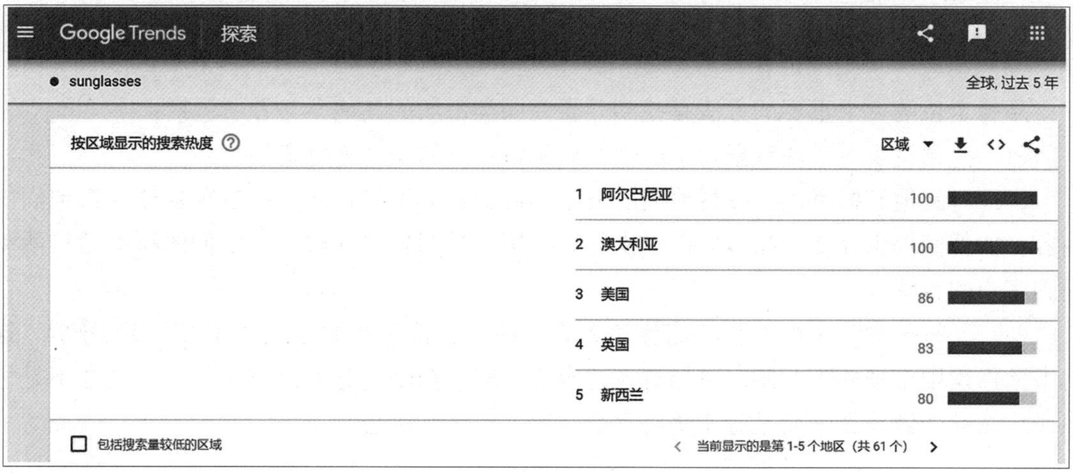

图 8－9　关键词“sunglasses”搜索热度排名靠前的国家

跨境电商企业可以根据大数据工具的分析结果，以及自身在各个国家的布局情况，最终确定品牌出海的目标市场，并对本品牌在这个市场的整体情况开展研究和分析。

2. 研究你的目标客户

在做目标客户调研和分析之前，我们首先要明确，谁是我们的目标客户。长期以来，跨境电商企业专注于B2B业务的开展，其客户往往并不是真正的产品使用者。所以我们要确定真正的目标客户是谁。

确定目标客户之后，我们就要开展一系列的客户调研。例如，利用谷歌推出的自助式消费者调查服务 Google Consumer Surveys，企业用户可以展开多种形式的消费者调查，其中包括新产品测试、用户对现有产品的满意度以及其他普通事项。其主要流程是：

（1）企业用户创建在线调查问卷，并收集目标客户的意见和反馈信息。

（2）目标客户回答问题后，可访问收费内容。

（3）目标客户回答问题后，内容发行商收到费用。

（4）企业用户可以获得经过整合和详细分析的目标客户数据。

如果你的品牌已经存在了一段时间且你正在考虑重新对你的品牌进行定位，那么你应该首先评估你的品牌目前在客户心目中的位置。这可以通过多种方法实现：

第一种方法是做现有用户的调研，收集他们对你的品牌的看法和意见，获得第一手客户反馈。

第二种方法是分析你自己的营销和销售数据。这项内部研究可以帮助你找到以下问题的答案：你最畅销的品类/产品是什么？这些品类/产品有什么共同点？你推出的最受欢迎的服务是什么？你最常收到客户的哪些投诉？客户对哪些营销活动反应最大？哪些营销活动未能取得成效？

第三种方法是社交互动。在社交媒体上跟踪有关你的品牌的对话，这项研究可以让你深入了解客户对你的品牌总体看法以及你与你的竞争对手的关系。

3. 研究你的竞争对手

品牌定位的一个重要的方法是找到并研究同类市场的其他参与者，包括：

（1）挖掘竞争对手的数据，了解他们如何对自己的品牌进行定位。

（2）订阅他们的资讯，查看他们的网站和社交媒体资料，并通过各种媒体分析他们的内容，如他们提供什么产品、他们提供的哪些服务受到客户的欢迎、他们的哪些营销活动受到客户的青睐。

（3）了解你的竞争对手及其优势和劣势，甚至进行完整的竞争对手 SWOT 分析，这将帮助你识别市场差距并制定更加有效的定位策略。在制定竞争策略过程中，往往不是你想做什么就能做什么，而是看竞争对手给你留下了什么机会。

4. 分析并找出你的与众不同之处

针对市场和客户的需求，对比竞争对手的情况，对公司内部开展全面的 SWOT 分析，在这个过程中，你可能会注意到你和竞争对手之间存在某种重叠。抓住竞争对手的弱点和自己的优势，打造你独特的卖点和价值主张——是什么让你与竞争对手不同？你的产品将如何为客户增添价值？这就是定位。

5. 写下你的品牌定位

一旦确定了你的品牌定位，你就需要将之写下来，首先得到企业内部的一致认同，然后建立相应的配称，通过品牌传播逐渐植入目标客户的心智中。

很多知名品牌在品牌创立之初就确定了自己的定位，并以此为基础成功走向市场。以下这些案例非常值得我们借鉴，如图 8－10 所示。

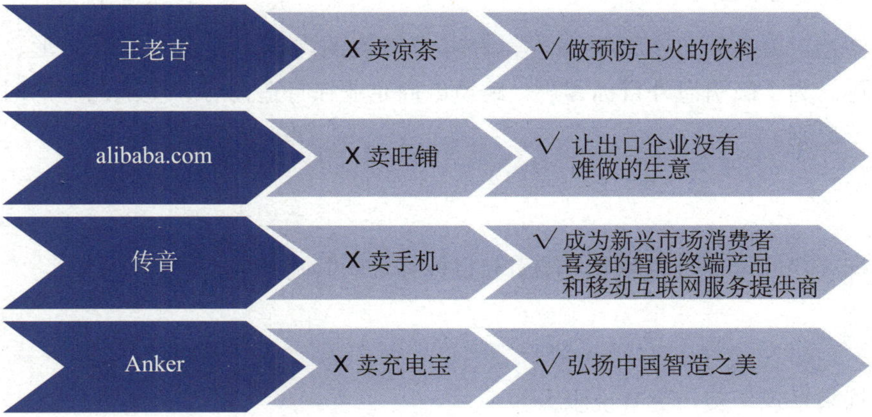

图 8－10　成功的品牌定位示例

二、跨境电商企业品牌塑造

（一）跨境电商企业营销三要素

在谈跨境电商企业品牌出海路径的品牌塑造和品牌传播这两个步骤之前，我们先来学习一下营销三要素，即内容、载体和渠道，如图 8－11 所示。品牌塑造和内容有直接的关系，品牌传播需要三者很好地配合。

图 8－11　营销三要素

什么是内容？内容是以文字、图片、视频等介质传达给目标客户的有关品牌的信息。

什么是载体？载体是承载内容的平台，包括线下实体平台（如实体店、展位等）和线上虚拟平台（如贸易平台旺铺、独立站、社交平台主页等）。

什么是渠道？渠道是“把产品送到目标客户手中”的通道，以及品牌“让产品与企业在目标客户心中扎根、开花、结果”的通道。

根据营销目的的不同，这三个要素的选择也会不同，若其中某个要素没有做好，对营销结果就会有影响。建议跨境电商企业以用户思维来制造内容、搭建载体和选择渠道，强调精准营销。

（二）品牌塑造的原则

品牌塑造，就是要打造能够赢得目标客户信赖的内容，表现方式有图形、文字、图片、视频等。为了吸引海外目标客户，跨境电商企业在打造内容、塑造品牌的时候，要遵循以下四个原则。

1. 本土化

与目标客户的本土习惯贴合，能引起目标客户的共鸣。

2. 数字化

用数据来呈现事实，更有说服力。

3. 故事化

用故事情节来表现品牌，更加生动。

4. 场景化

场景化的内容表现，给目标客户以身临其境的感觉。

（三）品牌塑造的方法

既然品牌塑造就是要打造能够赢得目标客户信赖的内容，那么我们就要分析能让目标客户信赖的因素有哪些。

一般情况下，B2B 买家会偏向于了解跨境电商企业的企业实力，包括加工能力、生产周期、交货能力等；而 B2C 买家会偏向于了解跨境电商企业的产品实力，包括产品功能、设计、安全性等。按照本土化、数字化、故事化和场景化这四个原则，品牌塑造可以从以下方面来考虑。

1. 本土化

跨国公司进入中国市场之后，竭力在品牌内容的本土化方面下功夫，从品牌名称的设计到品牌形象代言人的挑选，从宣传品牌广告语的创意到品牌的宣传推广等各方面，都致力于与中国的文化、社会习俗以及消费者的价值观念等相适应。在本土化过程中，跨国公司会成立专门的机构研究中国文化，如麦当劳、肯德基、宝洁等，都取得了不错的成绩。

同理，跨境电商企业将品牌推向目标市场国家，也要注意本土化，包括品牌名称、品牌宣传语、品牌形象、品牌文案、品牌视频等，都要让目标消费者产生亲切感。此外，对于一些国家的文化禁忌等，跨境电商企业在制作品牌内容的时候要特别注意。

2. 数字化

数字化有如下两层含义：

（1）用准确的数字来呈现可量化的内容，显得客观且有说服力。例如，如果想表明插座产品的国外标准，国家、行业标准，“浙江制造”标准的差异，用图 8 - 12 的数字进行对比，就一目了然了。

项目	关键指标		国外标准	国家、行业标准	“浙江制造”标准
原材料质量	对于铜导体，铜含量		无	无明确要求	≥58%
	绝缘材料灼热丝试验阻燃温度	与固定式插座载流部件接触的部件	850℃	850℃	870℃
			750℃	750℃	770℃
		与移动式插座载流部件接触的部件	650℃	650℃	670℃
		其他绝缘部件	垂直测试	垂直测试	最不利状态下测试
安全性能	防单极误插入		45K	45K	40K
	温升		有	无（新国标有）	有
	保护门		极性之间3mm	极性之间3mm	除6mm及以上外，较国标增加0.3mm
	爬电距离/电气间隙		IPX4	无	IPX4
	外壳最低防护等级		/	≥5000次	≥10000次
可靠性	插拔寿命				
	最小拔出力		1.5N	1.5N	3N
	首次插入力		无	无	≤120N

图 8 - 12　浙江省标准化研究院/浙江省物品编码中心出品的插座产品标准比对

（2）通过数据分析，对内容进行 AB 测试，选择最合适的品牌内容。例如，在对关键词的筛选上，就要对搜索量、投放成本等维度进行综合评估，选择最合适的关键词。

3. 故事化

故事化有助于品牌内容得以最生动地表现。一个品牌有很多方面可以讲故事，如品牌创始人、品牌内涵、品牌产品、品牌服务、品牌文化等。故事化要抓住以下三个核心点。

（1）明白这个故事是写给谁看的。故事化最根本的目的是产生共鸣，有共鸣才有认同。要让人们在故事里看到“自己”，可以是似曾相识的经历，也可以是一种情愫、一种情怀，或是一股正能量等。

（2）故事要有利益点。如果客户读了你的故事，没有觉得有任何利己的内容，或者没有任何触动，那它绝对是一个失败的故事。

（3）多讲客户的案例。建议重点描述客户合作或使用前后的对比，强调该服务或产品可带来的巨大改变和价值。如果用视频的形式记录客户的口述经历，就更能吸引人。

4. 场景化

国际知名研究公司 Forrester 发布的分析报告指出，传统营销已经越来越难以触动消费者，而基于场景为消费者带来实际价值的营销才是未来所需的营销模式。要想真正打动客户，必须站在客户的角度思考问题，从为其创造场景出发，让客户与品牌产生共鸣，同时通过持续沟通互动，满足他们的需求。

三、跨境电商企业品牌传播

（一）如何传播品牌

对于一个品牌来说，只有让更多的人知道，才能打破“酒香也怕巷子深”的桎梏，才能将产品销售出去，最终提升品牌的知名度和美誉度。

在完成了品牌定位和品牌塑造之后，品牌核心内容就已经准备好了，接下来就要选择合适的载体，把内容放上去，再寻找有效的渠道，实现传播目标。因此，品牌传播的重点在于传播的载体和渠道。

（二）品牌传播的载体

1. 品牌传播载体的类型

从字面上解释，载体就是承载传播内容的物体。常见的载体有很多，主要有以下两类。

（1）线下载体，如零售门店/商超专柜/批发档口、相关展会的展位、相关行业活动的展位等。

（2）线上载体，如综合性平台的店铺（如阿里巴巴国际站、环球资源网、亚马逊、eBay 等）、行业性平台的店铺（如中国服装网、中国五金网等）、独立站、社交媒体专区、专业论坛/专业网站专区等。

2. 品牌传播载体搭建的原则

（1）当地化。锁定适合当地目标客户的常用载体。

（2）适合传播。网页打开速度、质量得分、移动端等，都要符合传播的要求。

（3）全方位。搭建多个载体，形成载体矩阵，如图 8－13 所示。

（4）持续运营。载体搭建完成后，需要持续运营和互动，提高载体的黏性。

3. 品牌传播载体搭建的具体方式

基于平台的载体，我们只需按照平台要求开通即可。下面重点讨论如何打造海外买家

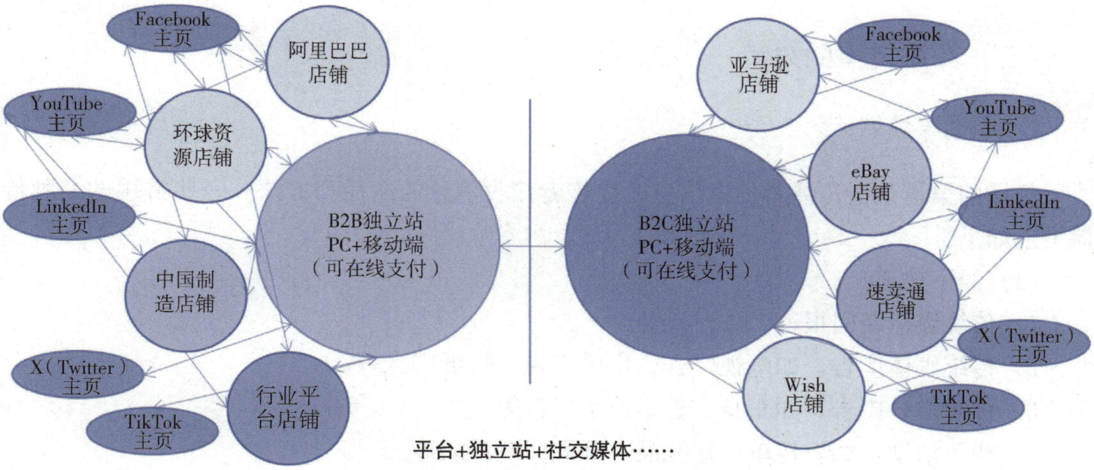

图 8-13 形成载体矩阵

喜欢的独立站。

（1）B2B 独立站打造要点。

1）根据客户需求，对网站进行整体结构性布局。

2）根据产品属性和目标市场的审美风格，对网站进行整体设计。

3）重视询盘和表单，为促使海外买家转化提供便利。

4）优化服务器和内容分发网络（Content Delivery Network，CDN），使得页面加载速度在目标市场实现最优。

5）高度重视独立站移动端的建设。

总之，B2B 独立站的目的是促进海外买家发送询盘，因此一切出发点就是获得海外买家的认可和信任。

（2）B2C 独立站打造要点。

建议利用国外知名建站平台搭建 B2C 独立站，如 Shopify、Magento 等，它们有很成熟的建站体系，可帮助企业在较短时间内完成独立站建设，完善购物流程。打造 B2C 独立站时应注意以下几个要点。

1）突出产品。B2C 独立站最重要的就是突出产品的功能、卖点、重量、颜色等。

2）场景呈现。要重视场景呈现，让消费者身临其境。

3）策划活动。为了促进消费者购买，要定期策划活动，如每个季度举行 1 次大型活动（持续半个月左右），每个月举行 1～2 次中型活动（持续 1 周左右），每周举行 1 次小型活动（持续 1～2 天即可）。

4）购买流程。持续优化购买流程，通过数据分析查看哪个购买环节流失率高，优化以后查看数据是否有所改善。

5）用户心声。重点关注用户评论，及时回复和互动，拉近与客户的距离。哪怕遇到非正面的评论，也要真诚回复和处理。

总之，B2C 独立站的目的是促进消费者下单，因此一切出发点就是提升销量。

（三）品牌传播的渠道

1. 品牌传播渠道的类型

传播的渠道是指传播者发送信息、受传者接收信息的途径和方法。一些常用的品牌传播渠道如下。

（1）线下渠道。

1）传统媒体新闻报道。

2）传统媒体广告，如电视广告、广播广告、报纸广告等。

3）传统户外广告，如车身广告、楼宇广告等。

4）线下活动，如发传单、送礼品、开展商超活动等。

5）展会现场广告。

6）行业活动现场广告。

7）老客户转介绍。

8）通过黄页电话开发客户，再上门拜访或直接进行陌生拜访等。

（2）线上渠道。

1）在行业性平台投放广告，引流到店铺。

2）在综合性平台投放广告，引流到店铺。

3）通过谷歌广告渠道投放广告，引流到店铺。

4）通过谷歌广告渠道投放广告，引流到独立站。

5）通过社交媒体广告渠道投放广告，引流到店铺。

6）通过社交媒体广告渠道投放广告，引流到独立站。

7）通过与 KOL 合作，引流到独立站。

8）在专业论坛、专业网站发表文章，引流到独立站。

9）通过海关数据、线上黄页等找到客户的邮箱地址，发送 EDM。

10）通过和相关网站交换外链，引流到独立站。

11）在线上新媒体投放广告，引流到独立站。

12）线上新媒体新闻报道等。

2. 渠道推广的原则

（1）精准化。精准找到目标客户“经过的路径”。

（2）转化率。持续优化目标客户产生行动的占比。

（3）数据化。投放效果用数据说话。

（4）可追溯。目标客户的行为轨迹可追溯、可分析。

3. 渠道推广的具体方式

对于传统的跨境电商企业而言，之前拓展海外客户使用最多的推广渠道应该就是参展了。不管是广交会，还是海外展会，向海外买家面对面展示自己的品牌、公司和产品，是跨境电商企业长期依赖的方式之一。

从 2003 年以后，跨境电商企业逐渐开始接触线上方式，包括：在跨境电商第三方平台开设品牌展示店铺，通过站内广告进行引流；打造自己的品牌独立站，通过 Google Ads 数字营销平台进行品牌推广；借助 Facebook、LinkedIn 等社交媒体开设品牌专区，通过内容和广告投放提升品牌的关注度；借助 YouTube、TikTok 等海外视频平台，利用视频营销和直播等新兴方式，提升品牌在目标客户群体中的知名度和影响力。

下面我们通过两个入围“中国全球化品牌 50 强”品牌的传播案例，来全面了解一下品牌出海过程中具体的渠道推广方式。

（1）SHEIN。

SHEIN 2024 年销售额增长 19%至 380 亿美元。

据雨果跨境观察员分析，从海外推广营销的角度来看，SHEIN 品牌可谓是全方位开展品牌传播：有矩阵化官媒吸粉做私域流量，有通过大量的海外网红营销做口碑带货，有利用联盟营销等成熟的分佣合作来获取长尾流量，有利用站内邮件、短信 push 等方式做站内再营销，有合作站外通过再营销渠道提升复购率和减少弃购，也有将用户引导到 App 里面做复购……每个渠道都有自己的优势，有些负责拉新，有些负责做流程，在合适的时间和地点分别去触达和转化用户，实现流量和品牌价值的最大化。

首先，让我们来看看 SHEIN 的网红营销合作模式。

1）SHEIN 与大量各种类型的网红合作（主要是 fashion、style、beauty、makeup 类型，这些网红中，粉丝少的有几百，粉丝多的有几百万甚至上千万），做到了小网红做流量和外链、中部网红带货、头部大网红做品牌传播。

2）SHEIN 内部有专门的网红团队，按照国家站（语言）划分为不同的组，专门定向寻找各个国家的网红做测评。

3）通过免费寄送衣服样品让网红来做试穿，给网红赠送独家 coupon 来做转化。

4）网红测评方式有包裹开箱、真人试穿解说、review 真实点评等。

5）利用联盟营销，吸引用户自发购买衣服做测评视频拿佣金。

6）通过与头部网红进行付费合作提升品牌形象。

总之，通过选择合适的网红确保精准触达目标客群，与大量不同等级的网红合作增加品牌曝光、促进转化，并结合品牌推出的联盟渠道计划和社媒互动活动，以及自身产品优势，SHEIN 在美国等市场的年轻群体中走红，成功收割了一大波流量，实现了销量增长。

其次，让我们来看看 SHEIN 的海外广告投放情况。

1）谷歌广告。SHEIN 在谷歌上面做了大量付费搜索广告和展示广告。公开资料显示，SHEIN 的图片广告投放预算量比较大，通过大量上广告 AB 测试图来优化广告。大量的精美图片是其广告投放的法宝。

2）Facebook 广告。Facebook 广告数据库公开资料显示，SHEIN 在 Facebook 上面每天上线大量广告系列，有轮播广告、幻灯片广告、视频广告等类型，并通过相同的文案、不同的图片组合进行AB测试。

（2）Anker。

“中国全球化品牌50强”之一的Anker在十几年的品牌出海之路中，也走出了适合自己的品牌传播之路。

Anker成立于2011年，在创办之初就选择了走出海之路，其选择了亚马逊，并且在海外建立了独立站。Anker第一年在亚马逊上线，就获得了1 900万元人民币的销售额。此外，其独立站在海外电商中也起到了非常重要的作用。随着移动互联网的兴起，当知名度越来越高时，Anker不再将产品营销的目标用户定义在只喜欢高科技、电子类产品的用户身上，而是瞄准了更日常、更广泛的用户。此时，社交媒体开始展现重要的渠道用途，Anker在Facebook、YouTube、X（Twitter）、LinkedIn和Instagram上广泛布局。

除了在策略上坚持本土化之外，Anker还非常重视各种数字营销方式的组合使用。除了与谷歌、Facebook等保持深度合作以外，Anker还非常重视频这种方式对用户直接诠释产品特点的独有价值——直观、简洁且具有说服力。2012年11月，Anker开通了YouTube官方账号，开启了海外视频营销之路。

1）生动的视频内容+巧妙的视频广告。

Anker在YouTube上建立了自己的品牌频道，定期上传生动的视频内容。如图8-14所示Anker耳机线视频短片，体现了产品强大的功能——不仅可以用来听歌，还可以用来拖车。这既表明了此款耳机线可以承受很大的拉力，也极大地迎合了人们喜欢一物多用的消费心理。

图8-14 Anker耳机线视频短片截图

另外，Anker还投放了视频广告，比如推出了著名的“use Anker instead”系列品牌类广告，如图8-15所示。广告深度洞察用户在不同场景，包括在家、在咖啡厅、在地铁里包括在行车中，无法方便充电带来的尴尬，用路人、孩子、老人等不同角色的提醒，点明主题，让大家不用费劲，直接用Anker的充电器就可以解决这些问题。

图 8-15　Anker 的“use Anker instead”系列品牌类广告截图

2）长期与 YouTube 网红开展深度合作。

Anker 在 2012 年就开始发展社媒网红推广了，主要方式是和电子类、科技类垂直领域的网红合作，免费寄产品给他们使用，引导他们测评产品，并发布到自己的博客或者社媒网站上获得用户关注；或者与网红进行含有推荐分成的合作，进而吸引大批粉丝。例如，在 YouTube 知名开箱博主 Unbox Therapy 的主页搜索 Anker，可以查到合作的视频有几十条，说明他和 Anker 是保持长期合作的。

Anker 主要合作的网红，其粉丝数从几千到上百万都有。很多跨境电商企业在选择网红的时候，可能会直接跳过仅有几千、几万粉丝量的网红，但是其实这些网红的粉丝黏性和忠诚度是非常高的。另外，Anker 网红营销的视频几乎都是和开箱测评有关的，虽然开箱测评已经是被玩烂的带货模式，但是 Anker 的产品比较适合做开箱测评，视频时长通常在 5～20 分钟，观看量从几万到几百万不等。

从以上两个案例我们可以看出，要想真正让自己的品牌抢占海外买家的心智，首先，需要将多种传播方式结合起来。当然，选择线上还是线下的品牌传播方式，取决于你的目标客户习惯于哪种方式，即用哪一种方式对目标客户能产生最直接、最全面的影响。其次，需要持续开展营销活动，通过传播效果的评估和优化，逐渐提升品牌的影响力。

同步练习

一、单选题

1. 近年来，B2B 目标客户群体的人口结构发生了巨大变化。早在 2012 年，各个年龄段的人群都非常均衡。然而近些年，（　　）的人占了所有调研对象的近一半。

A. 18～34 岁　　B. 35～44 岁　　C. 45～54 岁　　D. 55 岁及以上

2. 定位理论的核心，是避开（　　）在客户心智中的强势，或者利用其强势中蕴含的弱势，建立品牌的优势位置。

A. 目标市场　　B. 目标客户　　C. 竞争对手　　D. 内部员工

3. 下列哪个不是B2B独立站打造的要点？（　　）

A. 根据客户需求，对网站进行整体结构性布局

B. 根据产品属性和目标市场的审美风格，对网站进行整体设计

C. 重视询盘和表单，为促使海外买家转化提供便利

D. 重点关注用户评论，及时回复和互动，拉近与客户的距离

二、多选题

1. 品牌力是凯度华通明略的BrandZ品牌资产评估指标，代表消费者选择特定品牌的倾向。请问：品牌力由哪三个要素构成？（　　）

A. 有意义　　B. 数据化　　C. 差异化　　D. 突出性

2. 下列哪些属于跨境电商企业品牌出海的机遇？（　　）

A. 经过40多年的持续发展，我国已经建成了全球最成熟、最完善的制造业体系

B. 我国外贸出口和跨境电商产业链蓬勃发展，品牌出海的基础设施日趋完善

C. 跨境电商的主要目标客户群体在年龄、行为习惯等方面发生了变化，对于品牌有了新的认知

D. 作为跨境电商消费者的主要信息获取渠道，互联网极大地缩小了新兴品牌和海外传统知名品牌的推广鸿沟

三、判断题

1. DTC品牌主要通过经销商和零售门店进行销售。（　　）

2. 品牌出海能力“五力”指标体系包括战略力、产品力、营销力、服务力和保障力。（　　）

3. 品牌出海仅适用于大型企业，中小企业无法成功。（　　）

4. 跨境电商企业品牌定位的第一步是研究竞争对手。（　　）

5. 在品牌塑造中，本土化原则要求内容必须完全按照本土文化设计。（　　）

四、简答题

1. 品牌出海是什么？跨境电商企业为什么要走品牌出海之路？

2. 跨境电商4.0阶段的主要特征有哪些？

3. 如何进行品牌定位？

4. 跨境电商企业的营销三要素是什么？

5. B2C独立站打造要点有哪些？

五、综合实训

请以小组为单位，完成以下实训：

为你们的品牌出海确定与众不同的品牌定位，并准备相关的文字、图片和关键词等资料。

参考文献

［1］艾·里斯，杰克·特劳特．定位：争夺用户心智的战争［M］．顾均辉，苑爱冬，译．北京：机械工业出版社，2015.

［2］柏唯良．细节营销：第 2 版［M］．朱宇，译．北京：机械工业出版社，2016.

［3］杰克·特劳特，史蒂夫·里夫金．重新定位［M］．邓德隆，火华强，译．北京：机械工业出版社，2017.

［4］蔡跃．职业教育活页式教材开发指导手册［M］．上海：华东师范大学出版社，2020.

［5］张周平，陈涛．跨境电商营销：策略、工具与实战［M］．北京：电子工业出版社，2022.

［6］李丽娜．全球市场下的跨境电商：数字营销与品牌出海［M］．上海：复旦大学出版社，2023.

［7］刘伟，王倩．社交电商与跨境零售：新趋势与新策略［M］．北京：清华大学出版社，2020.

［8］Kotler，P.，& Armstrong，G. Principles of Global Marketing（4th ed.）［M］．Pearson，2022.

［9］Hollensen，S. Global Marketing（8th ed.）［M］．Pearson，2023.

［10］Cavusgil，S. T.，et al. International Business：The New Realities（5th ed.）［M］．Pearson，2022.

［11］Chaffey，D.，& Ellis-Chadwick，F. Digital Marketing：Strategy，Implementation and Practice（8th ed.）［M］．Pearson，2023.

［12］王晓峰，李敏．基于大数据的跨境电商精准营销策略研究［J］．商业经济研究，2021（12）：56－60.

［13］Jean，R. J.，et al. Digital Marketing Strategies in Cross-border E-commerce：A Resource-based View［J］．Journal of International Marketing，2021，29（4）：22－39.

［14］Tiwari，R.，& Korneliussen，T. Managing Cultural Distance in Cross-border E-commerce：The Role of Trust and Communication［J］．International Business Review，2023，32（2）：101－115.

［15］Kim，J.，& Park，J. The Impact of AI-driven Personalization on Cross-border

Consumer Behavior [J]. Journal of Retailing and Consumer Services，2022，68：103－112.

[16] 艾瑞咨询 .2023 年中国跨境出口电商行业研究报告 [R]. 上海：艾瑞研究院，2023.

[17] Statista. Global E-commerce Outlook 2024 [R]. Hamburg：Statista GmbH，2024.

[18] PayPal & Ipsos. Cross-border Consumer Research 2023 [R]. San Jose：PayPal Holdings，2023.

[19] Facebook. Facebook 2023 Results [R]. 2024.

[20] Lumen. Evaluating Marketing Performance [EB/OL]. https://courses. lumenlearning. com/boundless-marketing/chapter/evaluating-marketing-performance/.

[21] Lexology 官网 . https://www. lexology. com.

[22] 谷歌搜索引擎优化指南 . https://static. googleusercontent. com.

[23] 雨果网 . https://www. cifnews. com.